イスラーム世界史

後藤 明

角川文庫
20555

はじめに

歴史は、誰かがつくるものです。おのずとあるものではありません。

第二次世界大戦後の歴史を「冷戦の時代」と「冷戦後の時代」ととらえる考えがあります。「冷戦後の時代」がはじまった一九九二年に、私は、「世界青年の船」にアドヴァイザーとして参加し、世界の多くの若者と語る機会を得ました。そのとき「冷戦」が話題となりましたが、ある国の若者が「冷戦」という言葉を知らないことに気付きました。

私たちの日本の周囲を考えてみましょう。第二次世界大戦が終わると、隣の中国では国民党と共産党の間で激しい内戦がはじまりました。そしていまでも、この両者は台湾海峡をはさんで、軍事的緊張をつづけています。中国の内戦につづいて、朝鮮半島では、北部の政権と南部の政権が大戦争を起こしました。そしていまでも、この両者は、数十万人規模の軍隊を、休戦ラインをはさんで対峙《たいじ》させています。そしてまた、ヴェトナムでは、アメリカ軍なども交えて、数百万人の犠牲者を出す戦争がありました。このような戦争があった時代を「冷戦の時代」とよぶのでしょうか。そしていまは「冷戦後の時代」なのでしょうか。

中東地域を考えてみましょう。ここでは、第二次世界大戦後、パレスチナでの四次にわたる戦争、アルジェリア独立戦争、アフガニスタン戦争、イラン・イラク戦争、湾岸戦争などが連続して起きています。「冷戦」なのではなく、実際の戦争が継続してきたのです。「冷戦」は、たしかに、NATO軍とワルシャワ条約機構軍が、核兵器をそなえて対峙しながらも実際の戦争には至らなかった「ヨーロッパ」に存在しました。そしてソ連の崩壊とともに、「冷戦」は終わり、「冷戦後の時代」がはじまったのです。しかし、ヨーロッパは、世界の一部であって世界そのものではありません。「冷戦」は世界の一部の現象であって、世界全体では実際の戦争が繰りひろげられていたのです。「冷戦」という言葉を知らない若者がいる国があっても、不思議ではないのです。このこと一つをとっても、歴史を認識する、あるいは歴史をつくることは、そう簡単なことではないことがわかります。「冷戦後の時代」は「文明の衝突の時代」とする考えがあります。この考えでは、いまや世界は、アメリカ合衆国の文明を含む西欧文明とイスラーム文明が、たがいにたがいを敵として対峙している、とみなします。これも一つの歴史認識であり、歴史の創造です。しかし私は、このような歴史認識をする人は、イスラーム文明についてほとんど無知なのではないかと、疑ってしまうのです。

本書は、私がつくった、イスラーム世界の歴史です。なぜ、イスラーム世界なのですかと問われれば、私たち日本人があまり知らない世界の歴史を知ることが大事だから、と答えましょう。また、私たちの一般的な歴史認識が、あまりにヨーロッパ中心主義に傾いているから、できたらそれを正してもらいたいためだ、とも答えましょう。歴史は、見方を変えればこうも違うものかと、驚いていただけるのではないかと、勝手に想像しています。むろん、他の人がイスラーム世界の歴史を書けば、まったく違う歴史が描かれるでしょう。歴史は、人がつくるものだからです。本書は、あくまで私の歴史認識を示したものにすぎません。

多くの歴史を学び、歴史の見方を変えれば、そのたびに、現在の捉《とら》え方も、未来の予測も変わってきます。多様な考えが共存することが、現在求められているのではないでしょうか。本書がそのためにすこしでも役立てば、私にはこれに勝る喜びはありません。

目次

II　イスラームの誕生　69

写　真　時事（二二九頁）　Ａｖａｌｏｎ／時事通信フォト（三一一頁）
　　　　ＡＦＰ＝時事（六七頁、一三三頁、一八五頁、四五五頁、四六五頁）
図　版　小林美和子
デザイン　五十嵐徹（芦澤泰偉事務所）

I

イスラーム以前の西アジアと環地中海

西欧の歴史学は十九世紀にはじまりました。その歴史学では「歴史はギリシアにはじまる」とされました。ギリシアのアテナイの民主制政治が、当時の西欧には魅力的だったのです。西欧の人々は、自分たちの「民主的」な政体のモデルを、古代のギリシアに見いだし、それを高く評価したのです。そして、自分たちと古代のギリシアが「ヨーロッパ」の典型なのでした。一方、十九世紀の「アジア」を、西欧の人々は、発展することのない、停滞した社会とみなしました。停滞の原因は、専制的な皇帝支配にあるとしたのです。古代ギリシアの諸都市を圧迫していた、専制的な皇帝をいただくペルシア帝国は、「アジア」の象徴でした。前五世紀のはじめに、ペルシア戦争で、ギリシアはペルシアに勝利しました。十九世紀の西欧の歴史家は、これを、「民主的なヨーロッパ」の「専制的なアジア」に対する勝利ととらえたのです。前四九〇年のマラトンの戦いでのギリシア軍の勝利を伝える伝令が、マラトンからアテナイまで走ったのが、陸上競技のマラソンの起源なのです。マラソンは、「アジア」に対する「ヨーロッパ」の勝利を記念する競技です。

十九世紀の中ごろから、二十世紀のはじめに、西欧の歴史家は、ギリシアに先立つ、「古代オリエント文明」を「発見」しました。文明の起源は、ギリシアではなく、古代オリエントにあったのです。西欧の歴史学は、古代の歴史をつぎのようにみなしました。ギリシア文明は、古代オリエント文明を受け継ぎ、それを「ヨーロッパ的」に発展させました。そして、前三三〇年に、アレクサンドロスがペルシア帝国を滅ぼすと、古代オリエント文明は、ギリシア人を中心とするヘレニズム文明に吸収されてしまいます。その後、前一世紀に、ローマ帝国がヘレニズム世界を受け継ぎ、やがて、ローマ帝国から、中世ヨーロッパの世界が登場する、としたのです。

本書の第I部は、このような十九世紀西欧的な歴史理解を、完全に否定しています。たしかに、文明の起源は、古代オリエント文明にあります。それがギリシア化したこともまた事実です。しかし、ギリシアは「ヨーロッパ」ととらえる必要はありません。アレクサンドロス以前のギリシア人は、古代オリエント世界に広く散在し、アテナイなどのペロポネソス半島のギリシア人はその一部なのです。そして「民主的な政治」は、アテナイだけにごく短期間あったに過ぎません。ギリシア人が活躍した舞台を古代オリエント世界の一部としてとらえ、アレクサンドロス以降はギリシア語が西アジア・環地中海《ちちゅうかい》世界東部の共通語になった時代である、と本書ではとらえています。その、ギリシア語世界が、ローマ帝国とパルチア（後にはササン朝ペルシア）に二分されます。そしてその世界の大部分が、やがてイスラーム世界となるのです。

西アジア・環地中海世界が、歴史的に見ればイスラーム世界の主要部分です。イスラームは、ここで生まれ、成長しました。したがって、イスラームは、古代オリエント文明、それを受け継いだヘレニズム文明を継承して、発展していきます。イスラーム世界の前史としての、西アジア・環地中海世界の歴史が、第Ⅰ部で描かれます。「ヨーロッパの古代史」としての西アジア・環地中海世界の歴史とは、ひと味違う歴史像が提示されます。

1 イスラーム世界のふるさと

イスラームとは何か

イスラームは、七世紀のアラビアのメッカという町で、ムハンマドという人物が神への信仰を説いたことからはじまります。イスラームってイスラム教のことですか、という質問があるかもしれません。そのとおりで、イスラム教と表記してもかまわないのですが、その表記には二つ問題があります。一つは、イスラムかイスラームかということ、つまり「ラ」の音を長くのばすかどうかということです。イスラームにとって重要な言語はアラビア語ですが、アラビア語では「ラ」をのばします。したがって「ラ」をのばしたほうがより「原音」に近いことになります。また、イスラームの「ラ」はローマ字ではLで、Rではありません。日本語で、「ラ」を短く発音するとRの音になりがちで、のばして発音するとLになりがちです。したがって、イスラームと発音すると、その意味でも「原音」に近づきます。そのような理由から、この本では、イスラームと表記することにしました。

イスラム教という表記のもう一つの問題は「教」です。イスラームは、仏教やキリスト教と同じように「宗教」です。したがって、日本語でイスラム教と表現するのはごくふつうです。しかし、イスラームは、国家はどうあるべきか、政治はどうあるべきか、社会はどうあるべきか、などという、宗教をこえる問題に理念をもっています。そしてその理念を実現しようとする政治運動や社会運動が、歴史を通して現代まで、つねにあります。イスラームは、「宗教」という言葉のふつうの意味をこえているのです。イスラム教という表現はいけないわけではないのですが、この本ではふつうの宗教ではない場面もあるのだ、と考えて、イスラームと表記することにしました。

イスラームとは「神」への信仰ですが、「神」は大きな問題です。イスラームでいう神とはなんなのかは、第7話でお話しすることにします。ここでは、イスラームとは、神への信仰に基づく宗教であり、そしてその信仰をもつ人々の政治や社会の理念であると、定義しておきます。そして、イスラームの信仰をもつ人々が社会や政治で主導的な役割をはたしている地域を、イスラーム世界とよびます。

イスラーム世界

イスラームは、七世紀にアラビアからはじまりました。アラビアは、中東とよばれている地域の一部です。私たちは、地球をいくつかの地域に分割して世界を理解しています。東アジア、東南アジア、北アメリカなどとならんで、中東という地域の呼び方があります。でも、地球をこのような単位に区分けするのは、昔からの伝統というわけではありません。

大まかにいえば、第二次世界大戦後のアメリカ合衆国の世界戦略に基づく地域区分だといえます。それを国際連合などの国際機関も採用して、一般化しました。

十九世紀の欧米の人々は世界を、ヨーロッパ、アジア、アフリカの三大陸と、南北アメリカの両大陸というふうに、大陸によって区分していました。しかし、世界地図を素直にみれば、ヨーロッパ大陸は存在しないことに気づくはずです。それは、アジアと一つづきの大陸の一部です。その事実に目をつぶって、アジアとヨーロッパは絶対に違うのだという考えに、欧米の人々はこだわっていました。そのこだわりが、一つの大陸を二つに分けてしまったのです。

歴史的にみれば、地球の区分け方はさまざまでした。これからも、見方によってさまざまなはずです。ヨーロッパという単位が絶対のものではありません。中東という単位も絶対ではないのです。歴史を考えるとき、場面、場面で、どのように地球を区分したらよいかと考えることが歴史学という学問である、ともいえるのです。「イスラーム世界」として、ある地域を他の地域から区分しているこの本の考えも、イスラームというものに焦点を当てた場合の地域設定です。そしてその地域のひろがりは、イスラームの発展とともにかわってきました。

西アジア・環地中海という地域

さて、今日のイスラーム世界は、東はインドネシアなどの東南アジアから西はアフリカ大陸の北半分までの広大な地域を覆っています。しかし、七世紀から十世紀ごろまでのイスラーム世界は、アジア大陸の西部と、アフリカ大陸の地中海沿岸地帯、そして、ヨーロッパのなかのイベリア半島やシチリア島などに限られていました。イスラームの発展の最初の舞台は、西アジアと地中海をとりまく地域のおよそ四分の三、といってよいでしょう。そしてこの時代のイスラーム世界は、イベリア半島を含み、今日のトルコを含んでいませんから、中東という区分では切れず、また、アジア、アフリカ、ヨーロッパの一部を組込んでいますが、そのどれでもないことになります。

西アジア・環地中海という地域を設定してみると、そこには、他の地域にはみられない、風土的特色があります。それは、夏は毎日快晴で乾燥し、一方冬は、ある程度の降雨があるという気候の特色によっています。このような気候は、地中海性気候とよばれていますが、それが西アジアと環地中海のほぼ全域の気候です。

2 パンと乳の文化

農業と牧畜のはじまり

私たちの直接の祖先は、人類史のなかで「新人」とよばれている人々ですが、「新人」は、それまでの猿人や原人などの人類やほかの動物とは異なって、狩りをするための弓矢、魚を捕るための釣り針や網、煮炊きをするための土器など、さまざまな道具をつくり、地球上のいたるところでそれぞれの自然環境に合わせて、食物となる動植物をみつけてきました。つまり、私たちは、なんでも食べる貪欲《どんよく》な雑食の動物種となって、地球上に広く住むようになったのです。

それぞれの地域では、比較的手に入りやすい食物となる動植物は限られています。そこで、そのような動植物を保護することを人類ははじめました。たとえば、栗の木のまわりの雑木を切り払って、栗の木の生長を促し、秋にはたっぷり栗を手に入れる、などの努力です。そのような努力の過程から、種をまいて収穫するという農業や、動物を飼育する牧畜がはじまります。

麦の栽培

植物は、ふつうは、暖かい夏に生長して、寒い冬は枯れてしまって種となって冬を越すか、生長をやめてただひたすら寒さと風雪に耐えるか、という選択をします。ところが西アジア・環地中海地域は、植物が生長する夏に降雨がありません。この地域は、多くの植物種にとって生きにくい地域なのです。しかし麦は、秋に発芽して少し生長し、冬を越して春に急生長して春の終わりには種を残して枯れてしまいます。このような麦は、西アジア・環地中海の気候で生きていくことが可能な植物なのです。この地域で、肥沃《ひよく》な三日月地帯とよばれる一帯は、野生の麦の宝庫でした。

麦を食べるには、それなりの手間暇がかかります。麦の粒をそのまま煮炊きしても、人間はそれを消化する能力がないからです。粒を臼《うす》でひいて粉にして、それに水を加えて煮ればポタージュ・スープとなります。また水を加えて練った小麦粉の固まりを間接火で焼けばパンになります。そのような技術を開発してはじめて麦は人間の食料となるわけですが、肥沃な三日月地帯の人々はあるときそのような技術を獲得しました。

麦を食料にするようになると、麦を収穫してもそのすべてを食べてしまうのではなく、種を保存しておいて秋にそれを地面にまけば、翌年の晩春か初夏にはまいた種の何倍もの収穫があることを知るようになります。農業のはじまりです。十九世紀のフランスの画家ミレーは好んで当時のフランスの農民を描きました。「種まく人」と題するミレーの画をみると、農民は腰につけた籠《かご》から麦の種を手でバラバラとまいています。麦を栽培する技術は、水田で田植えをしたりしながら米を栽培する技術に比べると、より簡単に開発できそうです。麦を食べる技術の開発から農業のはじまりまで、そんなに時間はかからなかったと思われます。農業のはじまりは、いまからおよそ九〇〇〇年ほど前の時代と考えられています。

家畜の飼養

肥沃な三日月地帯には、野生の麦の実や茎や葉を食べる動物がいました。羊と山羊《やぎ》のことです。麦を食料とする技術、そしてそれを栽培する技術を獲得した人々は、この地に定着し、羊や山羊を狩って、食料としていたに違いありません。羊や山羊は群れをつくって生活している動物種です。この地域の夏は、動物の食料となる野生の麦はみな枯れてしまいます。青々とした麦は水分をたっぷりと含んでいて、それを食べていれば、水はそれほど必要としません。しかし、夏の食料である枯れ草は水分を含んでいませんから、羊・山羊は水を飲む必要があります。ところが、水場はそんなにはありません。人間が井戸を掘ってその水を羊・山羊に供給すれば、その群れは人間によってなかば管理されたことになります。家畜の飼養のはじまりは、そのように想像できます。

やがて人々は、羊・山羊の群れから乳を利用するようになります。乳はすぐ腐ってしま

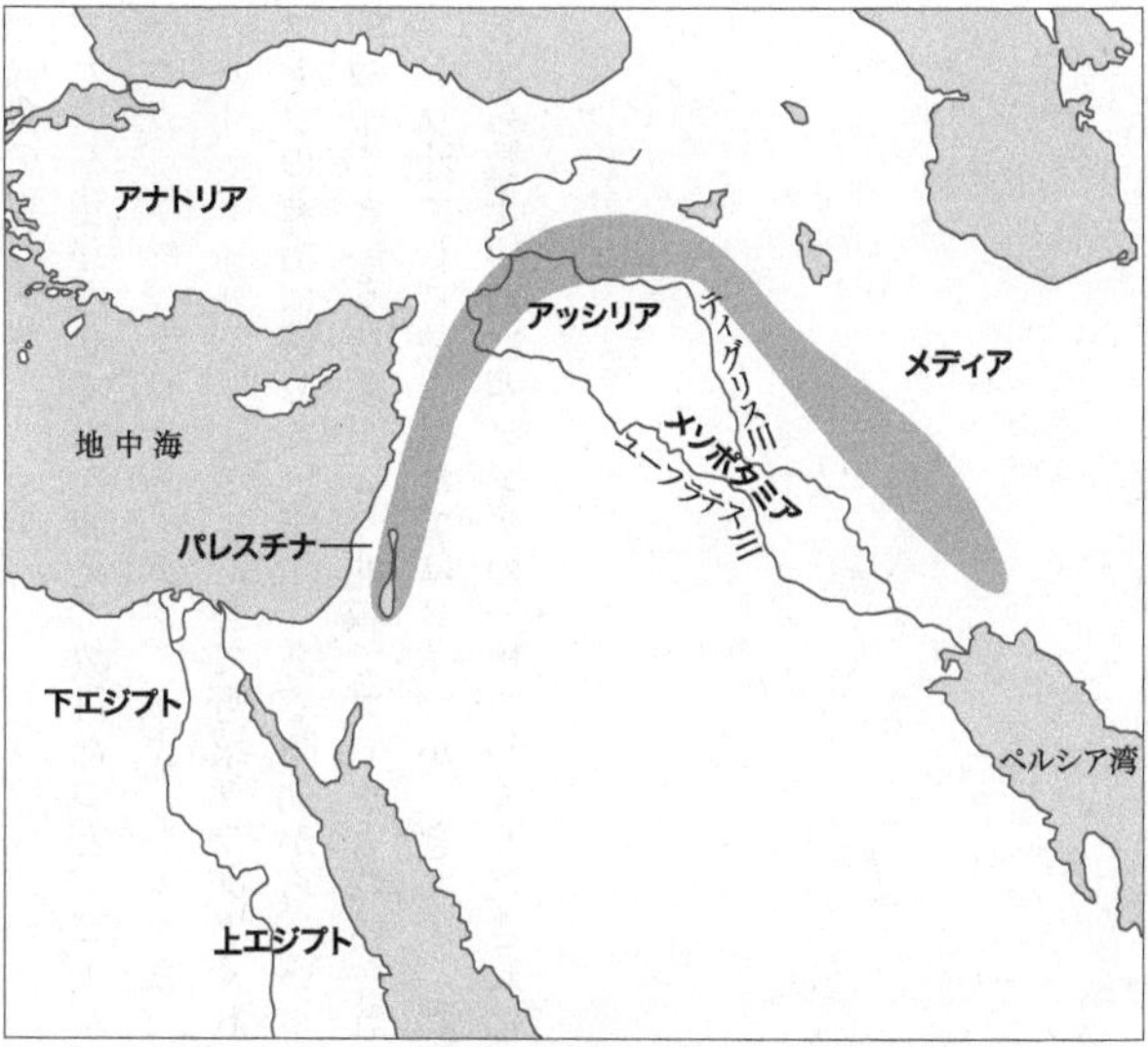

肥沃な三日月地帯

いますが、塩入りのバターやチーズにすればかなり長持ちします。乳は雌しかだしません。人間が管理している群れで、春に子羊や子山羊が生まれると、雄は数頭を残して食べてしまって、雌だけを成長させるようにすれば、人間は肉も乳も手に入れることができるわけです。このようにして、羊・山羊が家畜となったのです。肥沃な三日月地帯の人間が牧畜をはじめたのは、農業をはじめた時期とあまりかわらない、いまから七〇〇〇年か八〇〇〇年前と考えられています。

洋食のはじまり

大麦を発芽させて水を加えて数日たつと、ビールができます。肥沃な三日月地帯は、キュウリ、ニンジン、ナス、カブ、ネギ、レタスなどの野菜の原産地でもあります。パンにバター、ビールとチーズ、そして野菜サラダとくれば、立派な洋食です。またこの地帯は、ブドウの栽培に適しています。ある時期から、いつかはよくわかりませんがおそらく紀元前数千年という昔に、この地域でブドウも栽培されるようになります。ブドウをつぶしてブドウ汁にして数ヵ月たてばワインができます。私たちが洋食と認識している食事は、いまから数千年前に西アジアの一角でつくりだされた食べ物の体系なのです。

3　都市のはじまり

灌漑《かんがい》集約農業

第2話で、麦を栽培する農業技術の開発は、それほど困難なものではないと述べました。麦を栽培する畑ですと、水は天からのもらいものですませることができ、水路をつくる必要はありません。農地も斜面のままでもかまいません。そして、籠から種をばらまきするのでしたら、畝《うね》をつくる必要もありません。鋤《すき》で土地の表面をかき混ぜるだけで農地はできあがり、そこに種をばらまけばよいのです。そのかわり収穫はそう多くは期待できません。十九世紀のミレーの時代のフランスでは、種を一籠まけば、五から六籠の収穫がある、という程度でした。紀元前数千年の時代の肥沃な三日月地帯でも、同じ程度の収穫だったでしょう。

肥沃な三日月地帯では、麦の生長にとっては十分な雨が降ります。しかし西アジアの人々は、雨があまり降らない、メソポタミアの平原地帯でも農業をはじめました。そこには、ティグリス川とユーフラテス川という大河が流れています。その流域ではところどころに水たまりができます。そこに麦の種をまき、あとで少し手を加えて排水してしまえば、麦は育ちます。それほど高度な工事は必要がありません。

しかしじきに、自然の水たまりではなく、高度な工事を施して水路をつくって人工の水たまりをつくることがはじまります。雨に頼らない灌漑農業が成立したのです。手間暇のかかる工事をして畑をつくるわけですから、畑の広さには限りがあります。限られた畑からより多くの収穫をあげるために、種をばらまきするのではなく、畝をつくって一粒一粒丁寧に種をまくという工夫をしました。その結果、一籠の種から数十倍もの収穫があるようになりました。灌漑集約農業は効率のよい生産活動であったわけです。そのような農業がメソポタミアで、前五〇〇〇年ごろ、いまから七〇〇〇年ほど前に成立したと考えられています。

商品生産の農業と都市

生産効率のよい集約農業は、農業に従事する人々が食べるのに必要な量よりも多くの食料を生産します。余った食料を他の必要なもの、たとえば金属とか装飾品などと交換すれば、食料は商品です。おそらく、麦を生産しはじめたときから肥沃な三日月地帯の麦は、ある程度は商品として流通したと考えられます。灌漑という手間暇をかける農業がメソポタミアで発展したのは、より多くの贅沢品《ぜいたく》品を手に入れるために、より多くの商品を必要とするようになったからでしょう。

ユーフラテス川（シリア）

農産物を商品として管理するためには、さまざまな技術が必要になります。たとえば、麦を瓶《かめ》に入れて保存し、それをどこかに運んで売るとしましょう。そのとき、一つ一つの瓶のなかの麦の所有者が誰であるかわからないともめ事の種となります。所有者の名前を誰でもがわかる記号か絵にしておく、という技術が開発されます。また商品を運ぶための船や車両を利用する、あるいはロバなどを訓練してその背に荷物を積むという技術も開発されます。商品としての麦を他の商品と交換するわけですが、そのためには取引相手との間に信用関係が成立している必要があります。言葉による約束などが確実に実行されるという保証や、実行されなかった場合の紛争の解決の方法など、商取引の技術が開発されていきます。

このようにしてメソポタミアを中心に、大量の商品が流通する経済圏が成立したのです。

都市

メソポタミアは、他の地域に先駆けて世界で最初に都市を成立させた地域です。集約的な灌漑農業という生産技術を開発し、その農作物を商品として流通させる商業技術を開発して、その地の人々は都市を成立させることに成功しました。都市には、商人だけではなく、商業のために必要なさまざまなものをつくる職人、商人や職人を管理するための役人など、多様な生業の人々が住み着きます。そこには、農民や牧畜民が農産物や畜産品を売りにきます。メソポタミアにはない金属や宝飾品を携えて、はるか遠方から商人もきます。都市は、いったん成立すれば、多様な人々を引きつけて発展していきます。

都市ではまた、新しい技術が開発されました。天文を観察して暦をつくることは、確実な商取引のために開発された技術の一つです。商契約や人を雇って賃金を支払う労働契約のために、文字と帳簿がつくられ、計算のために、算数という技術も開発されました。狭い空間に密集して住むための住宅や公共建造物をつくる建設技術も開発されました。私たち現在の人類がつかっている技術の基礎的なものの多くは、四〇〇〇年前のメソポタミアの都市で開発されたものなのです。

人間は、地球という天体の上の自然環境のなかで、多くの生物種とともに生きています。

人間を含めた自然の秩序は、人間ではなく、神々が司《つかさど》っていると、当時のメソポタミアの人々は考えていました。都市の人々は、神々のために神殿を築きました。そして神々に仕える神官は、都市に生きる人々のなかでも特別な存在でした。神々や神官という、ある程度の体系のある宗教やそのための組織もまた、この時代のメソポタミアの都市で生まれたものです。

4 セム語族とインド・ヨーロッパ語族

言葉の系統

私たちは、日本人という言葉をつかいます。この言葉には二つの意味があります。一つは、日本という国の国民という意味です。もう一つは、日本民族という民族としての日本人です。国民や民族は、いまから二〇〇年ほど前にできた考え方です。人間は集団をつくって生活してきましたから、集団をとらえて、何々人、何々族と表現する言葉は大昔からありました。しかし、昔の言葉で何々人や何々族は、現代の言葉での国民や民族とは異なる基準で考えられていたのです。この本でも、これからさまざまな何々人や何々族がでてきますが、現代的な民族という考え方とは異なる集団であることに注意してください。

今日の学者が人間集団を分類するためにつくった基準がいくつかあります。その一つが、言語による分類です。英語と日本語はかなり違う言語ですが、英語とドイツ語は親戚《しんせき》みたいなものです。近い親戚から遠い親戚まで言語の系統を考えて、言語のグループをつくります。そのグループを語族とよんでいます。英語と日本語は異なる語族に属するのですが、英語とドイツ語は同じ語族に属することになります。言語は、文化や生活様式を反映していますから、言語による分類は、人間集団の分類にある程度有効なのです。しかし、言語による分類は、あくまで現在の学者の基準による分類で、昔の人がそのような分類で人々を認識していたわけではないことを理解してください。

シュメル語

メソポタミアで、前三〇〇〇年ごろに最初に文字をつくり記録を残した人々がいます。文字は粘土の板に葦《あし》で楔形《くさびがた》に刻みます。その粘土板を乾燥させれば、保存版の記録となります。この、文字に記された言語を、現代の学者はシュメル語とよびます。シュメル語の文字が刻まれた粘土板は、三〇万点ほど発見されています。その大部分は、商業や行政のための会計文書なのですが、なかには神話などもあります。シュメル語は、現在のどの言語とも近い関係がない言語とされています。シュメル語をつかっていた人々をシュメル人とよぶのですが、彼らが都市をつくり、さまざまな技術を開発して、文明をつくり上げたのです。

セム系語族

前三千何百年という年代の千年間を前四千年紀とよびます。この前四千年紀から前三千年紀にかけて、シュメル人が都市をつくり文明をつくり上げたのですが、文明は周囲にひろがっていきました。前三千年紀後半になるとメソポタミアの北部やシリアにも都市と文明がひろがっていきます。その地の住民は、セム語族に属する言語をつかう人々が多かったのですが、彼らもシュメル語で記録をつくりました。ふだんは違う言葉をつかう人々も、記録をつくるときはシュメル語をつかう、という習慣が長い間つづきました。

『聖書』という本があります。この本は、いくつもの「書」の集合体なのですが、冒頭の書を「創世記」といいます。「創世記」にはノアの物語がおさめられています。神がつくった人間はしだいに傲慢《ごうまん》になり、堕落したため、神は怒ってノアの一族以外の人々をすべて滅ぼしてしまいました。したがって、現在の人類はみな、ノアの子孫ということになります。ノアの子供のうち長男をセムといいます。西アジアの人々の大部分は、セムの子孫なのだとするのが『聖書』なのです。セム語族という言葉は「創世記」に基づく現代の学者の用語ですが、セム語族の言語使用者も、前二千年紀になると、自分たちの言葉で記録をつくるようになりました。

それより前の前三千年紀には、エジプトでも集約農業が発展して、メソポタミアとは別な系統の文字が使われました。エジプトは、パピルスという植物でつくった紙を文字を記すために用いました。エジプトでは石が手に入りやすいので文字を石に刻むこともしました。エジプトの言葉はハム系語族に属するとされます。ハムとは、ノアの次男のことです。セム系語族とハム系語族はそれほど大きな差はありません。現代の学者のなかには、この二つを一つの言語グループとみなして、それをアフロ・アジア語族とよぶ人もいます。アフロ・アジア語族に属する言語が、シュメル語の次に記録のための言語として用いられたわけです。そしてずっと後世にイスラームは、アラビア語というアフロ・アジア語族の言語世界で発展することになります。

インド・ヨーロッパ語族

今日のインド、イラン、ヨーロッパなどでつかわれている言語を総称してインド・ヨーロッパ語族といいます。この語族の言語を使用する人々はもともと、ユーラシア大陸の中央部の、草原と森林が織りなす地帯にいた人々と考えられています。彼らは、前二千年紀のはじめごろから西アジア・環地中海世界に繰り返し繰り返し進出してきました。彼らは、馬に戦車をひかせる技術を習得していて、破壊力のある軍隊を組織していました。また、後には、彼らは鉄で武器をつくる技術も開発しました。その結果、インド・ヨーロッパ語族の人々はヒッタイトなどのいくつかの強力な王国をつくります。そして彼らの言語もまた、文字で記録されるようになります。

5 ギリシア語の時代

アケメネス朝ペルシア帝国

文明化された西アジアでは、都市国家や小王国が林立していました。そのような都市国家の一つに、アッシュールという都市を拠点としたアッシリアという国がありました。商人として西アジア一帯で商取引に従事していたアッシリア人は、前八世紀から強力な軍隊を組織して、西アジアからエジプトまでを含む巨大な帝国を建設しました。中東地域の主要部分が一つの国家のもとにまとまったのです。しかし、アッシリア帝国は、前七世紀の末には滅んでしまい、この地域は新バビロニアなど四つの国家が並立する状態に戻りました。

この四つの王国を統合して、前六世紀に、東はインダス川から西はエジプトやエーゲ海までの地域を支配する統一帝国をつくったのがペルシア人でした。ペルシア人は、成年男子（戦士）の人口は一〇万人に満たない規模でしたが、強力な軍隊を組織して、大帝国をつくったのです。それは、王家の名前をとって、アケメネス朝ペルシア帝国とよばれています。帝国は、さまざまな言語を話す多様な人々を統治していました。帝国の公用語とし

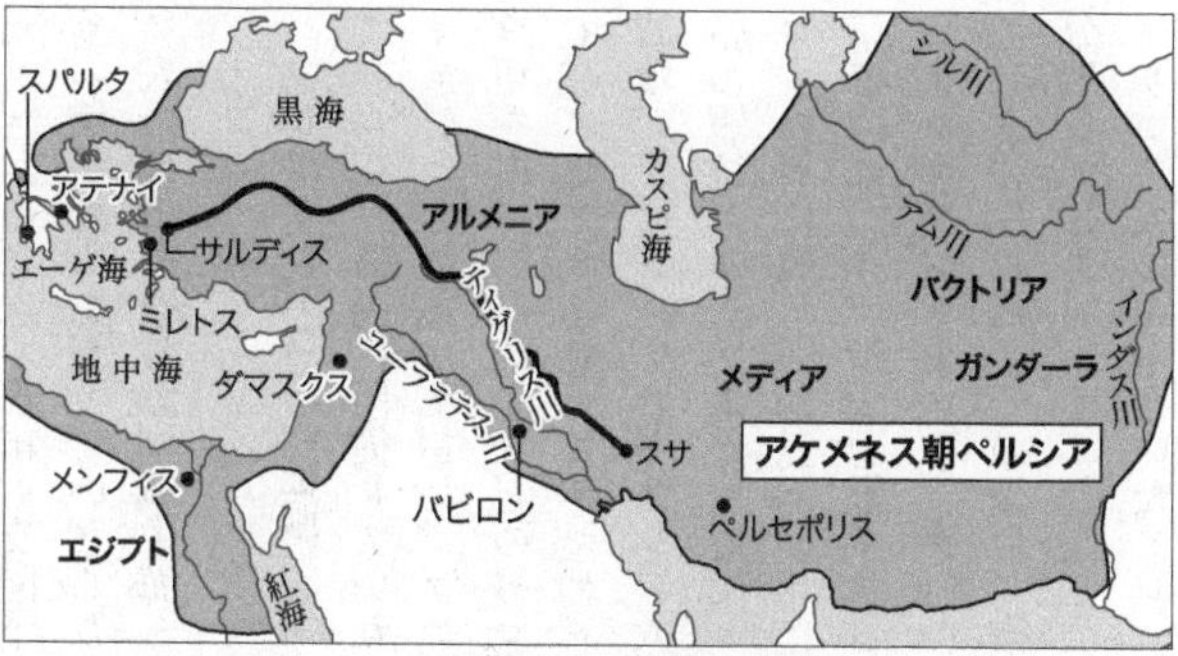

アケメネス朝ペルシアの最大領域

て、インド・ヨーロッパ語族のペルシア語だけではなく、アフロ・アジア語族のアラム語なども用いられていました。

ペルシア帝国とギリシア人

帝国の住民としてギリシア人もいました。現在のトルコ共和国の領域内に多くいたのですが、エジプトなどにも職人や兵士としていました。一方、帝国の領域外の、ペロポネソス半島にもギリシア人のポリスが多数あります。そのなかには、アテナイのような大きな都市もありますが、スパルタのように都市ではなく、小さな領域国家の場合もあります。当時の超大国であるペルシア帝国に臣従しているポリスもあれば、侵攻してきたペルシア軍を撃退してかろうじて独立を保っていたポリスもあったわけです。

各ポリスは、地中海の沿岸に植民都市を建設していました。ペルシア帝国は、シリアの海岸地帯にあったフェニキア人の都市も支配下においていました。フェニキア人もまた地中海の沿岸に多くの植民都市をもっていました。帝国は、臣従していたギリシア人のポリスや、フェニキア人の都市を通して、地中海一帯に大きな影響力を及ぼしていたのです。

アレクサンドロスの征服

ペルシア帝国に臣従していたギリシア人の国の一つとして、ペロポネソス半島の北側にマケドニアがありました。マケドニアは前四世紀の後半に勢力を伸ばし、ペルシア皇帝の許可を得てアテナイなどのペロポネソス半島のギリシア人を征服してしまいました。やがて、アレクサンドロスがマケドニアの王位につくと、彼はペルシア皇帝に反旗を翻します。彼は、マケドニアのギリシア人を中心に四万人ほどの軍を組織して、皇帝と戦います。皇帝の軍はペルシア人が中心で、ギリシア人なども含めた大軍でしたが、結局アレクサンドロスの軍に敗れ、前三三〇年に帝国は滅んでしまいます。アレクサンドロスは、ペルシア皇帝位につき、帝国を継承するために、軍を率いて帝国の全土を征服しました。

アレクサンドロスは、帝国の中心都市の一つであったバビロンに帰還した直後に急死してしまいます。その後は、彼が率いた軍の将軍たちが勢力争いをはじめ、帝国は三つに分裂してしまいました。分裂してできた三つの国は、ペルシア帝国を継承したというよりは、ギリシア人の軍を率いたアレクサンドロスの勢力を継承したと意識しました。三つはとも

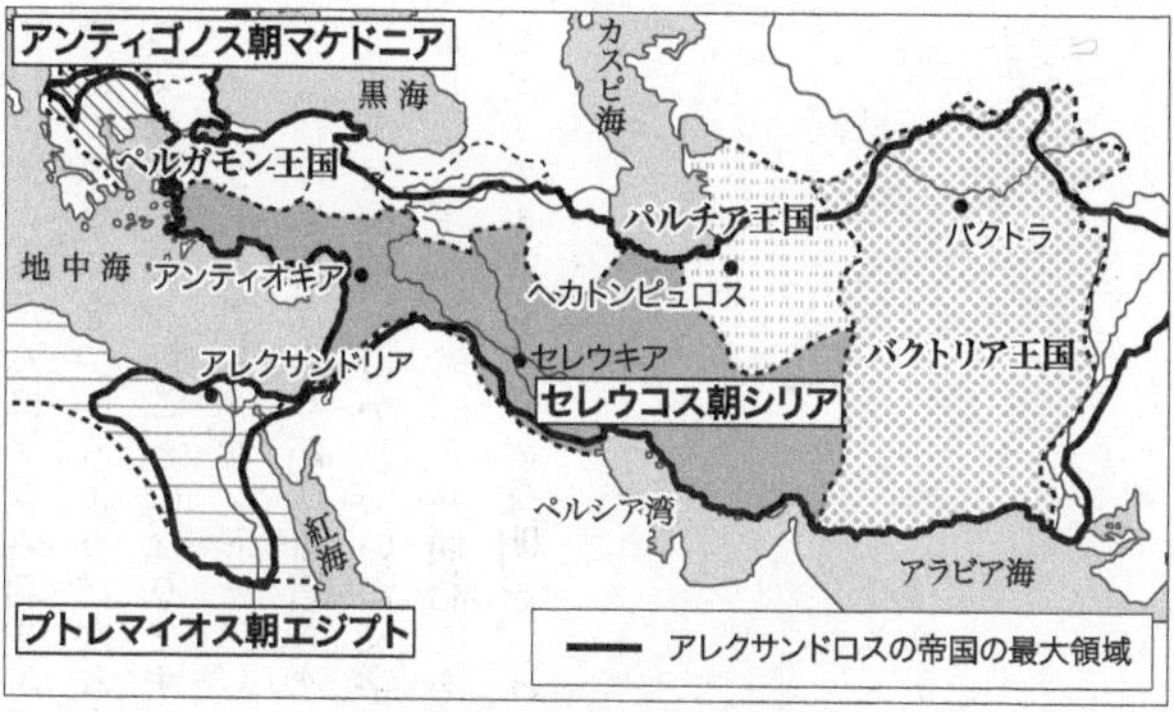

アレクサンドロスの帝国とその分裂

に、ギリシア人の国家という形をとったわけです。ペルシア人にかわって、ギリシア人が、西アジア・環地中海世界の軍事・政治面での中心になったわけです。

共通ギリシア語（コイネー）の成立

いままでたくさんの小さな集団にわかれて生活していたギリシア人は、西アジアを広く支配したセレウコス朝シリア王国、プトレマイオス朝エジプト王国、アンティゴノス朝マケドニア王国という三つの巨大な王国の支配者になりました。この三つの王国の住民は多様な言語をつかう人々なのですが、ギリシア語が支配者の言語であり、行政のための言語になったのです。そうなるとギリシア語は、方言の寄せ集めではなく、共通の書き言葉をもつ言語として発展するようになります。この共通語をコイネーとよびます。ギリシア人だけではなく、ふだんはアラム語やエジプト語などをつかっている人々も、何かものを書くときはコイネーをつかうようになりました。ギリシア語は、西アジア・環地中海世界の共通の文章語となったことになります。

エジプトのアレクサンドリア、シリアのアンティオキアなどが当時の巨大都市でした。そこには多様な人々が住み着きましたが、ギリシア語でみな本を書きました。それまでさまざまな言語で書かれていた文学や学問のおおくを、ギリシア語が受け継いだことになりました。ギリシア語が共通語であった時代は、一〇〇〇年ほどつづくことになります。そしてそのギリシア語の文明を、イスラームの文明が引き継ぐことになるのです。

6 環地中海の統一国家・ローマ帝国

地中海の西方

前四世紀のなかばごろ、環地中海世界の東方はペルシア帝国の支配下におかれていました。それより西方は、フェニキア人やギリシア人の植民都市や、現地人の小さな集団がバラバラに存在していました。そのなかで、前四世紀後半からイタリア半島の都市ローマがしだいに勢力を拡大して、周辺の集団を飲み込んでいきます。ローマ人は、イタリア半島にいた人間集団をキヴィタスという言葉でとらえていました。キヴィタスは、ギリシア人のポリスと同様に、都市の場合もあれば、小さな領域国家の場合もありました。そして東方で、アレクサンドロスがペルシア帝国を継承したころ、都市ローマを盟主にして、イタリアのキヴィタス連合ができかけていました。

地中海をはさんでイタリアの対岸にある現在のチュニジアに、フェニキア人の国家カルタゴがありました。カルタゴは、チュニジアの平原で高度な灌漑農業を営み、一方で、シチリア島やイベリア半島に植民都市をもって、手広く商業も営んでいました。ローマがイタリアをこえてさらなる発展をめざすとすれば、カルタゴの繁栄は邪魔となります。ローマとカルタゴは、およそ一〇〇年にわたって戦い、結局カルタゴは、前一四六年にローマに征服されてしまいました。ローマは、環地中海世界の、西方の覇者となったのです。

ローマ帝国のなかのギリシア語世界

カルタゴを滅ぼしたローマは、環地中海世界の東方をめざし、ギリシア人の王国であったマケドニア王国やシリア王国を滅ぼし、さらにエジプト王国を保護下におきました。エジプト王国の代々の王はプトレマイオスという名で、女王はクレオパトラという名なのですが、最後のクレオパトラであったクレオパトラ七世が、ローマのカエサルやアントニウスと恋をしながら政治的駆け引きを演じたのはあまりにも有名なできごとです。クレオパトラとアントニウスの連合を破ったオクタヴィアヌスが環地中海世界の全域を支配する初代の皇帝となりました。前二七年のことです。

ローマに征服された環地中海の各地には、有力者や貴族などがいました。彼らのなかには、ローマの保護下で特権的な身分を維持したものも少なくありません。とくに都市文明が発展していた東方では、帝国のもとでもギリシア人の有力者は都市の維持と発展に力を注ぎました。ローマ人の言葉をラテン語といいますが、帝国の東方ではギリシア語が依然として共通語でした。ローマ帝国は言語の面では、ギリシア語を共通語とする東方と、ラテン語を共通語とする西方の、二つの世界から構成されていたのです。

ローマ帝国のギリシア化

ローマ帝国の政治的中心は、発祥の地であるイタリアの都市ローマにありました。しかし、経済的、文化的な中心は東方にあったのです。三世紀になると帝国の政治力が衰えていき、軍人たちが勝手に皇帝を推戴《すいたい》するようになり、クーデタが相次ぎます。そうなると、経済的には辺境であるローマで政治をあずかることは難しくなります。経済的・文化的中心である東方が、政治的にも中心にならざるを得ません。三世紀の末には、ときの皇帝は帝国を、東の正帝と副帝、西の正帝と副帝の四人の皇帝でおさめる体制を整え、自らは、東の正帝として最高位の皇帝となります。そして、次の皇帝のコンスタンティヌスは三三〇年に、首都をコンスタンティノープル（今日のイスタンブル）に遷《うつ》してしまいました。帝国発祥の地ローマは、もはや帝国の政治的な中心ではなくなりました。帝国は、ギリシア語世界を、名実ともに継承したのです。ギリシア語世界とは、その前のペルシア帝国の継承者で、ペルシア帝国は、前三千年紀以来の中東の都市文明の継承者であったのです。ローマ帝国もまた中東の伝統をしっかりと受け継いだ帝国となりました。

ローマ帝国滅亡という誤診

五世紀になると、帝国の西方はゲルマン人の武将などが勝手に皇帝を擁立して、政治的なまとまりを失います。四一〇年、ついで四五五年に、ローマ市はゲルマン人の略奪にあって廃墟《はいきょ》となってしまいました。そして四七六年に、実権を握っていたゲルマン人の武将が西の皇帝位を東の皇帝に返上してしまいます。帝国は、名目的には一人の皇帝のもとにまとまったわけですが、帝国の領土のうち現在のフランスなどは実質的には帝国の領域から離れてしまいました。十九世紀のヨーロッパの歴史家は、この事態をローマ帝国の「滅亡」ととらえました。帝国はひきつづいて存在していたわけですから、誤診に基づく死亡宣言、とでもいえましょう。そして、このあとのローマ帝国を、もうローマ帝国とはよびたくないとして、ビザンツ帝国なる名称をひねり出したのです。

ローマ帝国は、四七六年のあとも繁栄をつづけました。そして七世紀に、イスラームはローマ帝国の重要な領土であるシリア、エジプト、北アフリカを継承します。そののち、長い時間をかけて、イスラーム世界はローマ帝国を飲み込んでいきます。それは、一四五三年にオスマン帝国がコンスタンティノープル（イスタンブル）を征服したときに完了します。イスラーム世界とは、まさしくローマ帝国の継承者でもあるわけです。

7　古代社会を変えた一神教革命

神々の世界とユダヤ教

メソポタミアの平原で都市をつくりはじめたときから、人々は神々とともに生活していました。都市の中心には、ひときわ立派な建物がありますが、それは神々のための神殿なのです。環地中海・西アジアがギリシア語の時代になっても、ギリシア語の名前をもつ神々がいて、都市のいちばん立派な建物が神殿であった事態にかわりはありません。文学も、歌舞音曲も、芸術も神々に捧《ささ》げるためにありました。人々と神々は、世界をともにしていたのです。

そのなかにあって、神は唯一であることを主張していたユダヤ教徒がいました。唯一なる神は、天地万物を創造したのであって、他に神は存在しないというのです。神は人類の祖であるアダムを創りますが、この世の人々はすべて彼の子孫であるとするのです。神は、アダムの二〇世代あとの子孫であるアブラハムを選び、その子孫に特別な恩寵《おんちょう》を与えました。しかし、神は同時に彼らにさまざまな試練も与えます。このような認識をもった人々がユダヤ教徒でした。前三世紀、ユダヤ教徒はシリアのエルサレムを信仰の中心地としていました。この地は当時、ギリシア人の王国であったシリア王国とエジプト王国がとりあいを演じていました。その間隙《かんげき》を縫って、ユダヤ教徒は独立王国を建設します。その王国のもとで、ユダヤ教は一つの宗教として形を整えていきました。

キリスト教の成立とギリシア語

王国をつくっても、ユダヤ教徒の試練はつづきます。王国の政治をめぐって内部の争いがおこります。そして王国そのものも、ローマ帝国の東方進出によって脅かされました。ユダヤ教徒は、争いがつづくこの世を救うために神が救世主を遣わすことに期待します。救世主は、この世の悪をすべて滅ぼして、神の正義が貫徹する理想の世界をつくってくれるはずです。イエスという人がいました。彼は、エルサレムの神殿を管理する長老や、形式を重んじる律法学者たちの信仰のあり方に反対して、地の民を救う信仰を説き、ローマ帝国の総督によって十字架の刑に処せられてしまいます。死んだイエスは、生き返って人々にその姿をみせ、そしてまた隠れてしまいました。イエスこそ救世主（キリスト）であると信じた人々がいました。この人々の信仰が、やがてキリスト教をつくります。

キリスト教では、イエスが説いた言葉を福音《ふくいん》と言います。イエスは何語で福音を説いたのでしょうか。シリアの住民の日常の言葉はアラム語（シリア語）とよばれています。間違いなくイエスは、アラム語で福音を説いたのです。しかし、当時のこの地方では、ギリシア語が書き言葉として優越していました。福音が記録としてまとめられるときは、ギリシア語がつかわれました。ユダヤ教徒も、彼らの元来の言葉であるヘブライ語（アラム語の一方言）で多くの聖典を残していましたが、前二世紀にそれらはギリシア語に翻訳されていました。キリスト教徒は、ギリシア語に翻訳されていたユダヤ教の聖典を『旧約聖書』とよび、イエスの福音を伝えたギリシア語の書などを『新約聖書』とよんで、それらに基づく信仰のあり方を整えていきました。

一神教革命

三世紀の末に、ローマ帝国が政治の中心を東方に移したころ、そこには多くのキリスト教徒がいました。ローマ帝国はもとより、神々と共存していました。皇帝もまた神の一人として祀《まつ》られていたのです。そのような帝国にとって、神は唯一であって、神殿に祀られている神々は神ではないと主張するユダヤ教徒やキリスト教徒は困った存在です。皇帝はキリスト教徒を迫害します。しかし、帝国は、なによりも強力な軍事力を必要としますが、東方で将兵を得ようとすればキリスト教徒に頼るより仕方がありません。四世紀になると帝国は、キリスト教徒と妥協して、その存在を公認します。そして皇帝の主導で、キリスト教の教義が整えられていきました。

三八〇年、帝国は神々を祀る宗教を異教として禁じてしまいます。神々を祀っていたアテナイのアクロポリスやエジプトのルクソールなどの神殿は破壊されて廃墟になります。有名なミロのヴィーナス像などが海に投げ捨てられていた彫刻や絵は壊されてしまいます。数千年にわたって神々と共存してきた人間の社会は、すっかり変わってしまいました。環地中海世界でおきたこの大変化を、この本の著者は「一神教革命」とよんでいます。

一神教革命は、ローマ帝国の権力を背景にしてなされました。帝国の領域外では、キリスト教徒やユダヤ教徒は他の宗教を禁じる力はもちません。それでも、ユダヤ教とキリスト教は、帝国の範囲外のイラク（メソポタミア）やアラビアなどにも広がっていきました。そして一神教革命があった四世紀から二〇〇年ほど後のアラビアで、純粋な一神教であるイスラームが勃興《ぼっこう》することになります。イスラームとは、ユダヤ教やキリスト教がいう唯一にして天地万物を創造した神への信仰なのです。イスラームでは神をアッラーとよびますが、それは『聖書』の神とおなじ存在です。一神教革命をより徹底したかたちですすめたのが、イスラームということになります。

8 強国ササン朝ペルシア帝国

バクトリアとパルチア

第5話でお話ししたように、前三二三年にアレクサンドロスが急死すると、彼の将軍たちはギリシア人の王国をつくりました。そのころは、地球規模の世界はかつてとは大きく変わっていました。前二千年紀までは環地中海・西アジア地域だけに人間が集中して生活していたのです。それ以外の地域では、たとえば日本は縄文《じょうもん》時代ですが、人間はほんとうにまばらに生活していました。ところが、前一千年紀の前半に、中国の黄河《こうが》流域とインドのガンジス川流域に都市が発達し、文明が生まれたのです。この二つの地域はそれぞれ、アレクサンドロスの時代までにさらなる発展をみせて、環地中海・西アジアにひけをとらない数千万人規模の人間がそこで生活するようになります。そして三つの地域を結ぶ交通路が開けたのです。現代の歴史家は、この交通路をシルク・ロードとよびます。ギリシア人の王国であるセレウコス朝は、シルク・ロードの西の支配者でした。

ところが、西アジア、インド、中国の接点であったバクトリアは、その地に定着したギリシア人を中心にして、前三世紀のなかごろにはセレウコス朝から独立してしまいます。

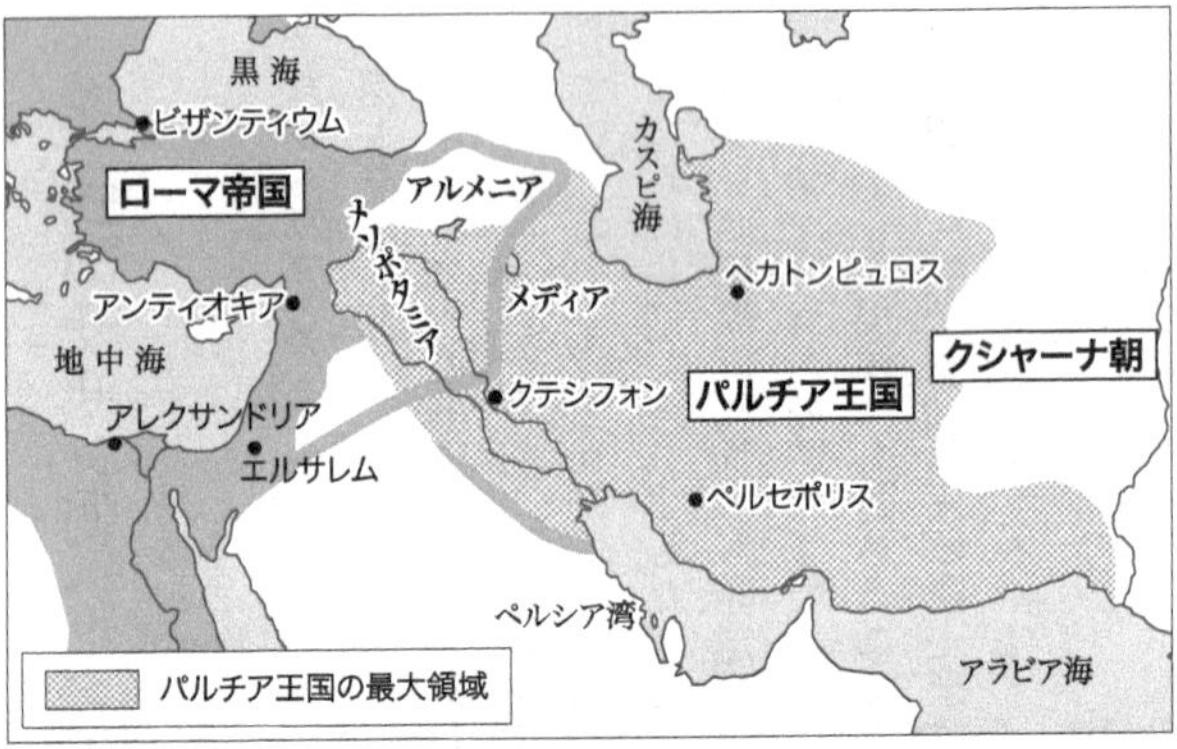

パルチア王国の最大領域

おなじころ、中央アジアの騎馬遊牧民であったパルチア人が独立します。この二つの王朝はともに、シルク・ロードの交易を熱心におこないました。しかし、前二世紀のなかごろにバクトリアは、東方から移住してきた騎馬遊牧民によって滅ぼされてしまいます。一方でパルチアは勢力を伸ばし、イランとメソポタミアをセレウコス朝から奪ってしまいます。セレウコス朝の領土であったアナトリアでもペルガモン、カッパドキア、アルメニアなどが独立し、シリアではユダヤ教徒の王国などが独立しますが、やがてローマ帝国がそれらのすべてを継承します。その結果、環地中海・西アジアはローマ帝国とパルチアという二つの勢力に二分されてしまいました。メソポタミア（イラク）とその東方、シリアとその西方という東西の区分は、その後イスラームの時代までつづきます。

ペルシア語世界の形成

パルチアの貴族はギリシア文化を愛好しました。しかし、しだいにペルシア語が復活してきます。ペルシア語はアラム文字で表記されましたが、それが行政のための言葉として定着してきたのです。環地中海・西アジア世界の西方ではギリシア語が幅広くつかわれつづけますが、東方ではギリシア語が衰え、ペルシア語が優越してきたわけです。この時代からイスラームの登場までつかわれたペルシア語をパハラヴィー語とよびます。

三世紀になると、ペルシア人がパルチアを倒してその領土を継承します。この新しいペルシア人の王朝を、王家の名前をとってササン朝ペルシア帝国とよびます。パルチア時代は権力は分散しがちだったのですが、ササン朝は中央集権的な体制をきずいて、強力な軍を組織し、ローマ帝国をうわまわる軍事強国となります。この大帝国の公用語もペルシア語であったわけです。のちにイスラームは、ローマ帝国の領域であったギリシア語世界とともに、ササン朝のペルシア語世界の後継者となります。

さまざまな宗教とアラム語（シリア語）

パルチアでは、独自な宗教が発展しました。この世で善と悪が対立し、最後に善が勝ってこの世に正義の時代が到来するとする考え、またそのために救世主が現れるという考えなどが、この宗教のもとで発達していますが、それは、ユダヤ教に大きな影響を与え、ま

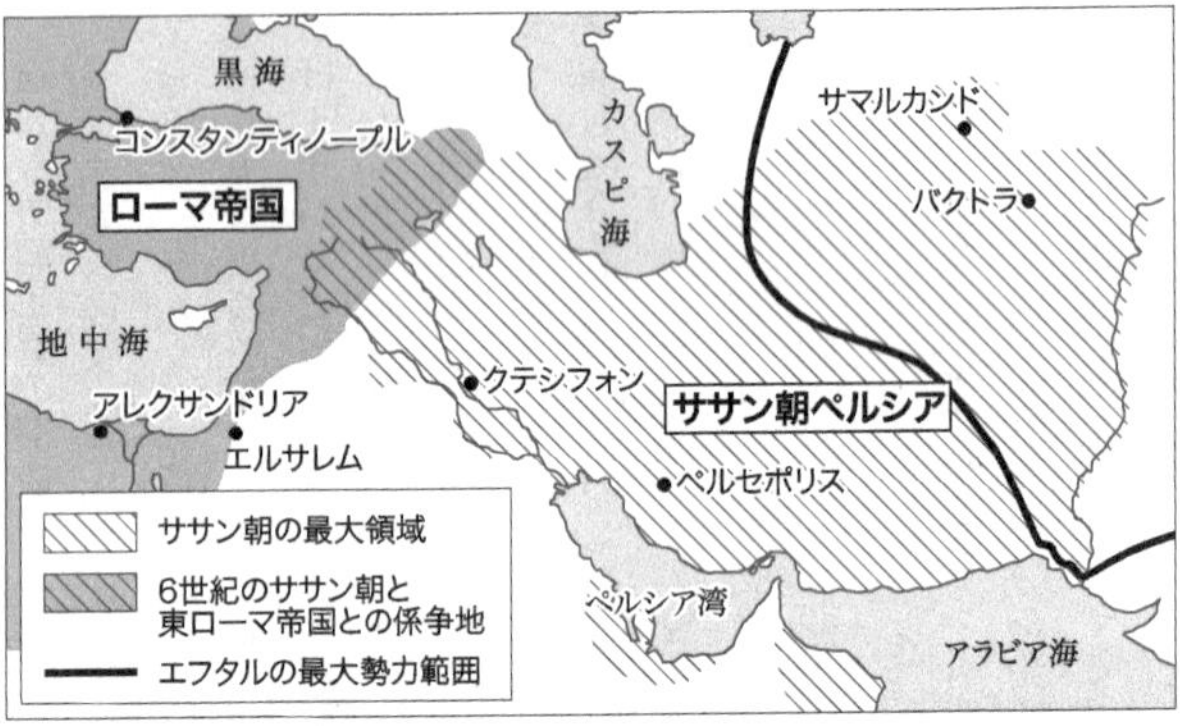

ササン朝ペルシアの最大領域

たのちのキリスト教やイスラームにも影響を与えることになります。ササン朝の時代になると、アケメネス朝時代にペルシア帝国の国教であったゾロアスター教が復活します。しかし帝国は、概して他の宗教の存在に寛容でした。

帝国の領土の一部であった中央アジアでは仏教がさかんでした。この時代の中央アジアの仏教が中国に伝わり、そして朝鮮半島や日本に伝わったのですから、ササン朝は日本ともおおいに関わりのある王朝であったことになります。帝国の西部であるメソポタミア（イラク）では、ユダヤ教やキリスト教がさかんでした。また、マニという宗教家が、ゾロアスター教やキリスト教などの教義をまとめて新しい宗教を創始しました。マニ教とよばれるこの宗教は、一時期ペルシア皇帝や貴族たちの支持を得てさかんになりますが、のちに禁止されてしまいます。しかし、マニ教は密《ひそ》かに信者を維持し、西はローマ帝国や東は中国に広がっていきました。

ローマ帝国で異端とされたキリスト教のネストリウス派はローマ帝国の領域外で勢力を伸ばします。その拠点の一つがイラクでした。イラクの住民の言語はアラム語ですが、キリスト教徒がつかうアラム語はシリア語とよばれます。イラクのキリスト教徒は、シリア語でキリスト教の典礼をおこなうようになります。そうなるとキリスト教の教義をささえていたギリシア語の文献が、つぎつぎとシリア語に翻訳されていきます。シリア語とイスラームの言語であるアラビア語は兄弟みたいなものです。イスラームは、九世紀ごろにギリシア語の文献を組織的にアラビア語に翻訳しますが、そのはしりはササン朝時代のシリア語への翻訳にあるのです。

9 周辺としてのアラビア

太古のアラビア

環地中海・西アジアは文明の発祥の地ですが、そのなかでアラビア半島は一貫して周辺地域でした。なにしろここは、ごくごく一部をのぞいて雨がほとんど降りません。まったく降らないわけではなく、ときには豪雨があるのですが、雨水はすぐに地中に消えてしまい、水が恒常的に流れている川は一本もない状況です。雨に頼った農業は一部地域をのぞいてアラビアでは不可能です。それでも、地下水が地上で湧きでる場所では草木も生えていて、ごく少数ながらも人間も生きていくことが可能です。したがってアラビアにも、太古の昔から人間の生活はありました。

前四千年紀、メソポタミアで灌漑農業がさかんになったころ、アラビアの東部ではメソポタミアと同型の土器がつかわれていました。メソポタミアの文化を取り入れた人々がアラビアに住んでいたことは確かです。前三千年紀にシュメル人が都市文明をつくったころ、メソポタミアの人々は海路でインダス川流域の人々と交易していました。その交易の中継地として、アラビア湾沿岸では小規模な都市がつくられました。日本の縄文時代からアラビアには立派な都市があったのです。しかし、このような都市はアラビアでは例外で、前一千年紀までのアラビアの他の地方の状況は、まだなにもわかっていません。

アラビアの農業

前一千年紀は、メソポタミアやエジプトではじまった文明が環地中海・西アジアの全域に広がっていった時代ですが、アラビアもその例外ではありませんでした。メソポタミアやエジプトでは、川の水を利用する灌漑技術が発達しましたが、前一千年紀には、地下水を利用する技術が開発されて発展しました。イランや中央アジアでは、カナートとよばれる大規模な地下水路を利用します。その小型版がアラビアで発展します。アラビアでは、農業は高度な土木技術とともに導入されたのです。

アラビアの南西部をイエメンといいますが、ここでは、ダムをつくって水をため、その水を利用するという高度な農業が発展します。一方で、イエメンの山岳地帯は、アラビアでは唯一の例外として降雨に恵まれている地で、そこでは雨に頼った農業が可能です。山岳地帯でもしだいに農耕地が開発されていきました。イエメン以外の地では、地下水が利用できるオアシスで農業が発展し、都市が成立します。一つ一つのオアシスは数百人か数千人レベルの人間を養える程度の規模ですが、なかには数万人の人口を養えるようなオアシスもありました。前一千年紀の後半からは、アラビアの全域でそのようなオアシス社会が成立していました。

アラビアの牧畜民

雨の少ないアラビアには砂漠が広がっています。私たちが想像しがちな、砂丘が連なる砂《すな》砂漠だけが砂漠ではありません。環地中海・西アジアの他の地方と同じように、アラビアでも冬に多少の降雨があります。雨が降った地域では、すぐに草が芽を吹き、急速に生長します。したがって、家畜も飼養できるわけです。第2話でお話ししたように、夏は家畜に水を与えなければなりません。天然の泉はきわめて少ないので、井戸の水を汲《く》み上げて家畜に与えます。牧畜も、井戸を掘るという技術とともに、前一千年紀のアラビアに普及していきます。

前十二世紀ごろから、シリアではアラム人が隊商貿易を組織して、広範囲の交易にたずさわりました。荷物を運ぶ動物を駄獣といいますが、アラム人はそれまでの駄獣であったロバに加えて、ラクダも駄獣として利用しました。ロバよりはラクダのほうがはるかに多くの荷を運びます。またラクダは数日間も水を飲まなくても活動できるという利点をもっています。ラクダを駄獣としてつかうことによって隊商は大規模になり、より長距離の交易ができるようになりました。そのラクダを飼養する技術は前一千年紀にはアラビアに導入され、アラビアの牧畜民は、ラクダを大量に飼養するようになります。同時に、牧畜民は、隊商にラクダを貸したり、また自ら隊商を組織したりする運送業者兼商人になっていきます。

アラビアの社会

前一千年紀の後半からイスラームが勃興する七世紀のはじめごろまでのアラビアは、高度な灌漑集約農業、何種類もの家畜をそれぞれの習性にあわせて飼養する牧畜、農産物や畜産物を取り引きする商業、商品を運ぶ運送業など、多様な職業がありました。

アラビアで比較的人口が多いイエメンでは、前一千年紀からは小国家が興亡を繰り返しました。またアラビアの北部でも、オアシス都市を中心とする小商業国家がおこっては消えていきました。しかし、アラビア全体を統一するような大きな国家はイスラームの勃興まで誕生したことがないのです。巨大帝国が興亡した環地中海・西アジアにあっては、アラビアはその意味で中心ではなく、周辺でした。そして、イスラームが勃興する直前の六世紀では、当時の最強国ササン朝ペルシア帝国の政治的影響力が、アラビアの大部分を覆っていたのです。

10 アラビアの一神教と多神教

シリアとイラクの隣接地域

アラビアとは、どの範囲の地域をいうのでしょうか。現在のサウジアラビア、クウェートやアラブ首長国連邦などの湾岸諸国、そして南部のイエメンとオマーンの領域がアラビアであることはいうまでもありません。そして、現在のシリア、ヨルダン、イラクにまたがってシリア砂漠が広がっていますが、歴史的にはここもアラビアとみなされていました。シリアやイラク（メソポタミア）の都市のすぐ隣に、アラビアはあったわけです。そして、シリアやイラクの都市の人々はアラビアの住民をアラブとよんでいました。荒野の住民という意味の言葉です。しかし、アラブのなかには、シリアやイラクの都市に住み着いている人も少なからずいました。アラビアの商人は、都市に行っても仲間との商売ができたわけです。

シリアは、ローマ帝国の主要な領土の一つでした。そしてそこは一神教革命によって、キリスト教徒やユダヤ教徒など唯一の神を信仰する人々だけの世界になっていました。シリアの都市に住み着いたアラブも唯一神の信者になったわけです。イラクは、ササン朝ペルシア帝国の最も重要な領土でしたが、そこはユダヤ教の中心の一つで、また、ローマ帝国で異端とされたキリスト教の宗派であるネストリウス派の中心地でした。イラクにいたアラブもまた、キリスト教を受け入れた人が少なくなかったのです。

シリアの都市部とシリア砂漠の狭間《はざま》にゴラン高原があります。そこに、ガッサーン朝という、ローマ帝国に臣従しているアラブの王国がありました。また、イラクの農耕地帯からシリア砂漠に移る中間に、ヒーラという町がありましたが、そこにはペルシア帝国に臣従しているラフム朝というアラブの王国がありました。このアラブの二つの小王朝は、多分にキリスト教化していました。

南アラビアのキリスト教とユダヤ教

アラビアの南西部のイエメンは、灌漑農業も発達し、また天水《てんすい》に頼る農業の可能な地をふくみ、アラビアでは人口が多い地方です。紅海《こうかい》をはさんでイエメンの対岸のアフリカには、エチオピアがあります。当時ここに、アクスム王朝という王朝がありました。アクスム王朝は、イエメンの政治に大きな影響力を及ぼしていました。このエチオピアのアクスム王朝が、五世紀ごろにキリスト教を受け入れます。また、イエメンでも、北アラビアのラフム朝などとの交渉を通して、キリスト教がある程度浸透していました。五世紀の前半にイエメンの王は、エチオピアの影響力をそいで、イエメン全土を支配することを望みました。その王は、イエメンのキリスト教徒がキリスト教国であるエチオピアの味方をするのではないかと疑い、自らはユダヤ教徒となって、イエメンのキリスト教徒を迫害しました。それを知ったのがローマ皇帝です。キリスト教の擁護者である皇帝はアクスム王に手紙を書いて、イエメン王を攻撃するように要請します。そこで、キリスト教徒であるアクスム王は、軍を派遣してイエメン王を殺し、イエメンを支配してしまいました。地中海世界から遠く離れたアラビアの奥地で、一神教は政治の展開の舞台を提供したわけです。

入り交じる南アラブ族と北アラブ族

さて、イエメン地方の住民を南アラブ族といいます。彼らは、前一千年紀の前半より、独自の文字（南アラビア文字）をつかっていました。また言葉も独自で、南アラビア語とよばれています。その南アラブ族は、紀元後の時代になるとアラビア全体に進出していきます。アラビアの一部であるシリア砂漠にまで住み着くようになります。そうなると言葉もかわっていきます。シリア砂漠をふくめたアラビアの北部の住民を北アラブ族といい、彼らの言葉を北アラビア語といいますが、南アラブ族の言葉が北アラビア語化していったのです。アラビアの全土に広がった南アラブ族は、系譜のうえでは南アラブ族であることを強く意識しながらも、言語を中心とする文化は北アラブ化していった、ということになります。

イスラームが勃興する七世紀前半から遡《さかのぼ》って一〇〇年ほど前から、北アラビア語はアラビアでの共通語になっていきました。今日のアラビア語が誕生したのです。そのアラビア語で、詩人たちがさかんに詩をつくるようになりました。イスラームの時代になってからも、イスラーム前の時代の詩が人々に好まれます。ちょうど、平安時代の歌人が万葉集を好んで、さかんに本歌取り《ほんかど》の歌をうたったように、九世紀、十世紀のイスラーム世界の詩人は、イスラーム前の時代の詩を手本にしたのです。

南アラブ族も北アラブ族も、その多くは、一神教徒ではなく、神々とともに生きる多神信仰の持ち主でした。しかし同時に、そのどちらにも、ユダヤ教やキリスト教が浸透していました。南アラブ族と北アラブ族がアラビア全土で入り交じって住む状態は、同時に、ユダヤ教徒やキリスト教徒がアラビア全土で、多神教徒と入り交じって住む状態であることを意味します。またペルシア人も少なからずアラビアに進出していて、ゾロアスター教やマニ教の信者もアラビアにはいました。アラビアは、宗教的には多彩な世界でした。

11 アラビアの街メッカ

宗教の町メッカ

若者のメッカ原宿《はらじゅく》、高校野球のメッカ甲子園《こうしえん》、など中心となる場所、あるいはあこがれの場所を「メッカ」と表現します。そのメッカとは、アラビア半島の、南北ではほぼ中央、東西では西に偏って紅海の沿岸近くにある都市のことです。そこは、イスラームにとっての世界の中心なのです。世界中のムスリム（イスラーム教徒）は、毎日、メッカに向かって礼拝を捧げます。イスラーム暦で十二月になると、毎年二〇〇万人ものムスリムがそこに巡礼に出かけます。それゆえ、中心となる場所のことを、日本語でも「メッカ」とよぶようになったのです。七世紀に、メッカでイスラームが勃興することになりますが、それ以前のメッカについて述べてみましょう。

第10話で、アラビアにはユダヤ教やキリスト教という一神教も浸透していたが、多神信仰も広がっていた、と述べました。メッカは、アラビアでの多神信仰の拠点の一つでした。メッカに、カアバとよばれる神殿がありました。いつからあったのか、誰にもわかりません。イスラームを説き起こすことになるムハンマドは、メッカに生まれ、そこで育った人ですが、彼の時代の人にとっては、ともかく遠い昔から神殿はあったのです。神殿は、直方体の建物です。今日のカアバは、長さ一二メートル、奥行き一〇メートル、高さ一五メートルほどの大きさの石造りで、表面をキスワという黒い布が覆っています。イスラーム前の時代のカアバも、似たようなものであったと想像されます。人類が造った建造物として、特段に大きなもの、というわけではありませんが、それなりの大きさの建物、といえます。

その神殿の内部には、三〇〇体を超える神々の像が祀られていました。それらの像は、一つ一つ名前が付けられていました。一方、神殿自体の主は、アッラーとよばれていました。アッラーは、神像をもたない、抽象的な存在なのです。アッラーという名の神の館《やかた》に、さまざまな名前をもつ神々の像が祀られていて、それらのすべてが信仰の対象なのでした。メッカの住民は、毎日、カアバに詣《もう》でて、その廻《まわ》りを七回廻るなどの儀礼をおこない、そのあとで、カアバの傍らで、おしゃべりをしたり、昼寝をしたりして、時間をつぶすのが常でした。

当時の暦で十一月になると、それは季節のうえでは春であったと考えられますが、メッカの周辺で定期市がたちます。アラビア中から人々が定期市で商取引をするために集まります。そして翌月が巡礼月で、定期市に集まった人々が、メッカに巡礼にきました。このような、定期市と巡礼がセットになった地域が、アラビアにはいくつもありました。メッカはその一つの巡礼の地として、古くから存在していたのです。

商人の町メッカ

メッカの住民は、何度も入れ替わったようです。イスラームが勃興する百数十年ほど前、六世紀のはじめごろと考えられますが、そのころから、メッカの住民は、クライシュ族が中心となりました。クライシュ族とは、ムハンマドから数えて十一代前の祖先であるクライシュという人物の子孫だと意識している人々のことです。遠い祖先を共有している人間集団を、一般には部族といいます。クライシュ族は、確かにクライシュにつながる系譜意識を強くもつ人々でしたが、排他的な集団であったのではありません。メッカに生まれたクライシュ族の人々は、平気でそこを出て、他の地で結婚したりしています。また、メッカにきた人をどんどん受け入れて、娘を嫁がせたりしています。イスラームが勃興する時代のメッカとは、クライシュという遠い祖先につながる系譜意識をもったクライシュ族の人々を中心に、多様な人々が群れ住む町であったと理解できます。

そのメッカの住民は、ムハンマドが生まれる数十年前から、隊商貿易を組織する商人として活躍するようになりました。ラクダに荷を載せて、砂漠を旅する商人のことです。アラビアのあちこちに出かけて、牧畜民が生産する皮革製品などを買い付け、それをシリアの都市に運んで売りさばくことをおこなっていました。メッカに巡礼にくる人々と信用関

カアバに礼拝するメッカの巡礼者たち（サウジアラビア）

係を結び、その関係を通して手広く商業をおこなうことができたわけです。

メッカは、岩だらけの谷底にある町です。谷底にあるから、谷に水は流れていなくても、井戸を掘れば水はあります。それゆえ人間がそこに住むことができます。しかし、岩だらけですから、農業はできません。メッカは、住民の食糧を全部輸入しなければいけない「都市」であったのです。隊商貿易を組織することによって、メッカの人々は、食糧や他の必要物資を調達し、人口を増やしていきました。

メッカは、市長もいなければ、市役所もありません。警察も税務署もないのです。また住民の多数派であるクライシュ族には、部族長はいません。部族を構成するもっと小さな集団である氏族にも長はいません。何もなくても、長老たちを中心に、秩序は保たれていました。このような「長」なき社会は、歴史上しばしば見受けられます。ムハンマドは、このような、自由で、経済的に急成長していたメッカに生まれることになります。

II

イスラームの誕生

イスラームは、七世紀に、アラビアの街メッカで、ムハンマドの宗教活動によってはじまります。ムハンマドは、ユダヤ教やキリスト教でいう天地を創造した唯一神（アッラー）への信仰を説きました。メッカにあったカアバとよばれていた神殿の主《あるじ》が、アッラーとよばれていましたが、ムハンマドはそのアッラーが唯一神だと考えたのです。カアバには、無数の神々の彫像が祀《まつ》られていましたが、神殿の主であるアッラーには、像がなかったのです。ムハンマドは、人間がつくった彫像などは神ではなく、人間を創造した唯一神だけが神であると主張しました。当時のメッカは、成年男子が二千数百名、成年女子もほぼ同数と想定される社会です。そのなかで、男女それぞれ一〇〇名ほどがムハンマドの説く信仰を受け入れました。その大部分が、十代後半から二十代の若者です。いまから一四〇〇年ほど前のメッカに、四十歳代のムハンマドを中心にして、若者たちの新興宗教が誕生したのです。しかし、メッカの人々の圧倒的多数は、ムハンマドの信仰を受け入れず、ムハンマドとその仲間を迫害しました。イスラームは、迫害に耐える宗教として出発しました。

ムハンマドとその仲間は、メッカを棄てて、三〇〇キロほど北にあるメディナに移住しました。移住した仲間の数は、成年男子が七〇名ほどです。彼らと、メディナでムハンマドの信仰を受け入れた信徒は、メッカの市民やメディナにいたユダヤ教徒と激しく戦いました。その過程で、メディナ社会は、ムスリム（イスラーム教徒）を中心とする社会へ生まれ変わりました。そして、ムハンマドは、ユダヤ教やキリスト教徒とは異なる儀礼を定めて、第三の一神教であるイスラームを体系化していったのです。イスラームは、メディナで、ムスリム社会の、政治、軍事、刑事、民事など、多方面を規制する信仰体系となりました。

六三二年にムハンマドは死去しましたが、彼の後を継いだカリフたちは、アラビアのアラブをイスラームのもとにまとめて、今日中東とよばれている地域の大部分を征服してしまいました。豊かで広大な地域の征服者となったアラブは、系譜に基づくアラブ意識を深めながら、仲間たちの紐帯《ちゅうたい》を確認するために、ムスリムであることを激しく自覚しました。被征服者はキリスト教徒が多かったのですが、彼らと征服者である自分たちを区別する特徴を、イスラームに求めたわけです。イスラームは、この段階では、征服者の宗教となりました。

征服者は、しかし、すぐに内戦をはじめてしまいました。内戦を勝ち抜いたウマイヤ家のカリフは、巨大な帝国の君主となります。そして、ウマイヤ家を倒したアッバース朝のもとで、イスラームは、帝国を統治する理念と法に変わっていきました。あるべき社会や指導者の理想像をめぐって、イスラームの内部で論争がありました。その結果、シーア派などの分派が形成され、それに対抗して、多数派は理論武装してスンナ派とよばれるようになります。今日に至るまでの、イスラーム内部の多様化のはじまりです。また、法をめぐる議論は、法学という学問と、法学派をつくりだしていきました。今日でも問題となるイスラーム法が体系化していったのです。

イスラームが中東一帯を征服する以前は、中東の主要な書き言葉はギリシア語でした。征服者となったアラブ・ムスリムは、ウマイヤ朝の時代から、アラビア語による統治を試みました。そして、イスラームの理念の追究や、法をめぐる議論は、アラビア語でなされました。それに加えて、アッバース朝の時代になると、哲学、論理学、天文学、医学などに関するギリシア語の本が、組織的・系統的にアラビア語に翻訳されていきます。中東の主要な書き言葉は、ギリシア語からアラビア語に代わりました。中東地域は、イスラームとアラビア語の世界へと、大きく変わっていくことになりました。

イスラームは、ムハンマドの宗教体験が、その出発点です。しかし、どの宗教でもそうですが、はじまった段階の宗教の姿と、現在の姿とでは、大きく異なります。イスラームも、そのときどきに応じて、姿を変えてきました。現在のイスラームは、ムハンマドの宗教体験とムハンマドがつくったムスリムを中心とした社会に、その基礎を求めることができますが、同時に、その後の歴史のなかでの変化にも、大きく影響されています。イスラームの大きな枠組みは、九世紀ごろにできあがります。その枠組みは固定的なものではなく、その後も変化しつづけます。そして、イスラーム社会も、イスラームの変化につれて、変わってきました。第II部では、預言者ムハンマドと彼の時代を詳しく扱い、それからイスラームと中東社会が大きく変わっていった歴史を描きます。

12 メッカのムハンマド

ムハンマドの生涯

後に、イスラームの信仰を説いたムハンマドは、五七〇年ごろ、アラビアのメッカに、クライシュ族の人として生まれました。今日のムスリムは、西暦で五七〇年八月二十日、イスラームの暦では三月十二日を彼の誕生日とし、毎年その日に盛大な誕生祭を催します。伝えられている誕生日が正確かどうかはわからないのですが、だいたい五七〇年ごろに生まれたのは確かです。日本では、聖徳太子《しょうとくたいし》とほぼ同じ時代の人物、ということになります。

ムハンマドの生涯を知る歴史史料は、神の言葉とされる『コーラン』の文言と、ムハンマドの同世代人が口頭で後世に伝えた伝承に限られています。したがって、宗教者として活躍する以前のムハンマドについて確実に知ることはできないのですが、ムスリムたちが語り伝え、信じてきたムハンマドの生涯について以下に述べてみます。

両親と少年時代

ムハンマドの父は、アブドゥッラーという名前でした。この名は、神（アッラー）の僕《しもべ》という意味です。神への信仰を説いた人物の父親の名前として、ふさわしいものです。なお、ムハンマドという名前は「神の恩寵《おんちょう》を受けた者」という意味で、やはり彼にふさわしい名前です。彼の母親は、アーミナという「平安に満たされた女」という意味の名をもつ人です。当時の人がみなこのような、イスラームの立場からみて立派な名前の持ち主であったのではありません。イスラームが否定することになる、唯一なる神（アッラー）以外の「某神の僕」という名もたくさんあります。ムハンマドの祖先や親類にもそのような名の人が少なくありません。ムハンマドと両親は、イスラームの立場からみて、特別に立派な名前をもっていたのです。

両親が結婚して、母がムハンマドを身ごもったあと、父は商用の旅に出て、そのまま亡くなりました。ムハンマドが誕生したとき、父はすでに死んでいたのです。そこでムハンマドは、乳飲み子のころは、当時のメッカの人々の習慣に倣って砂漠の遊牧民の乳母のもとに預けられ、やがてメッカで母とその親類縁者のもとで育てられます。

しかし、彼が少年の時代に、母も病死してしまいます。ムハンマドは、その後は孤児として、亡き父の親類縁者の保護下で成長します。ムハンマドの祖父が健在でした。祖父には妻がたくさんいて、ムハンマドの父にとっては異母兄弟・姉妹がたくさんいたのですが、ムハンマドの父の同母兄であるアブー・ターリブや、他の同母兄や同母姉妹が主として面倒をみてくれました。

やがて祖父も亡くなりましたが、ムハンマドは伯父《おじ》からさまざまな教育を受けることになります。当時のメッカにととのった教育制度はありません。何事も実地教育です。子供のころは、羊・山羊《やぎ》の牧童として働いたこともありました。また伯父に連れられて、隊商の下働きもしました。読み書きや、帳簿付けなど、商人としての必要な知識は、日常生活のなかで身につけていきました。

青年といってよい年ごろになると、戦いにも参加したようです。メッカ自体は平穏な町でしたが、ムハンマドの青年時代の何年間かは、メッカの人々は、対立する二つの陣営の一つに属していて、メッカから数日行程離れた場所でおこなわれた断続的な戦いに参加していました。ムハンマドも、少なくともそのうちの一回に参戦したようです。また、あるとき、メッカの一人の住民が、メッカに来て商品を売った人に代金を支払わないという事件が起こりました。正義感溢《あふ》れたメッカの住民の何人かが相談して、代金を支払わない男を非難します。若きムハンマドも、その会合に参加したようです。いわば、町の小さな政治にも参加したのです。このようなかたちで、一人前のメッカ市民になるべく、教育されてきた、と思われます。

幸福な結婚生活

当時のメッカは、女性も財産を所有して、商売をしていました。あるときムハンマドは、ハディージャという名の女商人の商品を預かって、シリアで商売をしてそれなりに利益をあげました。ハディージャは、すでに二回結婚していて、子供も何人かいた中年の女性でしたが、ムハンマドをすっかり気に入って、彼を三人目の夫として迎えます。ハディージャが四十五歳、ムハンマドが二十五歳のときだと伝えられています。

この夫妻の間に、三人の男児と四人の女児が産まれました。男児はみな夭折《ようせつ》してしまったのですが、女児はみな成人に達します。亡くなった男児の代わりに、ザイドという名の奴隷の少年を解放して養子にしました。また、ムハンマドが世話になった伯父アブー・ターリブの息子、ムハンマドにとっては従弟《いとこ》であるアリーという名の子供も、養子同様にして育てます。

ハディージャがもっていた財産と、誠実な人という評判を得つつ商売に励んだムハンマドの努力によって、ムハンマドの一家は、メッカでの商人の一家として安定した生活を営んでいました。信仰の点でも特に変わったことはなく、メッカの他の人々と同じように、カアバ神殿を中心とする宗教儀礼に励んでいたようです。中年を迎えようとしていたムハンマドは、メッカのごく普通の市民なのでした。

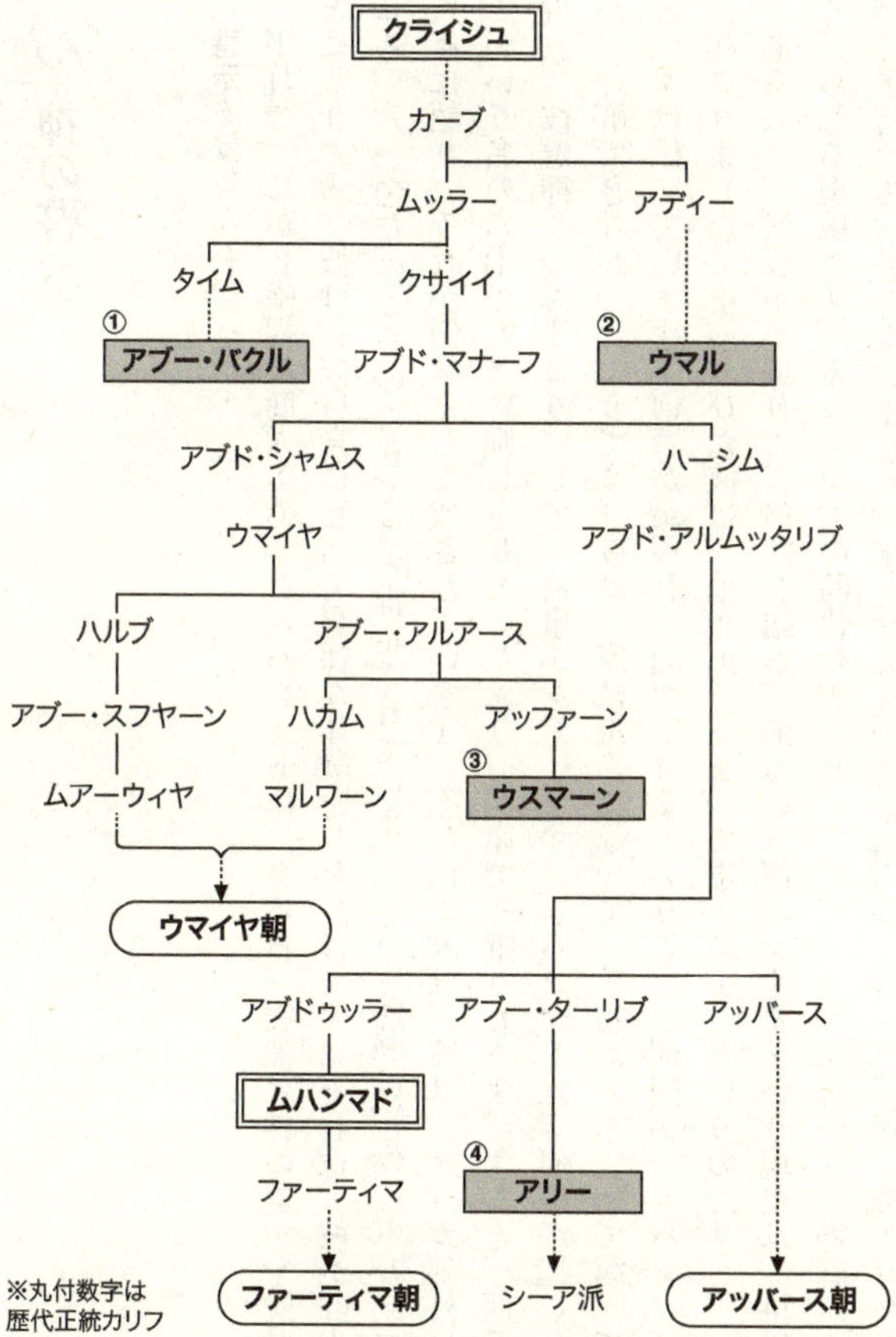

クライシュ族と初期イスラーム世界の指導者の系図

13 神の啓示

啓示を受けたムハンマド

平凡で、しかし幸福な商人であったムハンマドは、ある日、突然に神の啓示を受けることになります。彼は、彼自身にとって異様な体験をしたわけです。それは、彼が四十歳のころ、六一〇年のころのできごとと推定されています。この体験は、後にムハンマドが人々に語り、それが伝承として残されています。それによれば、彼は、メッカ郊外のヒラーという名の岩山で人々に施しをしていたおり、洞窟《どうくつ》で一眠りします。すると、何者かが現れ、彼を押しつぶすようにして、何事かを言います。ムハンマドは、何事が起こったのか、理解できなかったようです。彼は、家に飛んで帰って、毛布にくるまって震えていた、と伝承は伝えています。何者かが現れ、語りかけるということが何回か、ムハンマドの身に起こりました。そのたびに彼は、毛布にくるまって震えていたというのです。

ある人に、何者かが現れて、何かを語る、あるいは何かをするという現象は、世界で広く見られる現象です。ムハンマドの時代のアラビアにも、カーヒンという、神懸かりになって予言する宗教者もいました。また詩人は、日本語で言えば、「言霊に憑《つ》かれた」とでも表現できる状態で自作の詩を朗唱していました。何者かが現れて語る、という現象は、特別なことではあっても、前代未聞のことではありません。しかし、ムハンマドにとっては、生まれてはじめてのことでした。

ムハンマドの愛妻であるハディージャには、ワラカという名の一人の従兄《いとこ》がいました。彼は、キリスト教徒やユダヤ教徒であったわけではなかったのですが、唯一なる神を信仰する敬虔《けいけん》な人物であった、と伝えられています。ハディージャも、従兄ワラカの影響を受けていたのでしょう。二人は、ムハンマドの経験は唯一神がムハンマドに語りかけたのだ、と理解しました。神が直接語りかけたのか、あるいは天使を介して語りかけたのかは、後のイスラーム神学の中で大きな問題となりますが、ともあれ、神に語りかけられた、と理解し、そうムハンマドに説明しました。やがてムハンマドも、自らの経験をそのように理解していきました。

警告者、そして神の使徒

ユダヤ教やキリスト教という一神教が、地中海世界の文化をすっかり変えてしまったことは、第7話でお話ししました。そして、ユダヤ教もキリスト教も、アラビアにもある程度広まっていたことも、第10話でお話ししたとおりです。アラビアの一神教の信者は、その唯一神のことを、アラビア語のアッラーという名で理解していました。ムハンマドの愛妻ハディージャにとっても、その従兄ワラカにとっても、神の名はアッラーであったに相違ありません。一方、メッカのカアバ神殿の、像をもたない主の名もアッラーであったのです。ワラカやハディージャにとって、そして今やムハンマドにとっても、一神教の神アッラーとカアバ神殿の主アッラーは同じ存在でした。ムハンマドは、唯一なる神で、かつカアバ神殿の主である神、すなわちアッラーから語りかけられたのです。

アッラーはムハンマドに、警告せよ、と語ります。天地万物を創造した神は、必ずいつか、創造したものを破壊してしまいます。その破壊の日が明日にも来ることを警告せよ、というのです。その日、人間は、生前の善行・悪行に応じて神に裁かれます。裁かれて、善人は天国へ、悪人は地獄へと振り分けられます。そのような最後の審判にそなえよ、と神はムハンマドに伝えます。ムハンマドは、神に命じられた警告者になりました。

唯一なる神の館《やかた》であるカアバに「神々の像」が多数祀られているのは、ムハンマドにとっては我慢がならない事態です。あんな像は「神像」ではなくて、神の被造物である人間が造った単なる「偶像《ぐうぞう》（の坊《でく》）」に過ぎないのだ、と神はムハンマドに教えてくれました。そして神を信じないで、神と偶像を並べてしまうような不信仰が最大の悪行なのです。ムハンマドは、唯一なる神を信じることこそが、最大の善行なのだとも教えてくれました。

そのような神の言葉を人々に説きました。

電話もないこの時代の人々は、何か用事があると、「使い」を立てます。「使い」に伝言を頼むときもあれば、明日訪ねていくといった約束の取り付けを頼むこともあります。神も、人間に直接にではなく、「使い」を通して人々を導くのだ、とムハンマドは考えました。彼は、「神の使い」になったのだ、と自覚したのです。神の「使い」のことを本書では宗教家らしく「使徒」と表現しましょう。ムハンマドは、「神の使徒」となりました。

ムハンマドは、「警告者」として、あるいは、神への信仰を保持すれば天国が約束されるという「善き知らせ」の「伝達者」として、また「神の使徒」として、メッカの人々に唯一なる神への信仰を説きました。一群の人たちが、ムハンマドの信仰を受け入れました。それは主として若い人たちでした。ムハンマドと同年輩の四十代の人や、また三十代の人も若干はいましたが、二十代や十代後半の若い男女が多かったのです。七世紀はじめのメッカに、小さな新興宗教の教団が誕生しました。

14 メッカからメディナへ（ヒジュラ）

メッカでの迫害

ムハンマドが神への信仰を説いたとき、メッカの人口は、成年男子の数で二千数百人ほどと推定されます。そのうちの一〇〇名ほどが、彼の信仰を受け入れました。成年女子もほぼ同じ程度でしょう。新興宗教の信者は、ごく少数でした。いちはやく信者となった者は、ムハンマドの愛妻ハディージャ、養子同様のアリー、養子のザイド、そして親友であったアブー・バクルなどでした。

メッカの大人たちの大部分は、ムハンマドとその仲間の宗教を馬鹿にしました。ムハンマドは、神の使徒なのではなく、憑き物がついた人ではないか、単なる伝統的なカーヒンではないか、あまり出来のよくない詩人ではないか、何も奇跡を起こさずに市場をうろついている人間なのに、などなどの悪口が公然と語られました。神は、そのような悪口にめげているムハンマドを励まします。神の言葉とされる『コーラン』の文言は、そのようなメッカの人々の悪口まで引用されています。

ムハンマドの信仰を受け入れた若者らの親・親類縁者からみれば、ムハンマドの仲間となった者は、新興宗教に狂ってしまった者です。息子や娘あるいは甥《おい》や姪《めい》を説得しますが、それは、信者からみれば迫害です。ムハンマドとその仲間は、メッカの人々から迫害されている、と感じました。もう、メッカでは生きてはいけないのだ、と感じた信者は、ムハンマドの許可を得て、エチオピアのアクスム王国に移住してしまいました。アラビアの、紅海の対岸がエチオピアです。そこにはキリスト教徒の王がいました。彼らは、一神教徒の王に期待したのです。成年男子の数にして七〇名ほどの信者が移住しました。

メディナの政情

メッカは、紅海の海岸から七〇キロほど入った谷間《たにあい》にある町ですが、そこから山に登り、道を北にとって三〇〇キロほどの高原にメディナという町がありました。人口二万人ほどの規模で、人口のおよそ三分の一がユダヤ教徒、残りの三分の二ほどが多神信仰を維持するアラブです。そのアラブたちは、数十年にわたってお互いに戦ってばかりいました。メディナには、市長がいなくて行政組織も何もないのはメッカと同じなのですが、メッカと違ってそこには秩序がなく、連続した戦いがあったのです。小さな集団同士で戦い、勝った方は負けた方の砦《とりで》や農園を奪い、負けた方は、メディナの中の別な場所に移るか、場合によってはメディナから出てしまいます。そして負けた方は、味方をつくって復讐《ふくしゅう》戦を挑みます。集団は、形成されては壊れ、また形成され、と、誰が敵で誰が味方だか分からない状態になってしまいました。

メディナのアラブは、ユダヤ教徒と共存していましたから、神の使徒とか最後の審判という一神教の考えを身近に知っていました。メッカに神の使徒と称する人が現れ、人々に唯一神への信仰を説いていることがメディナでも知られるようになります。メディナの人も、メッカへ巡礼に行きます。何人かのメディナの人が、巡礼のとき、ムハンマドに会ってすっかり魅せられてしまいます。翌年の巡礼の際、さらに多くの人がムハンマドに会い、魅せられました。そしてその翌年、七十数名のメディナの人がムハンマドに会い、われわれは命にかけてあなたを護《まも》るからメディナに来てくれ、と要請したのです。

メディナにムハンマドをよぼうとした人々は、単にムハンマドの信仰を受け入れるという宗教的な情熱だけで動いていたのではありません。神の使徒という特別な人を仲介者として、戦いの絶えないメディナ社会を調停し、和平をもたらそうとしたのです。

移住（ヒジュラ）

ムハンマドは、メディナの人々の招請を受けて、移住することを決意しました。具体的には、メディナという土地への移住ですが、彼はそれを、「神の道への移住」と、とらえました。今までの、メッカでの、親子兄弟、親類縁者の関係を断ち切って、まったく別な道に進むことを決意したわけです。たんに移住するだけではなく、「神の道に戦う」ことも決意しました。つまり、メッカの、神を信じない輩との戦いです。ムハンマド自身の移住に先駆けて、成年男子の数で七〇名の信者が移住しました。女の人も、名前が分かっているだけで、三十数名が同行しました。

ムハンマドを迎えたメディナでは、ムハンマドを仲介者とする和平への動きが加速しました。結局、大多数の人が和平に賛成しました。ムハンマドの信仰を真摯《しんし》に受け入れた人は必ずしも多くはなかったのですが、神の使徒であるムハンマドの仲介を受け入れることには、皆が賛成したのです。ムハンマドにとっては、彼を神の使徒として受け入れたのですから、皆が神の信者になったとみなしました。メッカでは、ごく少数の者しかムハンマドを神の使徒と認めなかったのですが、メディナでは、多くの人が認めたことになりました。新興宗教にとって、奇蹟《きせき》ともいうべき事態が起きたのです。メディナへの移住をヒジュラといいますが、ヒジュラは、イスラームの歴史の出発点でした。それゆえ、後に制定されたイスラーム暦は、ヒジュラがあった西暦六二二年を、紀元元年としています。

15 アブラハムの信仰

ユダヤ教徒への批判

メディナには、多数のユダヤ教徒がいました。彼らも、多神信仰のアラブと同じように、ふだんはアラビア語を話す人たちですが、信仰の上では、ユダヤ教を保持していました。アラビアのあちこちにユダヤ教徒の集落がありました。また、アラビアの北にあるシリアやイラクには、ユダヤ教徒が多数いました。メディナのユダヤ教徒も、そのような外部のユダヤ教徒と密接な関係を保持しながら、メディナで生活していたのです。彼らの中には、ユダヤ教の教義に明るいラビとよばれる宗教指導者もいました。

メッカ時代のムハンマドは、唯一神への信仰を説きましたが、ユダヤ教やキリスト教の教義や儀礼には、あまり関心がなかったようです。メディナに来ますと、ユダヤ教徒の儀礼を間近にみることになりました。また、神の使徒は、預言者とよばれる存在であることも知りました。ムハンマドは、自分も神の使徒にして預言者なのだと信じ、ユダヤ教徒もそれを認めてくれることを期待しました。しかし、メディナのユダヤ教徒は、ムハンマドが聖書について何も知らず、また儀礼についても何も知らない人物に過ぎず、とても預言者とは認められない、としたのです。

アブラハムとメッカ

キリスト教徒が『旧約聖書』とよぶ書の冒頭は、「モーセ五書」、あるいは「律法の書」とよばれていますが、これがユダヤ教にとってもっとも大切な「聖典」です。この五つの書の最初が「創世記」です。創世記の記述によりますと、ユダヤ教徒はイスラエル人《びと》とよばれますが、彼らはアダムから数えて二十代目の、またノアから数えて十代目のアブラハムの子孫です。アブラハムが、イスラエル人の父祖であるわけです。ところが同時に、アブラハムはアラブの父祖でもあります。

「創世記」によれば、アブラハムの妻サラはなかなか子ができなかったので、婢《はしため》であるハガルというエジプト女をアブラハムに提供します。そのハガルがイシュマエルという子を産みます。その子孫がアラブなのです。やがてサラも身ごもり、イサクを生みます。その子孫がイスラエル人です。ムハンマドやその仲間にとっても、「創世記」のこの系譜は承知していた事実でした。イスラームの伝承では、ムハンマドはアブラハムの三十代目の子孫としています。

さて、ムハンマドが信じたところによれば、ユダヤ教という宗教は、アブラハムのずっと後の子孫であるモーセへの神の啓示にはじまります。モーセの祖先であるアブラハムがユダヤ教徒であるわけがありません。またキリスト教は、モーセよりさらにずっと後に生まれたイエスにはじまる宗教です。アブラハムがキリスト教徒であったわけがありません。ユダヤ教徒でもなく、キリスト教徒でもないアブラハムが、しかし、神への信仰を保持していたことは、「創世記」に照らせば間違いのない事実です。そのことを、いかなるユダヤ教徒もキリスト教徒も否定できません。神の信者であるアブラハムは、ユダヤ教やキリスト教の教義も儀礼も知らなかったはずです。それでも立派な信者です。

メッカの人々は、カアバ神殿の建立者はアブラハムであったとする伝承をもっていたようです。またカアバでの儀礼をはじめておこなったのはアブラハムとその子イシュマエルであった、とする伝承も信じていました。ムハンマドは、神からアブラハムの信仰と儀礼をまもるように命じられたと、考えました。ユダヤ教徒の教義や儀礼は、どうでもよいのです。自分の父祖であるアブラハムの信仰こそが、神から命じられた正しい信仰なのでした。

新しい一神教の成立

ムハンマドが神から語りかけられた経験は、預言者特有のもので、語られた神の言葉は「啓示」というものであることを、ムハンマドは知りました。そのような預言者は、ムハンマド以前にもたくさんいました。また、先輩預言者であるモーセやイエスに下された啓示が書物としてまとめられていることも知りました。モーセへの啓示は「律法の書」として、イエスに下された啓示は「福音書」として存在しているのです。しかし、それらの書物は、昔の難しい言葉で書かれていて、ムハンマドの同世代人には分からなくなっている部分が少なくない、とムハンマドは判断しました。事実、当時の『聖書』はギリシア語で書かれていて、アラビアのユダヤ教徒やキリスト教徒でそれを読める人はあまりいなかったと思われます。

昔の預言者に下された啓示は、今や分からなくなりかけている。そこで神は、誰でもが理解できるアラビア語で、ムハンマドに、確認のために新たな啓示を下している、というのがムハンマドが得た結論です。彼は、当時のアラビアのユダヤ教徒やキリスト教徒の儀礼にはこだわらずに、彼に下された啓示に従って、信仰のために儀礼や行為を定めていきました。礼拝は、アブラハムが神のために建てた神の館であるカアバに向かってすること、断食は第九月の一月間の日中にすることなど、独自の行為が彼の仲間の義務とされます。ユダヤ教でもなく、キリスト教でもない、新しい一神教が、メディナで誕生しました。これがイスラームなのです。

16 預言者の戦い

メッカとの戦い

ムハンマドは、メディナへの移住直後から、メッカの隊商を襲うことを計画しました。メッカは、食糧すら隊商が運んでこなければ自活できない町なのです。隊商の安全こそ、メッカの繁栄の基盤でした。その隊商貿易を妨害しようとムハンマドは試みたわけです。しかし、ムハンマドが派遣した軍が隊商を襲うためにメディナを出発すると、メディナの住民の一部はすぐにそれを隊商に教えてしまって、隊商は逃げてしまいます。襲撃はなかなか成功しません。

メディナに移って一年九ヵ月ほどたったとき（六二四年）、ムハンマドは大規模なメッカの隊商がシリアからメッカに向かっているとの知らせを受けました。彼がムスリムの成年男子全員にそれを襲撃するために集まるよう要請すると、三〇〇名あまりが集まりました。ムハンマドの率いる軍が出発すると、すぐにその知らせは隊商に届き、隊商は迂回路《うかいろ》を通って逃げてしまいました。しかし、知らせは同時にメッカにも届き、メッカの衆が集まって、隊商を助けるためにメッカを出立していました。両軍は、バドルという水場で激突しました。戦いの結果は、三〇〇名あまりのムスリム軍が、七〇〇名あまりのメッカ軍に圧勝しました。何とも小規模な戦いですが、イスラームの歴史にとっては最初の本格的な戦いで、しかも圧勝したのですから、大きな意味をもっています。後の歴史家は、この戦いの参戦者全員の名簿をそろえて、彼らを顕彰しています。

メッカの衆は、特に指揮官も選ばずに、てんでんばらばらに戦って敗れてしまいました。そこで彼らは、今度はアブー・スフヤーンという人物の呼びかけに応じて、復讐戦の準備をおこないます。バドルの戦いから一年後、成年男子のほぼ全員が参加して三〇〇〇名となったメッカ軍はメディナに進軍して郊外に布陣しました。ムハンマドは今度は、七〇〇名を率いてウフドという名の小山の麓《ふもと》で応戦しますが、苦戦を強いられます。メッカ軍も疲れてメッカに引き返しました。戦いは両軍の痛み分けみたいな結果となりました。このとき、ムハンマドの陣営を勝手に離れてしまった一群のムスリムがいました。ムハンマドは彼らを「偽信徒」とよんで激しく非難しました。苦戦の原因は「偽信徒」にあったとしたのです。

ムハンマドは、メッカの隊商を襲いつづけます。このままではメッカはのたれ死にです。アブー・スフヤーンは、周辺の遊牧民などにも呼びかけ、周到な準備をおこないウフドの戦いの二年後に、一万という軍勢を集めてメディナに進軍します。ムハンマドは、メディナのアラブのほぼ全員の支持を得て、塹壕《ざんごう》を掘って抵抗しました。メッカ軍は塹壕をこえることができずに、為《な》すすべを失ってむなしく撤退してしまいました。ムハンマドは、メディナを守りきったのです。

ユダヤ教徒の追放・撲滅

メディナのユダヤ教徒は、三つの集団をつくっていました。バドルの戦いのあと、このうちの一つの集団とムハンマドの勢力が、ふとした事件をきっかけに対立し、戦いとなりました。ムハンマドはこの集団をメディナから追放してしまいます。ウフドの戦いのあと、別の事件を契機にムハンマドはユダヤ教徒のもう一つの集団と対立し、この集団も追放してしまいます。彼らは、メディナにかなりの広さの農耕地をもっていたのですが、ムハンマドはそれを没収して、メッカから移住してきたムスリムに分配しました。

塹壕の戦いでは、残っていたユダヤ教徒の最後の集団がメッカ軍と内通していました。メッカ軍が去ったあと、ムハンマドはそれを咎《とが》めて、その集団の成年男子をすべて処刑し、全財産を没収しました。メディナには、その三つの集団の構成員以外に、アラブの集団のなかで生活していたユダヤ教徒もいたのですが、彼らは特に酷《ひど》く扱われたわけではありません。ムハンマドは、ユダヤ教徒であるから追放したり、撲滅したわけではなく、政治的・軍事的に対立したからそうしたのです。

メッカ征服

戦いを通じて、ムハンマドの権威はメディナ内部で高まっていきました。メディナのアラブは、当初は、必ずしも彼の信仰を全面的に受け入れたわけではありません。バドルの戦いで、命がけで戦ったメディナのムスリムは、わずかな数です。しかし、戦いを通じてメディナの人々は、ムハンマドの政治的・軍事的指導権を認めるようになり、同時に信仰も受け入れていったわけです。メディナがムハンマドのもとでまとまると、周辺の人々もムハンマドを支持するようになります。反対に、メッカは孤立していきます。

メッカはムハンマドと十年の休戦条約を結び、六二八年にはムハンマドとその仲間の巡礼を受け入れました。しかし、休戦条約に違反したとして、六三〇年の初頭、ムハンマドは一万の軍を率いてメッカに向かいます。メディナのムスリムだけではなく、塹壕の戦いではメッカ軍に参加した周辺の遊牧民が多数参加していました。メッカの人々はほとんど抵抗することなく、ムハンマドの軍門に下ります。ムハンマドは、カアバ神殿に行って、その内部の偶像をすべて破壊しました。カアバは、その主である神（アッラー）だけの館となったのです。

17 アラビアの覇者ムハンマド

メディナ社会の変容

六二二年にムハンマドを受け入れたメディナは、メッカ征服の年である六三〇年までの八年で、すっかり変わってしまいました。メディナの住民は、それまでは、多神信仰のアラブとユダヤ教徒でしたが、アラブの大部分がムハンマドを支持するムスリムになりました。また、ユダヤ教徒は、その大部分がメディナから追放されるか、処刑されてしまいました。その一方で、新たな移住者がメディナに集まります。周辺の遊牧民などでイスラームを受け入れた人たちが、移住してきたのです。そしてメッカ征服以後は、メッカからかなりの移住者がでてきました。移住者たちは、みな熱心なムスリムです。結局メディナは、その住民の大多数がムスリムである社会に生まれ変わったことになりました。

そのようなメディナの絶対的指導者がムハンマドです。彼は、戦いの戦利品の五分の一を取る権利を、バドルの戦いの直後に神から認められました。そしてユダヤ教徒の財産を没収すると、その財産の多くもムハンマドのものとなりました。これらは彼の個人財産でもあり、同時に、彼を首班とするメディナ政権の財産でもありました。彼は、それまでたがいに戦いをくり返していたメディナ社会を統合して、政府ともいうべき組織をつくりだし、その財政基盤を確立したのです。

メディナの人々は、ムハンマドに、信仰の問題だけではなく、結婚、相続などさまざまな問題をもちこみ、相談します。ムハンマドは神の啓示を受けながら、それに応《こた》えていきます。また、殺人などの犯罪があれば、ムハンマドが裁きました。ムハンマドは、あらゆる面で、メディナ社会の指導者になったのです。

ペルシア帝国の没落

ムハンマドがメッカで宗教活動をはじめて間もない六一五年ごろから、ササン朝ペルシア帝国とローマ帝国（ビザンツ帝国）は戦争をはじめました。前にも述べたように、この二つの帝国は当時の超大国です。当初はペルシア軍が圧倒的に優勢で、ペルシア帝国は、ローマ帝国の領土であったシリアとエジプトを奪ってしまいました。この戦いは、アラビアに大きな影響を与えました。アラビアの各地の政治的実力者はみなペルシア皇帝に挨拶《あいさつ》をして、皇帝から総督などの称号をもらって、それぞれの地を支配する状況になりました。ただ、メッカやメディナがある地域はその例外で、ペルシアの影響がおよばない地でした。

しかし、ムハンマドがメッカを征服する三年前の六二七年に、ペルシア軍がローマ軍に大敗します。敗れたペルシア皇帝は息子に殺され、息子もまたその兄弟に殺されると、数

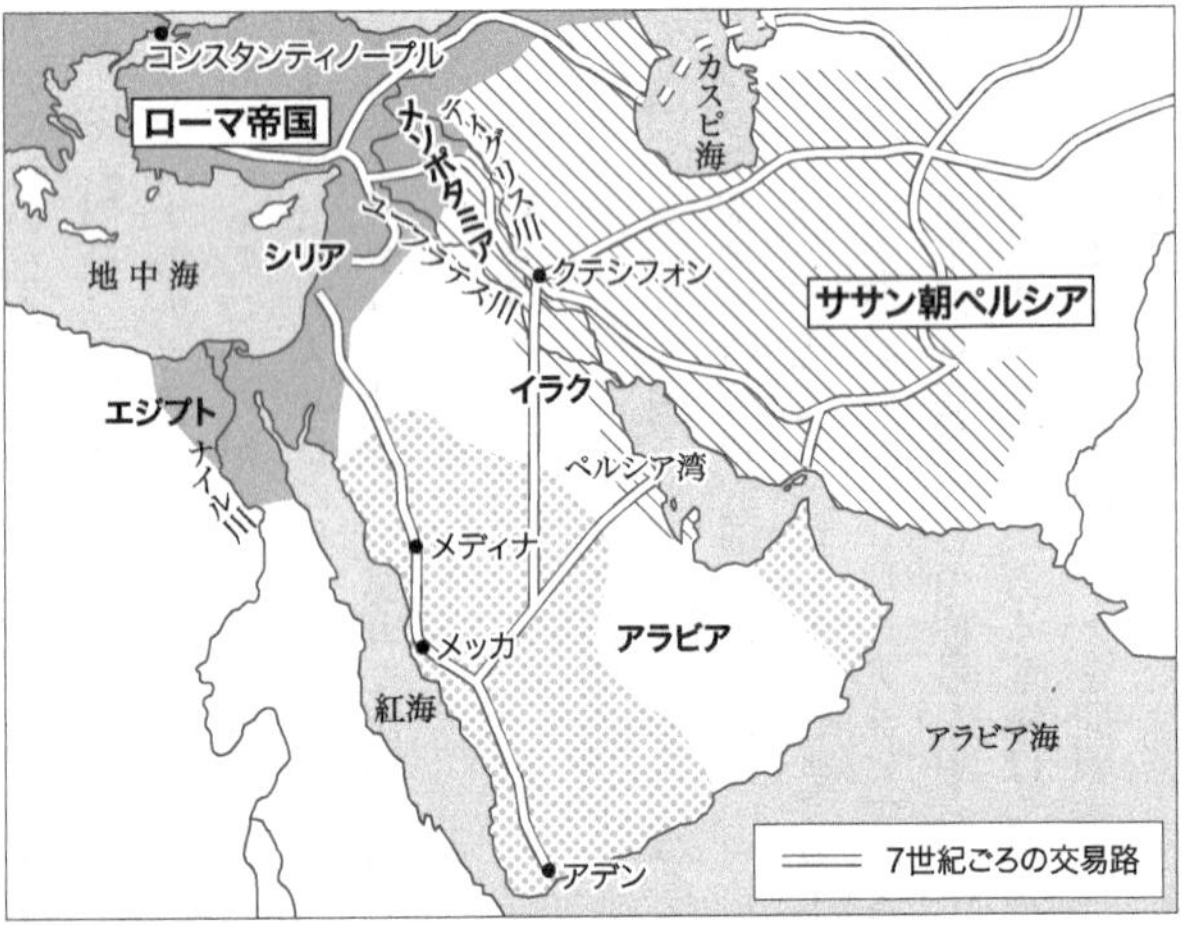

ムハンマド晩年のイスラームの勢力範囲

年の間に皇帝が何人も交代する事態となり、ペルシア皇帝の権威は失墜しました。その直後、ムハンマドはメッカの南方に居住していて、力を弱めていたメッカを襲撃しようと集まっていた、都市民や農民や遊牧民の連合軍を撃破します。この戦いは、アラビアの歴史ではかつてないほどの規模の戦いで、その勝者ムハンマドはアラビアの新たな実力者とみなされます。ペルシア皇帝が頼りにならなくなってしまいましたから、アラビア各地の実力者は、新たなアラビアの実力者ムハンマドに使節を送って、様子をうかがいます。ムハンマドもまた各地に使節を送ってイスラームの信仰を説きます。かくして、ムハンマドの影響力は、全アラビアにおよぶようになりました。

ムハンマドのシリア方面への遠征

一方、ササン朝ペルシア帝国に勝利したローマ帝国は、シリアとエジプトを回復しました。シリアは、ローマ帝国の国教であるキリスト教の発祥の地です。シリアの都市エルサレムの聖墳墓《せいふんぼ》教会に納められている、イエスが処刑されたとする十字架は、キリスト教のシンボルです。ペルシア皇帝がシリアを支配していた時代、ペルシアは十字架を首都にもっていってしまったのですが、ローマ皇帝はそれを取りもどしたのです。皇帝はそれをエルサレムの教会に奉納するために、軍を率いてシリアにやってきました。

ムハンマドは、ローマ皇帝のこの行動を、皇帝が自分と戦うためにアラビアに遠征にきた、と考えたようです。六二九年に、まだメッカ征服前でしたが、ムハンマドは軍をシリアに派遣します。しかし、この遠征は失敗でした。ムハンマドの派遣した軍は、現在のヨルダンで現地軍と戦い、指揮官を見殺しにして逃げ帰ってしまったのです。

六三〇年のメッカ征服後、ムハンマドは、自ら軍を率いてシリアへの遠征を決意しました。相手はローマ皇帝ですから、準備は周到にしなければなりません。ムハンマドはアラビアの各地に使者を派遣して、参軍するか戦費を負担するかを求めました。三万人と伝えられている軍を組織することに成功したムハンマドは、六三〇年の末に、シリア方面に進軍しました。しかし、相手となるべきローマ皇帝とその軍は、首都コンスタンティノープルに帰還し、シリアにはいなかったため、ムハンマドは、アラビア北部のいくつかの町を攻略して帰陣しました。遠征の成果はそれほどではなかったのですが、アラビアの外に向かって進出したこと、そしてなによりもアラビアの人々を軍に組織したことは、その後のイスラームの発展の基礎となりました。

18 後継者（カリフ）の時代へ

預言者ムハンマドの死

ムハンマドがシリア方面への遠征からメディナに帰った直後に、巡礼月がきました。メッカ巡礼には、巡礼月の巡礼とそれ以外のときの巡礼との二種類ありますが、巡礼月の巡礼がいわば正式な巡礼です。ムハンマドはまだ、その正式な巡礼をしていないのです。そしてシリアへの遠征の直後も、多忙を極めるムハンマドには巡礼をする余裕はありません。そこで彼は、アブー・バクルという盟友に巡礼団を率いさせて、巡礼をおこなわせました。ムスリムの巡礼団による最初の正式な巡礼が、六三一年におこなわれたのです。そしてその巡礼の儀礼が終わると、ムハンマドは使者を遣わして、翌年からはムスリム以外の人のメッカ巡礼を禁じてしまいます。

そしてその翌年の巡礼月に、ムハンマドは巡礼団を率いて巡礼を敢行しました。メッカ巡礼のさまざまな儀式を司《つかさど》る権威者が何人もいたのですが、ムハンマドはそのような権威を一切否定して、ムスリムによる巡礼のあり方を定めました。

巡礼からメディナに帰ったムハンマドは、体の不調を訴えるようになります。そしてその三ヵ月後、六三二年六月に、ムハンマドは愛妻アーイシャの膝《ひざ》に頭を乗せた状態で息を引き取りました。六十歳と数年の寿命でした。

カリフ（後継者）の選出

ムハンマドは、この世の終末は明日にも来るかもしれないと考えていました。終末の日に、彼は神が裁く最後の審判に立ち会って、信者を天国へと導くつもりであったようです。死後の来世については常に考えていたわけですが、死後の現世については何も言い残していなかったのです。しかし、ムハンマドが死んでも現世はつづきます。メディナの最高指導者が亡くなったのですから、メディナの人々は大変です。このときメディナには、ムハンマドが移住する前からそこにいた地元のムスリムと、移住してきた新参のムスリムがいましたが、この両者は、微妙に対立していました。このどちらから次の指導者を選ぶかについて多少の論争があったのですが、結局、ムハンマドの古くからの友人で、彼が宗教活動をはじめたときにいち早くそれに参加し、巡礼の指揮などしばしばムハンマドの代行を務めた経験のある、アブー・バクルという人物が指導者に選ばれました。

アブー・バクルは、ムハンマドの愛妻で、その膝の上でムハンマドが死んだ、アーイシャの父親です。ムハンマドにはこの時点で妻が一〇人ほどいて、それぞれ個室をもっていたのですが、ムハンマドは、アーイシャの部屋で死んだことになります。アブー・バクルは、ムハンマドの死体をその部屋の床下に埋葬し、そこで指導者として人々から忠誠の誓いを受けました。メディナのムスリムのほとんど全員が忠誠を誓いました。

アブー・バクルは、自分は「神の使徒の後継者」であるとして、指導者になりました。「後継者」あるいは「代行」を意味するアラビア語はハリーファといいますが、彼はハリーファになったわけです。このハリーファが訛《なま》ってカリフという言葉になります。

ムハンマドは、膨大な財産を獲得していました。それは、彼の個人の財産であるとともに、彼を首班とする政府の財産でもありました。カリフは、これを引き継ぐことに決めました。つまり、政府の財産と考えたわけです。ムハンマドには、娘が四人いたのですが、一人をのぞいてムハンマドの生前に死去していました。一人だけがムハンマドの死の時点で健在だったのですが、彼女は、ムハンマドの財産を個人で相続するものと考えていました。アブー・バクルは、ムハンマドの娘の意向を無視することにしたのです。娘は怒って、カリフとは口をきかないまま、じきに死去してしまいました。かくしてメディナのムスリム社会は、アブー・バクルのもとでまとまりを維持しました。

アラビアの再征服

メディナを拠点としていたムハンマドの政権は、アラビア全土に影響力を及ぼしていました。ムハンマドが死んでしまうと、メディナの政権の力はたいしたものではないと、多くの人が判断しました。そしてそれまでムハンマドの政権に税を支払っていたのをやめてしまう、あるいはメディナを襲ってその政権を打倒してしまおうとする動きが表面化してきます。

アラビアには、伝統的に王という称号をもつ人もいました。また、ペルシア皇帝から形の上では任命された総督みたいな人もいました。しかしムハンマドは、預言者として強力な勢力をつくり上げました。人々の指導者として預言者という称号はふさわしいと、考えられたようです。ムハンマドの死後、アラビアの各地で、何人もの預言者が輩出して、それぞれが政治勢力を結集しはじめます。メディナ政権から離れた人たちは、これらの預言者のもとに集まりはじめます。メディナのアブー・バクルにしてみれば、彼らは預言者ではなく「偽預言者」なのでした。このような事態を許すわけにはいきません。アブー・バクルは、軍を組織して、つぎつぎと「偽預言者」の勢力を撃破していきます。結局、アラビア各地の人々はまた、アブー・バクルを首班とするメディナ政権の権威を認めていくことになりました。

19 ローマ帝国との戦い

アラブ軍シリアへ向かう

メディナのカリフ、アブー・バクルは、アラビアの「偽預言者」の勢力を討つために、アラビアのアラブを軍に組織しました。「偽預言者」はつぎつぎに打ち破られていきましたが、軍を解散してしまうのは危険です。軍に組織されたアラブは、軍から離れれば、いつかまたカリフから離れてしまうかもしれないからです。アラブは、王などの権力者の統制に服することを好まない人たちなのです。彼らを軍隊に組織したままでおけば、そして戦いに勝ち続ければ、アラブはカリフに忠誠を誓うはずです。そのためには、敵が必要です。アラビアの敵は、いまや少なくなりました。アラビアの外は、ローマ帝国（ビザンツ帝国）とササン朝ペルシア帝国です。アブー・バクルは、その両者に軍を向けました。

アラビアに隣接するローマ帝国の領土は、シリアです。シリアとは、今日のシリア共和国の領土だけではなく、シリア、レバノン、ヨルダン、イスラエルとその軍事占領下になるパレスチナ、そしてトルコの南部などの総称です。その地域の、都市と農村がシリアで、砂漠はアラビアでした。そのシリアは、第17話でお話ししたように預言者ムハンマドが、晩年に軍を進めたところです。アブー・バクルやアラブにとって、シリアは馴染《なじ》みの深い土地であったわけです。アブー・バクルは、アラブ軍を三隊に分けてシリアに向かわせました。三隊の軍は、大きな抵抗も受けずに、シリアの奥深くまで進みました。

シリアのキリスト教徒

ローマ帝国の領域が、一神教革命によって一神教の世界になっていたことは、第7話でお話ししたとおりです。シリアも、その一部なのです。同じ一神教でも、ユダヤ教は帝国の支配者によって冷遇され、ときには迫害されていました。支配権を握っていたのはキリスト教徒ですが、キリスト教もまた、内部で神学論争をして、異端とされた宗派を迫害したり、排除していきました。七世紀の初頭には、新たに、単性論《たんせいろん》派が異端とされ、迫害されはじめていました。単性論とは、イエス・キリストには、人性が神性に吸収されて、神性だけがあるとする考えです。それに対してキリスト教の主流派は、イエス・キリストには人性と神性が一体となった形で両方とも存在する、としていました。シリアには、単性論派のキリスト教徒が多数いました。彼らは、主流派によって迫害されていました。

第17話でお話ししましたが、ムハンマドが活躍していた時代、シリアとエジプトは一時期、ペルシア帝国に征服されていました。ペルシア帝国は、一神教、あるいはそのなかのキリスト教にこだわってはいません。したがって、ローマ帝国の支配者から迫害されていたユダヤ教徒やキリスト教単性論派の人にとっては、ペルシア帝国の支配時代は、それなりによい時代だったのです。ところが、六二九年から、シリアはまたローマ帝国の支配下に入りました。ユダヤ教徒や単性論派の人にとっては受難の時代がきたのです。そして六三四年に、アラビアからアラブ軍がシリアに攻めてきたのです。ユダヤ教徒や単性論派の人たちは、このアラブ軍の侵攻に抵抗しなかったばかりか、手助けをする人たちもいたのでした。

ヤルムークの戦いとエジプト征服

シリアには、むろんキリスト教の主流派の人たちもいました。彼らはアラブ軍に抵抗したことは言うまでもありません。また、帝国の正規軍もシリアに駐屯していました。しかし、正規軍は、一戦してアラブ軍に負けてしまいます。主流派のキリスト教徒は、エルサレムなどの若干の都市に籠《こ》もって抵抗をつづけます。そして、ローマ皇帝は首都コンスタンティノープルから大軍をシリアに派遣しました。シリアの各地を転戦していたアラブの三軍は、現在はシリアとヨルダンの国境になっているヤルムーク川の河畔でこの軍を迎えます。

このときのアラブ軍の指揮官は、ハーリドという名の将軍で、彼は現在でもアラブ世界の英雄の一人です。ハーリドは、イラクでペルシア帝国の軍と戦っていたのですが、決戦を前にしてシリアに転戦し、指揮を執ることになりました。メディナのカリフ、アブー・バクルはすでに死去していて、ウマルが第二代のカリフとなっていたのですが、ウマルはハーリドを解任してしまいました。しかし、解任の命令がまだ届かなかったことにして、ハーリドは指揮を執ります。決戦はアラブ軍の大勝でした。六三六年のこととされています。ローマ帝国は、この戦いで、帝国のもっとも豊かな領土で、帝国の国教キリスト教発祥の地であるシリアを永遠に失うことになったのです。

ヤルムークの決戦後、アラブ軍は、シリアの各地で抵抗をつづけていた都市をつぎつぎと落として、シリア全土を征服します。一方、三軍のうちの一軍は、決戦の後、エジプトへ向かいました。エジプトもまた単性論派のキリスト教徒が多かった地域で、シリア同様、一時期ペルシア帝国の支配下にありました。エジプトの民衆の多くは、アラブ軍に抵抗しなかったわけです。主流派のキリスト教徒が抵抗しましたが、やがて降参して、彼らはエジプトから去りました。六六一年には、アラブ軍はシリアとエジプトを完全に征服してしまいました。

20 ペルシア帝国を滅ぼす

混乱のペルシア帝国

アラビアの預言者ムハンマドがまだ青年であった五九〇年か九一年に、ペルシア帝国ではホスロー二世が即位しました。即位前の彼は、ローマ帝国に亡命していたのです。そしてローマ皇帝マウリキウスの援助によってペルシア皇帝になることができました。当然、ペルシア帝国とローマ帝国の関係は良好となりました。ところが六〇二年にローマ皇帝マウリキウスが暗殺されて、暗殺を命じたフォカスという人物が皇帝となります。ペルシア皇帝ホスロー二世にしてみれば、恩人が殺され、殺人犯が皇帝になったわけですから、許すことはできません。かくして二つの巨大帝国の間で戦争がはじまりました。

戦いは、ペルシア帝国側が圧倒して、シリアやエジプトを奪ったことはすでにお話ししました。ローマ帝国は混乱し、アフリカ総督であったヘラクレイオスという人物がクーデタを起こして皇帝となり、反撃に転じます。そして六二七年に、今日のトルコ共和国の地であるアナトリアの高原でローマ軍はペルシア軍に完勝し、ローマ軍はペルシア帝国の首都である、今日のイラクにあったクテシフォンに迫ります。老境にあったペルシア皇帝は息子に殺されてしまい、その息子はローマ皇帝と屈辱的な条件で和平しました。その後、その息子も殺され、数年の間にクーデタが相次ぎ、誰が皇帝であるのか分からない状態となってしまったのです。

アラブの侵略とそのイスラーム化

巨大なペルシア帝国の中央が混乱の極に達すると、ペルシア皇帝に臣従していたアラビア各地の実力者がペルシア皇帝から離れて、おりから実力を示したムハンマドになびいていったことは、すでにお話ししました。それればかりではありません。アラブの一部は、ペルシア帝国の肥沃《ひよく》な領土に略奪に出かけはじめたのです。今日のイラクは、世界に先駆けて文明を築いたメソポタミアのことです。メソポタミアとは、ユーフラテス川とティグリス川との間を意味しています。そこが、灌漑《かんがい》集約農業の発達した地域でした。アラブはこの地を、黒土の地の意味でサワードとよんでいました。ユーフラテス川の西側はシリア砂漠で、そこはアラブが住むアラビアの一部でした。大昔から、剽悍《ひょうかん》なアラブは隙さえあれば、川向こうのサワードを襲っていました。いまや、その隙ができたのです。アラブが襲わないわけがありません。

さて、アラビアの実力者ムハンマドが死んで、カリフのアブー・バクルが次の実力者となりました。アブー・バクルは、「偽預言者」の勢力を打破していくと、サワードで略奪していたアラブたちを、イスラームの旗のもとに組織しようとしました。アラビアの情勢をみてとったアラブたちは、アブー・バクルが派遣した将軍を受け入れ、その指揮のもとで戦うようになりました。その将軍が、後にシリアでローマ軍を破ることになるハーリドです。ハーリドの指揮する軍は、さしたる抵抗も受けずに勝利を収めていきます。やがてハーリドがシリアに転戦するとほぼ同時に、ペルシア帝国も態勢を立て直してきました。ヤズダギルド三世が即位し、正規軍を組織し直したのです。アラブ軍の進撃はしばらく止むことになります。

二つの決戦

アブー・バクルの没後、カリフとなったウマルは、ペルシア戦線にサアドという将軍を派遣しました。六三六年か七年、ユーフラテス川の西岸のカーディシーヤというところで、サアドが率いるアラブ軍とペルシア帝国の正規軍との決戦がおこなわれました。戦いは三日三晩つづいたと伝えられています。結果はアラブ軍の快勝で、アラブ軍はサワードに突入し、首都のクテシフォンを目指します。皇帝は首都を棄ててペルシア高原に逃げ、首都は抵抗もなくアラブ軍の手に落ちました。巨大な帝国の首都ですから、アラブが手にした戦利品は莫大《ばくだい》なものでした。

ペルシア帝国の主人公はペルシア人です。彼らの宗教をゾロアスター教と言います。とところが、ゾロアスター教徒のペルシア人は、サワードでは人口の面では少数派でした。サワードの農民や都市民の多数派はアラム人といい、彼らは、キリスト教徒であったり、ユダヤ教徒であったり、その他の宗教の信者で、ゾロアスター教徒は少なかったと思われます。サワードの民衆は、ペルシア皇帝やペルシア人に、それほどの親近感はもっていなかったわけです。彼らは、アラブ軍にそれほどの抵抗はしません。アラブ軍は、サワード一帯を容易に征服してしまいます。

サワード、すなわち今日のイラクの東はイランです。イランのことをペルシアともいうわけですが、そこがペルシア帝国のいわば故郷です。そしてその地の住民は、ゾロアスター教徒のペルシア人が多数派でした。皇帝ヤズダギルド三世は、そこで態勢を立て直し、再度、サワードに軍を送って挽回《ばんかい》を試みます。ペルシア高原からサワードに下る道の途中にあるニハーワンドで、また決戦がおこなわれました。そしてまたアラブ軍が勝ちました。皇帝は、イラン各地を転々とした後、暗殺されてしまいます。六五一年のことです。そして二度と皇帝は擁立されませんでした。ペルシア帝国は、アラブ軍の進撃の前に、もろくも瓦解《がかい》してしまったわけです。

21 征服者の軍事拠点（ミスル）

アラブ軍はなぜ強かったのか

アラブ軍は、六三四年から征服活動をはじめ、八年ほどの間に、当時の超大国であるペルシア帝国を滅ぼし、ローマ帝国から豊かな領土を奪ってしまいました。ペルシアやローマの正規軍と戦って、負けることはなかったのです。どうしてアラブ軍はこんなに強かったのでしょうか。正直いって、誰にもよく分からない問題なのです。アラビアに優れた武器を造る工場があったわけではありません。したがって、アラブ軍の装備は、敵とくらべて特段に優れていた、というよりは、むしろみすぼらしいものであったに違いありません。大軍を動かす戦術に秀でていたわけでもなさそうです。ペルシア軍には象部隊もあって、アラブの戦士の何人かは象に踏みつぶされてしまうのですが、アラブ軍には特に戦力となるような動物や特殊兵器はありません。

アラブ軍と敵との決戦の場所は、対ローマの場合はヤルムークという場所でした。そこは、都市と農村からなるシリアと、砂漠であるアラビアの接点です。また対ペルシアの場合の最初の決戦場であるカーディシーヤもユーフラテス川の西岸で、砂漠であるアラビアの一部といってもよい場所でした。アラブは、万が一負ければ、砂漠に逃げることができる場所を選んで決戦場にしたことになります。このような選択は知恵のある作戦ですが、勝った理由にはなりません。これといった特段の理由は見つからないのですが、アラブは敵の軍に勝ってしまいました。人類の歴史のうえでは、そのようなことはしばしばあるものです。

軍事基地都市へのヒジュラ（移住）

アラブ軍は、戦いつづけます。シリアとサワードの北は丘陵地帯で、その地の征服は完了していません。ペルシア高原の都市や農村もペルシア皇帝を失なっても自立していて、まだアラブ軍の敵です。エジプトから西の北アフリカも、現地の人々がローマ帝国から自立した勢力をつくっていて敵です。そのような敵に対して毎年のようにアラブ軍は遠征しました。メディナのカリフ・ウマルは、戦いつづけるアラブ軍の駐屯地を定めます。ユーフラテス川の西岸にバスラとクーファという駐屯地を定め、そこにアラブ軍士を集めました。この二つの駐屯軍は、ペルシア高原からさらに奥の中央アジア方面の征服を担当します。シリアには五つの駐屯地を定めて、それらを一人の総督が統率することにしました。シリア駐屯軍は、シリア北方の丘陵地帯からアナトリア高原の征服を担当します。エジプトには、現在のカイロの近くにフスタートという駐屯地を定め、その駐屯軍は、北アフリカの征服を担当します。また、アラビア半島の東部にも駐屯地を定めて、その軍は、ペルシア湾を越えてペルシア高原に遠征します。

預言者ムハンマドは、メッカからメディナへのヒジュラ（移住）を、神の道に移住して神の道で戦うこと、と位置づけました。カリフ・ウマルの政策はこの延長線上にありました。アラビアのアラブが、各地の駐屯地にヒジュラすることは、神の道に移住し神の道に戦うこと、としたのです。征服活動は、神への信仰の証《あかし》なのです。そして現実には、戦いに勝って戦利品などを得るよい機会でもありました。アラビアのアラブたちは、ぞくぞくと神の道にヒジュラしました。カリフは、イスラームの旗のもとに、アラブの力を結集することに成功したことになりました。

アラブ人意識とイスラーム

アラブ軍の駐屯地では、人口がどんどん増えていきます。アラビア各地からヒジュラする戦士も増えるのですが、その家族も移ってきます。戦争に勝てば、戦争捕虜が奴隷として連れてこられます。奴隷もしばらくすれば解放されますが、彼らも駐屯地にとどまり、家族をもちます。家族が増えれば、子供もたくさん産まれます。このようにしてどの駐屯地も、人口一〇万人を超える、当時としては大都市に成長します。このような軍事基地都市を、ミスルとよびました。

広大なアラビアの各地で暮らしていた人々が、ミスルに集まったわけです。互いに、他人に対して自分をどう紹介すればよいでしょうか。アラブは、父系の系譜を大事にしていた人々です。俺は某村の出身だとか、某藩の侍だとかが江戸時代の人々の自己紹介でしたが、アラブの場合は、もとをたどれば清和源氏《せいわげんじ》か桓武平氏《かんむへいし》かなどのように、俺の祖先は有名な某《なにがし》なのだとする系譜が、自己の証明であり、他人を理解する鍵《かぎ》でした。ミスルに集まったアラブは、いちだんと系譜意識を深めたのです。きちんとした系譜をもつ人がアラブで、もたない人は異邦人なのです。

ムスリムであることもまた、征服者の特徴でした。ミスルを一歩出れば、そこは異邦人の世界で、彼らはキリスト教徒であったりしたわけですが、征服者は彼らとは違ってムスリムなのです。ミスルでは、今日のイスラーム世界でみられるように、集団で礼拝したりして、ムスリムであることを確かめていました。元来は異邦人であった解放奴隷のなかにも、改宗してムスリムになる人が増えていったのですが、アラブであって、ムスリムであることが、征服者の一員であることの条件である、と考えられました。征服者であるアラブ・ムスリムは、このようにして、一体感を保っていました。

22 征服者アラブ・ムスリムの内戦

正統カリフ

預言者ムハンマドの死後、彼の後継者（カリフ）としてアブー・バクルがメディナのムスリムによって選ばれました。彼がカリフであったのは二年ほどで、ごく短期間でしたが、その間に彼は、いったんはメディナ政権から離れて「偽預言者」のもとにはしったアラビアのアラブをふたたび統合し、ローマ帝国とペルシア帝国への侵攻に着手したのです。アブー・バクルがカリフであった時代、ウマルという人物が実質的な副カリフでした。彼も、アブー・バクルと同様に、メッカ時代からの信徒です。アブー・バクルが死去したとき、メディナのムスリムは全員で、ためらうことなくウマルをカリフとしました。アラブには、指導者に絶対の忠誠を誓う、という習いがありました。忠誠を誓うことをバイヤする、といいます。バイヤするか否かは一人一人の判断ですが、いったんバイヤした以上、それに背くことは男の恥です。メディナのムスリムは、最初はムハンマドにバイヤをし、次にアブー・バクルにバイヤし、そしていまウマルにバイヤしたわけです。そして前線で戦っているアラブ・ムスリム戦士もまた、ウマルにバイヤしました。ムスリムの間に混乱はありません。

ウマルがカリフであった時代は十年ほどです。彼は、六四四年に、メディナでキリスト教徒の奴隷によって刺されて、瀕死《ひんし》の重傷を負います。死の床にあって彼は、ムハンマドのメッカ時代からの仲間であった六人の長老に後事を託しました。そしてその六人で、次期カリフを互選するよう依頼したのです。その六人のなかから、もっとも年長のウスマーンがカリフとなりました。ウスマーンなきあとは、やはりその六人のうちの一人であったアリーがカリフとなります。この四人のカリフはみな、ムハンマドと苦楽をともにした人たちで、神の教えを正しく受けている、という意味で、正統カリフとよばれています。

ウスマーンの殺害

ウマルの時代に、アラブ軍はペルシア帝国を滅ぼし、ローマ帝国からシリアとエジプトを奪いました。そしてウスマーンの時代になっても、征服活動はつづきます。その間、アラブ戦士の間に不満はありません。しかし、ウスマーンの治世の後半、六五〇年代になると、征服活動も一段落してしまいました。預言者ムハンマドが死去し、征服活動が本格化してから二〇年もたっています。前線で戦う若者はもはや、ムハンマドを知らない世代なのです。しかし、カリフは老人でした。ウスマーンはムハンマドとほぼ同年齢で、このとき八十歳を超えていました。若者には老カリフの政治が不満です。特に、身内を重視する人事が不満でした。ウスマーンは、メッカのクライシュ族のなかのウマイヤ家の人なのですが、各地のミスルの総督にウマイヤ家の者が登用されていきます。ミスルの若者は、集団でメディナに押し寄せて、カリフに人事の刷新を求めました。

いくつかの行き違いがあって、メディナに集まった若者は不満をつのらせ、血気にはやる連中がカリフの私邸に押し入って、カリフを殺害してしまいました。多くのムスリムにとって不測の事態でした。ともあれメディナにいたムスリムは、アリーを第四代のカリフに選び、彼にバイヤをしました。しかし、その知らせを聞いた各地のムスリムは、簡単には彼にバイヤをしなかったのです。

内戦の勃発

第四代カリフとなったアリーは、預言者ムハンマドの従弟でした。ムハンマドには九人の叔父《おじ》と六人の叔母《おば》がいたので、従兄弟《いとこ》は多数いたのですが、アリーは、子供のころからムハンマド夫妻が育てた養子同様の男でした。そしてムハンマドの娘ファーティマと結婚して、ムハンマドの孫の父となっています。アリーはいわば、ムハンマドの血のつながりがもっとも濃い身内で、ムハンマド家ともいうべき集団の長でした。それだけに、支持者も多いのですが、敵もたくさんいたのです。

最初にアリーのカリフ就任に異を唱えたのが、ムハンマドの愛妻アーイシャでした。彼女は、六人の長老のうち二人の支持を得て、アリーに対抗しました。アラブ軍はほとんどミスルにいて、アラビアには戦士はあまりいません。アーイシャは、ミスルの一つであるバスラにいって、その駐屯軍を味方につけます。アリーもメディナを出て、ミスルの一つであるクーファにいって、その駐屯軍を味方につけます。二つの駐屯軍は激突し、アリーの率いるクーファ軍が勝ちました。ムスリムは、互いに戦ってしまったのです。

このとき、シリア駐屯軍を束ねていたのは、ウマイヤ家のムアーウィヤでした。彼は自らカリフであることを宣言して、同門のウスマーンの復讐を呼びかけ、シリア駐屯軍を率いてアリーと戦います。ムスリムの両軍の戦いは熾烈《しれつ》で、多数の戦死者を出しましたが、決着はつきません。両軍は和して、どちらが正しいカリフであるかの判定を三人の人物に委《ゆだ》ねました。ところが、カリフの位を人間が判定することに反対して、アリーの陣営から分離した集団がでました。ハワーリジュ派とよばれることになる彼らは、二人のカリフを暗殺することにしたのですが、ムアーウィヤの暗殺には失敗して、アリーの暗殺には成功しました。

23 ダマスカスのウマイヤ朝

カルバラーの悲劇

アリーが暗殺されて、クーファ駐屯軍はアリーの長男をカリフに推しましたが、彼はムアーウィヤと交渉して膨大な年金と引き替えにカリフ位を辞退し、ムアーウィヤが唯一のカリフとなりました。各地のミスルの戦士たちのおもだった者は彼にバイヤしますが、反抗はしないがバイヤもしないという戦士も少なからずいたと思われます。しかし彼は、シリアの都市ダマスカスを拠点に、長老たちと相談しながらアラブ戦士をしっかりと束ねます。彼の治世のおよそ二〇年は政治は安定していました。死を予感したとき彼は、息子のヤジードを次期カリフに指名し、長老たちに息子へのバイヤを求めました。しかしこれは、慣行に外れた行為でした。

ムアーウィヤが死ぬと、クーファ駐屯軍はアリーの次男フサインをカリフに推戴《すいたい》しようとしました。彼はメディナに住んでいたのですが、カリフに就任すべく一族郎党を引きつれてクーファに向かいます。一方ヤジードもダマスカスでカリフとなって、軍を派遣してフサインのクーファ入りを阻止しようとしました。フサイン一行はこの軍と戦い、全滅します。フサインとは、預言者ムハンマドの孫です。ムハンマドの死後五〇年近くたった時点で、ムハンマドの子孫が多数殺されてしまったのです。フサイン一行が虐殺された場所はクーファの近くのカルバラーというところです。西暦で六八〇年、イスラーム暦で六一年一月十日にあったこの悲劇は、ムスリムの間で記憶されていきます。

第二次内乱

カリフ・ヤジードは、彼にバイヤしないムスリムの多いメディナにも軍を向けて攻撃しました。ムハンマドにとってヒジュラの地であった町は破壊されてしまうのです。しかしヤジードは、六八三年に急死してしまいます。残された息子はまだ幼かったのですが、シリア駐屯軍はこの息子をカリフに推戴しました。しかし、他のミスルの戦士は誰も彼にバイヤしません。このとき、メディナからメッカに逃れていたイブン・ズバイルという男が、カリフと称します。彼は、ムハンマドとともにメッカからメディナに移住した人々の間で、最初に生まれた男児という栄誉をもつ男で、その父親は、第二代カリフ・ウマルが後事を託した六人の長老の一人でした。各地のミスルでは、彼にバイヤをする人が続出しました。バスラ駐屯軍の全員とシリア駐屯軍の半ばが、そうしたのです。クーファ駐屯軍は、アリーの息子の一人の代理人と称する人物が押さえてしまいました。

ウマイヤ家の幼いカリフはじきに死んでしまいます。マルワーンという、ウマイヤ家の長老がカリフに推戴され、彼がシリア駐屯軍をまとめ、さらにエジプトに遠征してエジプト駐屯軍を味方にします。ウマイヤ家のカリフと、メッカのカリフと、クーファ駐屯軍という三つの勢力の間で、激しい戦いがおよそ一〇年間つづきました。

その間、ウマイヤ家の老カリフ・マルワーンは死んで、その息子がカリフに推戴されます。正統カリフ時代、イスラーム世界の政治はメディナが中心でした。アリーがクーファを拠点とし、ムアーウィヤがダマスカスを拠点としても、ムスリムたちは真の首都はメディナだと考えていました。そしてメッカは、神が定めた世界の中心なのです。しかし、ウマイヤ家のカリフ・マルワーンとその息子は、メッカやメディナのムスリムの支持がありません。マルワーンとその息子は、一神教にとっての聖地エルサレムで、カリフ就任の儀式をおこないました。エルサレムが、イスラームにとっても重要な聖地となっていくのです。

マルワーンを継いだウマイヤ家の新カリフは、強力な軍を組織して、メディナとメッカを攻撃させました。そしてついに、二つの町を破壊し、カリフと称していたイブン・ズバイルを倒すことができました。もちろん町はただちに再整備され、破壊されたカアバ神殿も立派に再建されます。

ウマイヤ家の支配の確立

激しかった内戦を収束したウマイヤ家は、以後、代々のカリフ位を引き継いでいきます。ウマイヤ家の内部には、カリフとなる候補者が何人もいますから、カリフが死ぬと次期カリフの位をめぐって政局は緊張し、ときには戦いにもなりますが、ともあれ、ウマイヤ家がカリフ位を独占しました。一つの家系が権力者の地位を引き継ぐ国家を王朝といいますが、歴史上ウマイヤ朝という王朝が成立したことになります。ウマイヤ朝は、シリアのダマスカスを首都としました。ダマスカスは、前二千年紀には都市として成立していて、現存する都市としては世界最古のものの一つです。現在のダマスカスはシリア共和国の首都ですが、その中心にウマイヤ・モスクという巨大なモスクがあります。それはかつてはキリスト教の大聖堂で、ウマイヤ朝の時代にモスクに改装された建造物です。その建物のなかに、イエス・キリストに洗礼を授けた洗礼者ヨハネの墓があります。このようなキリスト教の伝統の豊かなダマスカスは、この時代から、イスラーム世界の有力な都市の一つとして、現在に至るまで繁栄してきました。ウマイヤ朝の歴代のカリフは、シリア砂漠に離宮を造っていましたが、ダマスカスを中心にイスラーム世界を統治しました。

24 アラビア語の時代へ

アラブ帝国の成立

預言者ムハンマド死後のアラブの征服活動によって成立した国家は、征服者であるアラブ・ムスリムが主人公の征服国家でした。被征服者は、それぞれの地域で自立的な社会をつくり、そのおのおのが征服者との契約によって定められた税金を負担し、その見返りに生命・財産の安全と信仰の保持を認められました。被征服者は、それまでローマ皇帝やペルシア皇帝に支払っていた税金を、新たな征服者に支払うことによって、従来と大きく変わることのない生活を保障されたのです。

征服者集団を構成したアラブ・ムスリムは、ミスルに住んで、ミスルの総督が管理する帳簿に登録されます。その帳簿には、軍功に応じて各人の年金の取り分などが記されています。総督が、未征服の地への遠征をミスルの戦士に呼びかけると、戦士はそれに応じるか否かを各自で判断して、遠征に参加します。軍事遠征が成功して新たに被征服者となった人々が税金を払うようになると、その税はその遠征に参加した戦士の間に分配されます。歴戦の勇士には、多額の年金が出ることになり、若者は年金獲得を目指して遠征へと出かけるのです。

正統カリフ時代、カリフはこのようなアラブ征服者集団全体の長で、巨大な軍事力の保持者であったわけですが、カリフ個人には親衛隊や護衛兵はいません。第三代のカリフ、ウスマーンに対して征服者集団内部の若者が決起すると、それと対抗する軍事力を、カリフはもっていなかったのです。ところが、征服者集団の内戦を通じて、有力者は、身辺においていた戦争捕虜やその子孫である解放奴隷を、私兵として組織するようになりました。アラブ戦士以外の人々が、それぞれの有力者の身辺を守る勢力となったわけです。

内戦を勝ち抜いたウマイヤ家のカリフは、身辺に護衛兵をおく君主となります。そして、行政のために官僚を組織します。征服者集団は、ダマスカスの宮殿に住む、護衛兵や官僚に囲まれた君主を戴《いただ》くようになったわけです。このような国家は、皇帝を戴く帝国といってもよいでしょう。もちろん、帝国全体の軍事力の基幹は、各ミスルに住むアラブ戦士ですから、ウマイヤ朝のことをわれわれは一般に、アラブ帝国とよびます。

アラビア語による帝国の支配

帝国の維持のためには強力な軍事力と整った行政制度が必要です。アラブ帝国には、アラブ戦士集団という強力な軍事力がはじめから備わっていました。問題は、行政組織です。正統カリフ時代やムアーウィヤの時代は、被征服者の社会が支払う税金を受け取り、それを各ミスルに駐屯するアラブ戦士に分配することが、国家のおもな仕事でした。税金は、かつてのローマ帝国の領土ではギリシア語の帳簿に基づいて集められていました。カリフの政府もそれを受け継いでいます。また、かつてのペルシア帝国ではペルシア語の帳簿に基づいて税が集められていました。カリフの政府もそれを受け継いだのです。税金の制度も、それぞれの帝国の制度をそのまま引き継ぎました。

ウマイヤ朝の時代、帝国の辺境では征服活動は継続していましたが、帝国の中心部であるシリア、エジプト、サワード（イラク）などは、征服から数十年から百年近くもたったことになります。税金をいくら払うなどという征服時の契約は、人口の変動や経済発展の差によって、現実に合わなくなっていきます。ウマイヤ朝の政府は、被征服地の各地に役人を派遣して、人口や農業生産力などを調査して、現実に合わせて課税・徴税するようになりました。それと同時に、徴税のための帳簿を、征服者の言語であるアラビア語に変更しました。アラブ戦士のための帳簿はもともとアラビア語で書かれていたわけですが、被征服者を統治するための言語もアラビア語になったわけです。また、それまで使われていたローマ帝国の金貨、ペルシア帝国の銀貨に代わって、アラビア語が打刻された金貨・銀貨が流通するようになります。中東で、アラビア語の時代が本格的にはじまりました。

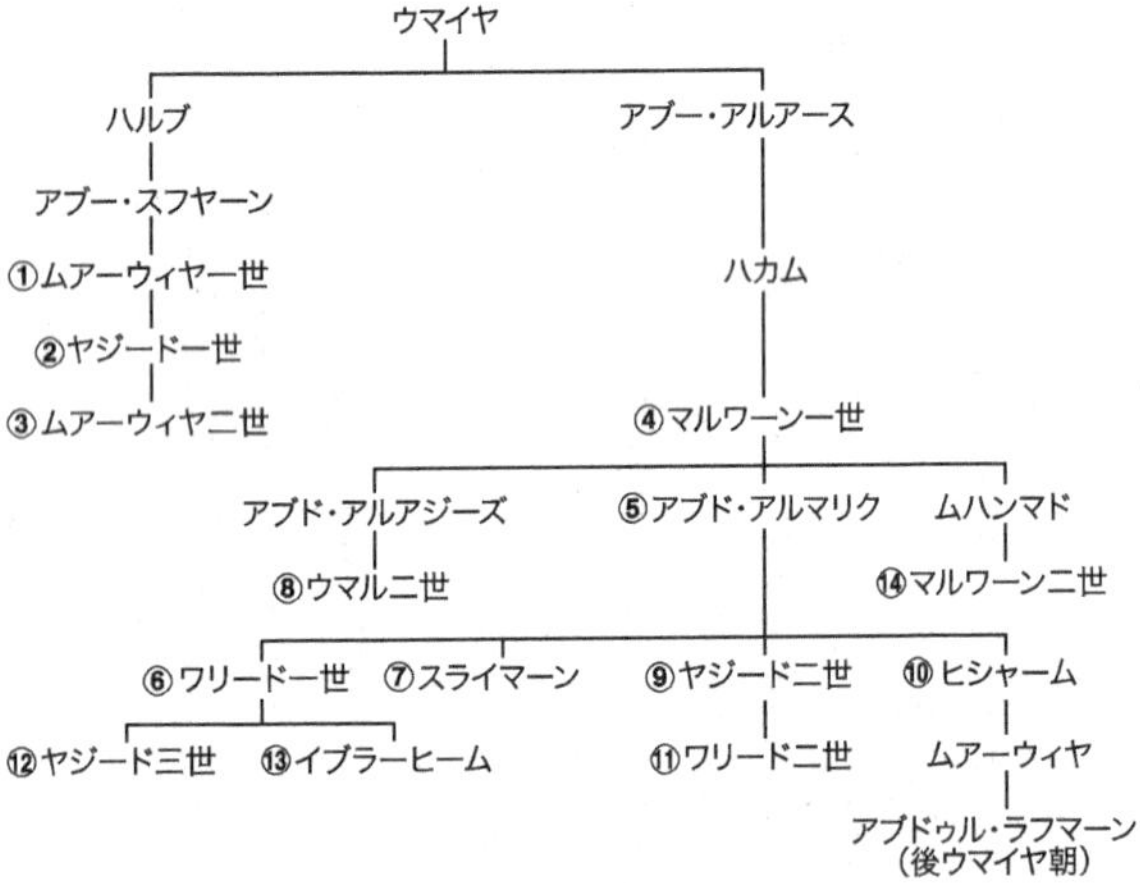

ウマイヤ家の系図

マワーリー問題

征服国家では、征服者であるアラブ・ムスリムが特権の持ち主です。ところで、アラブであることは系譜のうえで明らかにでき、アラブと非アラブの差は明白です。しかし、ムスリムであるか否かは、本人の信仰の問題です。自分がムスリムであると告白すれば、誰でもムスリムです。非アラブのムスリムは、当初は、戦争捕虜の奴隷から解放された解放奴隷にほぼ限られていました。彼らは、解放されても、もとの主人に頼って生活します。そのような人々は、マワーリーとよばれていました。有力者のマワーリーはその私兵となって内戦を戦ったことは前に述べたとおりです。彼らも、いうならば準特権者で、税金などは払いません。しかし、税の主たる負担者である農民がムスリムとなり、都市に出てきて有力者のマワーリーになる事態が出てきました。このようなマワーリーが増えることは税の負担者が減ることを意味しますから、政府にとっては大問題です。ムスリムが増えることは歓迎しなければならないのですが、税の負担者が減ることは国家にとっては困るのです。ウマイヤ家の帝国は、このような矛盾、すなわちマワーリー問題を抱えていました。

25 伝承の整理

『コーラン』標準本の確定

征服国家の主人公は、ムスリムです。ムスリムとは、イスラームの信仰を受け入れた人のことです。イスラームは、預言者ムハンマドの宗教活動によって基礎づけられた信仰であることは言うまでもありません。預言者ムハンマドは、神の啓示を受けているとの自覚をもって、活動していました。その神の啓示は、アラビア語という人間の言葉でムハンマドに伝えられました。そしてムハンマドは、神の言葉を毎日朗唱し、ムハンマドに従った信徒たちもそれを暗記して毎日朗唱していました。ムハンマドは、神の言葉を暗記しただけではなく、文字で記録しました。彼は、先輩預言者モーセが「律法の書」を、イエスが「福音書」を神から授かったように、自分も「書」を授かりつつあるのだ、と意識していたからです。

ムハンマドは、自分が授かる書は、朗唱すべき文言という意味のアラビア語のクルアーンという言葉で理解していました。クルアーンの訛《なまり》がコーランです。しかし、ムハンマドは死の直前まで神の啓示を受けつづけていましたので、書物としての『コーラン』は未完でした。ムハンマドの死後、ただちに書物としての『コーラン』が何人かの人によって編《へん》纂《さん》されました。当時は、神の言葉のすべてを暗記して朗唱していた人が多数いましたから、書物はそれほど重要ではありません。しかし、そのような人はしだいに死んでいきます。また、暗記している人の間でも違いが目立ってきました。

第三代の正統カリフ・ウスマーンは、暗記している人たちを集めて『コーラン』の標準本をつくらせました。そして標準本の写本をつくって各ミスルに配り、各ミスルの戦士はこの標準本に沿って神の言葉を朗唱するように命じました。しかし、このときはまだ、ムハンマドから直接神の文言を教えられた人たちが生きていました。標準本に対して異議を唱える人も少なくなかったのです。しかし、ときとともにそのような人も死んでいき、ウマイヤ朝時代には標準本が唯一権威のある『コーラン』となります。そしてその標準本が今日の『コーラン』なのです。

伝承の成立

今日のイスラームは、イスラーム法を基本にしています。イスラーム法の成立については、第33話でお話ししますが、イスラーム法の基礎は『コーラン』とスンナにあります。スンナとは、ムハンマドなどの言行のことですが、それはムスリムの間の伝承によって伝えられてきました。伝承のことをハディースといいますが、ハディースは何十万という単位で存在していました。その大部分は、ウマイヤ朝の時代につくられました。

征服者であるアラブは、系譜によってアラブであることを確認していた人たちです。系譜意識が、ミスルに住むことによって深められたことは第21話でお話ししたとおりです。『旧約聖書』の「創世記」には、アダム以来の人類の系譜が整理されています。アラブはその知識を、ユダヤ教徒やキリスト教徒から仕入れました。現在私たちが知る預言者ムハンマドの系譜は、アダムの五十代下の世代だとされていますが、アラブたちはみな、アダムに遡《さかのぼ》る系譜をもったのです。そして、ムハンマドの同世代の祖先に関しては、ムハンマドにいつ会った、ムハンマドとともに戦った、などの伝承が整理され、それが個々のアラブの誇りとなります。このように、ムハンマドと関係づける祖先の伝承が、膨大な数で残されることになります。ウマイヤ家のカリフやその側近にとっては、アラブ戦士とつきあうために、このような系譜に関する情報を必要としました。伝承はまず、アラブの系譜から整理されていきました。

カリフはまた、伝承に通じた者を側近において、ムハンマドの慣行に倣って統治することを心がけました。また、ウマイヤ家一族の少年には、伝承に通じた者を家庭教師として、アラブの系譜やムハンマドの言行を学ばせました。個々のアラブの系譜を伝える伝承のなかから、ムハンマドに関するさまざまな情報が抜き出され、整理されていきます。アラブは、戦う戦士でした。ムハンマドも戦う預言者でした。ムハンマドに関する情報は、ムハ

『コーラン』を読む少年（アフガニスタン）

ンマドの戦いの記録としてまとめられてきました。この時代、いくつかの『預言者の戦い』と題する伝承集がつくられたのです。

『コーラン』理解も、ムスリムにとって重要なことです。『コーラン』の文言に沿って、伝承が整理されていきました。また、『コーラン』の文言を理解するためには、アラビア語の文法に関する知識が必要です。文法といえば難しい言葉で系統だって叙述されたもの、と考えるかもしれませんが、アラブの文法は、詩の形で整理されました。アラブの系譜に関する伝承は、散文と詩からなっていました。その詩が、文法学の基礎となったのです。また、詩そのものを対象とする詩学もこの時代から発達します。そして、信仰のための儀礼なども、伝承を整理する過程で整ってきました。各ミスルで、伝承の権威者が議論をしながら、系譜、預言者の戦記、文法、『コーラン』解釈、儀礼などに関する伝承が整理されたわけです。伝承学者は、いくつものミスルを渡り歩いて、学びましたが、ミスルごとの伝統、すなわち学派のようなものも形成されました。このようにして、アラブ戦士の間に、学問の基礎がつくられました。

26 征服者集団の解体

被征服者社会の変容

アラブによる征服と支配は、被征服者の社会に大きな影響を与えました。シリアやエジプトの住民の多くはキリスト教徒であったのですが、アラブに征服された地域では、キリスト教はローマ帝国の政治とはすっかり切り離されました。今日のギリシア正教とローマ・カトリックにつながる流れが当時の主流派でしたが、それはシリアでもエジプトでも少数派になってしまいました。代わって、異端とされた単性論派が多数派になっていったのです。その信徒は、アラブの支配のもとで、シリア教会やエジプト（コプト）教会を組織していきました。

黒海《こっかい》とカスピ海の中間をカフカス地方といいますが、そこにはグルジア人やアルメニア人がいます。アラブはこの地方にも進出しましたが、完全には征服しきれなかったのです。しかしこの地方も、ローマ帝国とは完全に切り離されてしまいました。この地のキリスト教徒も主流派と離れて、グルジア教会やアルメニア教会が力を伸ばしていきます。サワード（イラク）の住民の多くもキリスト教徒でしたが、この地のキリスト教はもともと主流派から異端とされたネストリウス派が中心で、アラブの支配のもとで教会を発展させていきました。

一方、ペルシア帝国の国教であったゾロアスター教は、帝国が消滅すると宗教組織も消滅して、急速に衰えていきました。アラブの支配下で、かつてのローマ帝国領でもペルシア帝国領でも被征服者の社会は、政治権力と結びついた宗教組織が消滅して、権力的な宗教指導者もいなくなり、民衆と結びついた地方的な宗教組織が成立していった、とみなすことができます。

征服活動の継続と戦士の変質

内戦後のウマイヤ朝は、征服活動を再開しました。前線は三つです。一つは、シリアの北のアナトリアやカフカスです。ここは山岳地帯で抵抗も厳しく、征服はさほど順調ではありません。一つは北アフリカで、チュニジアにカイラワーンというミスルを、六七〇年に、建設して征服をすすめました。アラブ軍は、北アフリカの住民であるベルベル人も戦士として組織し、北アフリカの地中海沿岸をすべて征服し、イベリア半島に進出しました。イベリア半島では、各地の都市に軍を分駐させて、ここを支配しました。しかし、北アフリカの山岳地帯のベルベル人は容易には屈服せず、イベリア半島北部の山岳地帯でも抵抗はつづきました。もう一つの前線は中央アジアです。そこでは、六七一年に、メルブにミスルを設け、各地に分遣隊を駐屯させて、支配しました。中央アジアでの主たる敵は、草原で遊牧生活をしている騎馬遊牧民です。彼らは強敵で、支配は安定しません。

ウマイヤ朝の時代を通して、三つの前線では戦いがつづきました。しかし、戦っている兵士はアラブとは限らなくなっていました。北アフリカやイベリア半島ではベルベル人が多数戦士として参加しています。中央アジアでは、在地のペルシア人がマワーリーとなって、参加していました。マワーリーは、元来は解放奴隷などでしたが、この場合は自由意志で戦いに参加する非アラブの戦士を意味するようにもなっていました。アラブが征服者であるという時代が終わりかけているのです。

アラブの内部対立

帳簿のことをアラビア語でディーワーンといいます。この言葉は、帳簿を管理する機関、すなわち官庁を意味するようになります。アラブ戦士は、ミスルのディーワーンに登録されて、年金を受け取っていました。ところがアラブ戦士は、どんどん世代が交代していきます。アラブとは系譜に基づく意識でしたが、その系譜は父系の系譜でした。母親は誰でもよいのです。奴隷女の子どもでも、父親がアラブであればアラブです。アラブは血のうえでも、世代を重ねるうちに母親を通して多様化していきました。大都市であるミスルに生まれ育ったアラブは、必ずしも優秀な戦士になるとは限りません。戦争には行きたがらないアラブが増えていったのです。ミスルのアラブのほぼ全員が、ディーワーンに登録され、管理された戦士であるという状態は、おしまいになります。

サワードのミスルであったクーファとバスラ、そしてエジプトのミスルであるフスタートのアラブには、もう前線に行って戦う戦士は少なくなりました。ウマイヤ朝の根拠地であったシリアの戦士が各地に駐屯して、アラブ帝国を支える中核的な軍事力になります。そして前線では、さきに述べましたように、非アラブも戦士として活躍したのです。

アラブの間に、征服者集団としての統一感は失われていきました。アラブは、大きく分ければ南アラブと北アラブに分かれますが、イスラーム前の時代から両者は入り交じって生活していたと、第10話でお話ししました。ウマイヤ朝の時代、各ミスルでアラブの系譜意識が深まると同時に、南アラブか北アラブかという出自意識が、政治的党派をつくるようになります。ミスルの総督の地位をめぐって、北アラブと南アラブが党派争いをするようになったのです。カリフの選出にも、この争いが影響しました。このようにして、征服者集団は解体へと向かっていきました。

27 アッバース朝革命

自由意志をめぐる論争

ムスリムは、キリスト教徒やユダヤ教徒とともに生活していました。ムスリムの中心はアラブでしたが、非アラブのムスリムも増えていきます。アラブの間では、系譜意識に基づく党派が形成されましたが、同時に、非アラブも含めたムスリムの間で、政治に対する思想の違いも目立ってきました。その一つが、キリスト教神学の影響を受けた、自由意志をめぐる論争です。

私たちが政治をめぐる議論をするとき、多くの場合、政府は悪者になります。ウマイヤ朝の時代も、ウマイヤ家の支配は悪である、とみなす多くのムスリムがいました。では悪の政府に対して、どうすべきか、それが問題です。悪の政府であっても、それは神が人間に与えた試練なのだから、とりあえずは我慢して、最後の審判で神が裁くのを待つべきだ、という議論もありました。結局は、政府を容認する議論です。一方で、神は人間に、悪と戦う自由意志を与えている、とする議論がありました。悪を容認するかそれと戦うかは、個々の人の自由意志に任されているのだ、とするのです。これは、武器をとって悪の政府と戦え、とする議論です。このような議論をとおして、イスラームの思想は深まっていくのですが、それはともあれ、自由意志論は、反政府運動に決起するムスリムに、論拠を与えることになりました。

ムハンマドの家系に権力を

政府に不満をもつムスリムが採用したもう一つの論理は、ウマイヤ家は、系譜のうえで預言者ムハンマドと遠いからだめだ、とするものです。確かに、系譜のうえではムハンマドとウマイヤ家は、ムハンマドの四代前の祖先を共有している関係で、遠いといえば、遠いのです。ムハンマドが生きていた時代では、その四代前の祖先の名をとったアブド・マナーフ家という集団意識はそれなりにありました。そして、ウマイヤ家が内戦を勝ち抜いていく過程では、アブド・マナーフ家に権力を、というスローガンもそれなりに説得力があったのです。しかし、ときとともに、ムハンマドにより近い系譜をもつものが、イスラーム世界の指導者になるべきだ、とする論理が強くなっていったのです。

第31話で詳しく述べますが、後のシーア派では、ムハンマドの従弟で養子同様のアリーと、ムハンマドの娘ファーティマの間の子であるハサンとフサインの子孫が特別視されますが、この時代はまだ、あるべき指導者はその血筋に限定されていません。アリーの兄の子孫やムハンマドの叔父たちの子孫も、それなりに特別視されていました。

ウマイヤ朝政府に不満をもつ人たちが、ムハンマドに系譜が近い人物を勝手に推戴して秘密結社をつくり、ときに反乱を起こしていました。推戴された当人は、反乱と無関係な場合もあったのです。そのなかにあって、ムハンマドの叔父の一人であるアッバースの子孫が、ある秘密結社によって指導者に推戴されました。アッバースの子孫もたくさんいましたが、そのなかで、ある七人兄弟がまとまって、この秘密結社の実質的な指導者になったのです。その代表者はムハンマドという人物でしたが、七四三年に没し、その後に彼の息子イブラーヒームが最高指導者となりました。

ホラサーンの革命軍

アッバース家が指導者となった秘密結社は、各地に代理人を遣わして組織をひろめていきます。今日のイラン北部から東部、そしてトルクメニスタンとウズベキスタン南部を、当時ホラサーン地方とよんでいました。そこは、前に述べたように、征服の前線で、ホラサーンの北にあるサマルカンドなどの都市の支配をめぐって、ムスリム軍は騎馬遊牧民と戦っていました。ミスルであるメルブのディーワーン（戦士登録簿）には、多数の戦士が登録され、分遣隊が各地に駐屯していました。しかし、ここでも南アラブと北アラブの争いが激しく、総督が代わると内乱状態となり、登録から外れた戦士も多数いたのです。アッバース家の秘密組織はこのホラサーンに、アブー・ムスリムという名の代理人を派遣します。彼は、指導者の名前や系譜を明らかにせず「預言者ムハンマドの家系に権力を」をスローガンに、戦士を集めます。ときの総督の反対派が多数、彼のもとに集まりました。彼は、新たにディーワーンをつくって、軍団を組織しました。彼の軍団は、総督の軍を圧倒し、ホラサーン各地で勝利をおさめます。

アブー・ムスリムは、ホラサーンの制圧と並行して、革命軍をサワードのクーファに派遣しました。クーファ駐屯軍は、この革命軍を大歓迎しました。革命軍は、ホラサーンにいたアブー・ムスリムと連絡をとって、クーファで指導者を明らかにしました。それは、アッバース家の人間でした。最高指導者であったイブラーヒームは、ウマイヤ朝政府によって事前に処刑されていました。そこでアブー・ムスリムは、彼の弟を最高指導者に推しました。この人物は、革命軍とクーファ駐屯軍に推されてカリフとなります。サッファーフと名のったこの人物は、アッバース家のカリフが誕生しました。翌七五〇年、アッバース家の軍は、シリアから遠征してきたウマイヤ朝の軍と戦い、それを撃破しました。権力は、ウマイヤ家からアッバース家へと、移行したのです。

28 ホラサーン軍

ウマイヤ家の殲滅《せんめつ》と逃れた一人

ウマイヤ朝の軍を撃破したアッバース朝の軍は、シリアに進軍して、そこを制圧します。軍を率いていたのは、カリフ・サッファーフにとっては六人の叔父の一人であるアブドゥッラーでした。彼は、ウマイヤ家の者を見つけ次第殺し、その財産をすべて没収して、アッバース朝のシリア総督となります。カリフの叔父たちは各地に軍を率いて、それぞれの総督となりました。

ウマイヤ家のなかで、たった一人、一族殲滅の運命から逃れた男がいました。アブドゥル・ラフマーンという名の男です。彼は、まだアッバース家の支配が及んでいない北アフリカに逃れます。そこも危険になると、イベリア半島に逃れて、そこの駐屯軍に支持を呼びかけ、ときの総督を破って、七五六年にこの地の支配者となりました。イベリア半島のムスリム支配地域はアンダルスとよばれますが、そこはアッバース朝が根拠地としたサワード（イラク）からあまりに遠く、カリフはそこまでは軍を派遣しようとはしません。その結果、アブドゥル・ラフマーンは、イベリア半島で実質的な独立王朝をつくったことになります。この王朝は、後《こう》ウマイヤ朝とよばれています。アッバース朝は、成立のときから、イスラーム世界の一部分を手放していたことになりました。

カリフ・マンスール

アッバース朝の初代カリフ・サッファーフは、若くして急死してしまいました。七五四年に彼を継いだのは、彼の異母兄であるマンスールです。彼の統治は二〇年余つづくのですが、彼が王朝の真の建設者でした。マンスールはまず、シリア総督である叔父アブドゥッラーと戦い、倒します。この叔父は、甥であるカリフの風下にたつことを潔しとはせず、独裁的にシリアを統治していました。この叔父を倒したことによって、カリフはアッバース一族のなかで圧倒的な力をもつことができたのです。マンスールはつぎに、ホラサーンで革命軍を組織したアブー・ムスリムを処刑します。革命の立て役者も、革命後は不用となったばかりか、カリフの権威の確立にとって邪魔になっていたのです。アブー・ムスリムが処刑されると、ホラサーンでは彼を支持していた人たちが反乱を起こしますが、マンスールはそれを鎮圧します。そして、かつてアッバース家を推戴した秘密結社を潰《つぶ》してしまいました。いつの時代でも、革命を推進した勢力と、革命後に新国家建設を目指す勢力とは、対立してしまうものなのです。

「預言者ムハンマドの家系に権力を」が、革命のスローガンでした。ムハンマドに近い家系は、アッバース家に限りません。誰がみても、第四代正統カリフ・アリーとムハンマドの娘ファーティマの間に生まれた、ハサンとフサインの子孫が、ムハンマドにもっとも近い家系なのです。この家系をアリー家とよんでおきましょう。マンスールにとって、アリー家の人はみな、危険な存在です。危険だからといって、殺してしまってはムスリムの支持は得られません。マンスールは、一部の人に担がれて反乱を起こしたアリー家の人を処刑し、他のアリー家のメンバーには高額の年金を与えて、篤《あつ》く処遇しました。

王朝の支え

マンスールは、支配の拠点として、七六六年にティグリス川河畔に円城を築きました。この円城を中心にして、次の節で述べるようにバグダードが繁栄するのですが、円城そのものはカリフの籠もる城で、市民が住む場所ではありません。そこに住んだのは、カリフの側近の官僚と軍人でした。軍人は、かつてアブー・ムスリムがホラサーンでディーワーンに登録した戦士たちです。彼らのなかの有力な将軍たちは、カリフがその叔父やアブー・ムスリムと対立したときも、カリフに忠誠を誓って、カリフを支えました。マンスールの二〇年余の統治の間に、将軍や戦士の世代交代もあるのですが、前の世代の子や新たにホラサーンから来た人たちが軍事力の中心となります。

正統カリフ時代からウマイヤ朝時代の軍事拠点であるミスルに住む戦士たちは、先にも述べたように、軍事力としては弱体化していました。マンスールはもはや、ミスルのアラブ戦士に頼るつもりはなかったのです。各ミスルの戦士のためのディーワーンは、自動的に廃止になりました。彼は、各地から集まる税を、中央や各地に駐屯したホラサーン軍団に給与として分かち与えます。この軍団こそ、アッバース朝の軍事力の基幹でした。

マンスールはまた、ウマイヤ朝時代からあった駅伝制を整備し、各地の情報をバグダードの円城に集中しました。円城に座して、各地の総督の統治の善し悪し、アリー家の個々の人物の動向、穀物の値段などを知り、対応します。緊急の場合は、伝書鳩も利用します。そして、情報の整理のための補佐官として、宰相（ワジール）を任命しました。任命されたのは、中央アジアの仏教寺院の長であったバルマク家という家系の人物です。マンスール側近には、この宰相のようなイラン人が少なくなかったのです。給料を支払う常備軍と宰相を頂点とする官僚が、アッバース朝を支える基盤でした。アッバース朝は、服者集団による征服国家というよりは、中東地域に伝統的に存在した帝国そのものでした。

29 繁栄の街バグダード

ハールーン・アッラシード

アッバース朝のカリフで馴染み深いのは、なんといっても第五代のハールーン・アッラシードでしょう。彼は、『千夜一夜物語』の主人公の一人で、お忍びでバグダードの街を散策したことで知られています。もちろんこれは後世につくられたお話です。しかし、彼の時代にアッバース朝が最盛期を迎えたことは確かです。

彼の父親の第三代カリフはマフディーという名でしたが、彼の時代も第二代マンスールを継いで、帝国の足固めがなされた時代です。マフディーは、一〇年余の治世の後、息子ハーディーを後継者に、別な息子ハールーンをその次の後継者に指名して亡くなりました。そこでハーディーが第四代カリフとなったのですが、ハールーンを後継者の地位から追い払い、自分の息子を後継者に指名しようとしました。ところが一年ほどでハーディーは死んでしまって、めでたくハールーンがカリフとなりました。七八六年のことです。それから八〇九年までが彼の統治時代です。

彼を苦境から救ってカリフに即位させるのに功があったのは、彼の家庭教師でもあった前述したバルマク家の長老です。ハールーンは、その長老とその二人の息子をワジール（宰相）にして、帝国の統治を任せました。しかし、治世の途中で、ハールーンは、権勢を独占したバルマク家一族を滅ぼして、自ら政治の責任をとります。もはや特定の家系の人物に頼らなくても、帝国を統治する官僚組織は安定していたのです。彼の時代に、アッバース朝の都バグダードは、華やかに賑《にぎ》わっていました。

サワードの開拓

サワードとは、今日のイラク、かつてメソポタミアとよばれていたところです。ユーフラテス川とティグリス川にはさまれた肥沃な地ですが、灌漑なしには農業はできません。人類はここで、前五千年紀からの灌漑集約農業をはじめ、前三千年紀には世界に先駆けて都市文明の華を咲かせたと、第3話でお話ししました。しかし、ここでの農業は、容易ではありません。雨が降らないから灌漑は必要なのですが、灌漑すると地下水位が上がって、地中の塩分が地表に吹き出てきます。地表を水で流して塩分を除去しないと、耕地はあっという間に荒れ野になってしまいます。政治が安定していれば、縦横にめぐらした水路を管理・維持できて、この地は豊かな農業地帯となりますが、政治が乱れると水路の管理ができなくなり、農業は廃れます。この地の繁栄は、ひとえに政治の安定にかかっています。

イスラーム前のササン朝ペルシア帝国の時代、この地は繁栄していました。しかし、ペルシア帝国末期からアラブの征服の時代にかけて、政治の安定がみられず、ここの繁栄に影がさしていました。そして、アッバース朝がこの地を根拠地とすると、開発がいっきに進みます。カリフやその一族、ホラサーン軍団の将軍たち、大商人、その他の有力者が、水路を整備して農園を開発していったのです。農園で生産された農作物は、バグダードをはじめとする大都市の人口を養い、サワードはこの時代、世界でもっとも人口稠密《ちゅうみつ》な地域となりました。

国際交易の結節点バグダード

サワードのいくつもの大都市の頂点にあったのがバグダードでした。カリフのための城である円城の周囲に都市空間が広がっていきます。円城はティグリス川の西岸にあるのですが、川に船橋を架けて川の東岸と結び、カリフの離宮も東岸におかれて、街は川をはさんで発展していきました。とくに円城の南にあったカルフ地区は商業空間で、街の中心として機能していました。

この時代、イスラーム世界は、西アジア・中央アジアの大部分と地中海地域の過半を含んで、東西に大きく広がっていました。この世界の各地は、バグダードと、主として陸の道によってつながっていました。ラクダ数百頭、あるいは一〇〇〇頭、二〇〇〇頭の隊商が行き来していたのです。そしてサワードでは、ティグリス・ユーフラテス両川や運河を利用して、船運もさかんでした。このような隊商や船によって、イスラーム世界の物産はバグダードにもたらされていました。

ムスリム商人はまた、イスラーム世界を越えて商取引をしていました。サワードのバスラの港が海運の拠点で、そこからペルシア湾を縦断してインド洋に出て、インド、東南アジア、中国へと船が行き来していました。また、カスピ海からヴォルガ川を遡って、北欧に通じる道もありました。地中海を経て、南仏にいたる道もありました。このような広域に活躍するムスリム商人を通じて、世界の物産がバグダードに集中しました。

ムスリム商人たちは、商取引のためのさまざまな技術を開発していきます。交易の決済のための手形や為替《かわせ》の制度がその一つです。大量の金貨・銀貨を持ち歩かなくても、商売ができるのです。また、商人たちが取引地で事故にあったり、死去した際の商品などの補償も、制度として確立していきます。ムスリム商人の交易活動が活発となり、その結果、交易の結節点としてのバグダードの繁栄があったのです。

30 ギリシア語からアラビア語へ

カリフ・マームーン

ハールーン・アッラシードは、後継者として息子のアミーンを指名して亡くなりましたが、ホラサーン総督として別な息子のマームーンをおき、さらに彼をアミーンの次の後継者に指名していました。そしてまたもこの兄弟の間で争いが起きるのです。バグダードに籠もったカリフ・アミーンを、マームーン麾下《きか》のホラサーンの軍勢が攻めます。繁栄の街バグダードは、三年間戦火にさらされました。このとき、円城は炎につつまれ、以後再建されることはないままになります。戦いは結局マームーン側が勝ちますが、彼はホラサーンにとどまって、そこに首都をおこうとしました。しかし、バグダードはいまやイスラーム世界の中心都市です。そこから首都を移転するのは困難でした。マームーンは、ホラサーンを腹心の部下ターヒルに委ねて、バグダードへ移ってきました。街の繁栄は維持されました。

知恵の館

カリフ・マームーンは、バグダードにバイト・アル・ヒクマという機関を設立しました。一般に「知恵の館」とよばれるものです。そこで、ギリシア語の書物が組織的にアラビア語に翻訳されました。

さて、第5話で、ギリシア語が古代文明の学問を集大成して、中東地域の共通の学問用語となったことを説明しました。地中海世界で一神教革命が起きて、それまでの文明が大きく変化しました。神々と深く結びついていた彫刻・絵画、歌舞音曲、詩や戯作などといった美術・文芸は、おおむね否定されて、棄てられてしまいました。しかし、哲学や論理学はキリスト教神学と結びついて、形を変えて生き残ります。また、医学、天文学などの自然科学も、棄てられてしまったものもありますが、生き残ったものもありました。また、ローマ帝国領ではなく、ペルシア帝国領であったイラクでは、ギリシア語による論理学や自然科学の書物がかなり残されていました。

イランに、ジュンディーシャープールという街があります。ペルシア帝国が健在であった時代、ここに学院があり、ギリシア語の書物をもとに学問がなされていました。学問を担ったのは、ユダヤ教徒とキリスト教のネストリウス派の学者です。彼らには、キリスト教主流派による束縛がありません。そしてペルシア帝国では、ギリシア語がしだいに廃れていきました。彼らは、母語としてアラム語（シリア語）を用いる人々です。キリスト教徒がつかう、アラム語はシリア語とよばれるようになりますが、シリア語も文章語として立派な言語です。ジュンディーシャープールの学者たちは、ギリシア語の書物をシリア語に翻訳しはじめていました。

アラブ軍がペルシア帝国を滅ぼしても、ジュンディーシャープールの学院は健在でした。そこで学んだ医者が、ウマイヤ朝カリフの侍医であったりしたのです。そしてアッバース朝のカリフ・ハールーン・アッラシードは、学院の学者をバグダードに招いて「知恵の宝庫」という図書館を建設しました。マームーンが設立した「知恵の館」は、それをより大規模にし、組織化したものでした。そこでは、ネストリウス派のキリスト教徒、ユダヤ教徒、そしてムスリムの学者が、ギリシア語やシリア語の書物を、組織的・系統的にアラビア語に翻訳していきました。紀元前数千年前からの中東地域の学問は、ここで改めて、アラビア語による学問として衣替えをしたのです。哲学と論理学、そして数学、天文学、化学、医学などの自然科学がイスラーム世界で発展していきますが、その基礎が築かれたことになります。アラビア語は、ウマイヤ朝の時代に行政用語となりましたが、ここに、中東地域の共通の学問用語となりました。そして、ギリシア語は急速に廃れていきました。

神学論争

カリフ・マームーンは、「知恵の館」を設立するまえに、「創造されたコーラン」説に反対する学者を弾圧していました。ハールーン・アッラシードの時代から、イスラーム世界では、神学論争がはじまっていたのです。すべては一である、すなわち、すべての存在は一元的に神に還元される、とするのがイスラームの根本教義です。この教義を、論理的・思弁的に展開しようとする人々がいました。彼らは、彼らを批判した後世の学者によって、ムータジラ派とよばれます。アリストテレスの論理学の影響が彼らにみられます。

一神教の考えでは、唯一神だけが創造主ですから、他のものはすべて神が創造した被造物であるはずです。神の言葉とされる『コーラン』の文言も、論理的には、被造物なのだ、とするのが「創造されたコーラン」説です。ムスリムの学者の多くは、神の言葉である『コーラン』の文言は永遠のものと考えるのですが、ムータジラ派の学者は、神のみが永遠で、『コーラン』も含めてそれ以外のものを永遠とするのは異端である、と主張したのです。そしてカリフがこの学説を支持して、この説に反対する学者を投獄してしまったのです。そのうえでカリフは「知恵の館」を設立して、ギリシア語の学問のアラビア語化に努めた、というわけです。当然、この動きは反発をよび、イスラーム世界で議論が沸騰することになります。

31 シーア派の論理

反体制派としてのシーア派

第27話で、ウマイヤ朝時代にときの政府に反対する人たちが、ムハンマドの家系に近い人物を勝手に推戴して武装蜂起《ほうき》した、と述べました。これらの蜂起をおこした政治結社を、後世の人々はシーア派の結社とみなしました。シーアとは党派の意味です。第22話で、第四代正統カリフ・アリーがウマイヤ家のムアーウィヤと対立し、戦ったことをお話ししましたが、このときアリーに味方した人々はシーア・アリーとよばれました。つまり「アリー党」というわけです。以後、アリー家の人を担いだり、アリー家の人が中心となる結社をシーア派とよぶようになります。アリーの子孫は、いつの時代でも一人ではありませんから、シーア派の結社はつねに複数あったのです。アッバース朝革命は、シーア派の一つの結社をアッバース家が乗っ取っておこしたものでした。

シーア派の結社は、ウマイヤ朝時代に武装蜂起を繰り返し、アッバース朝になってからも何回も武装蜂起しています。そのうちの一つの蜂起に失敗したイドリースという名のアリー家の人は、北アフリカに逃れて、現在のモロッコを中心に、七八九年に、独立政権

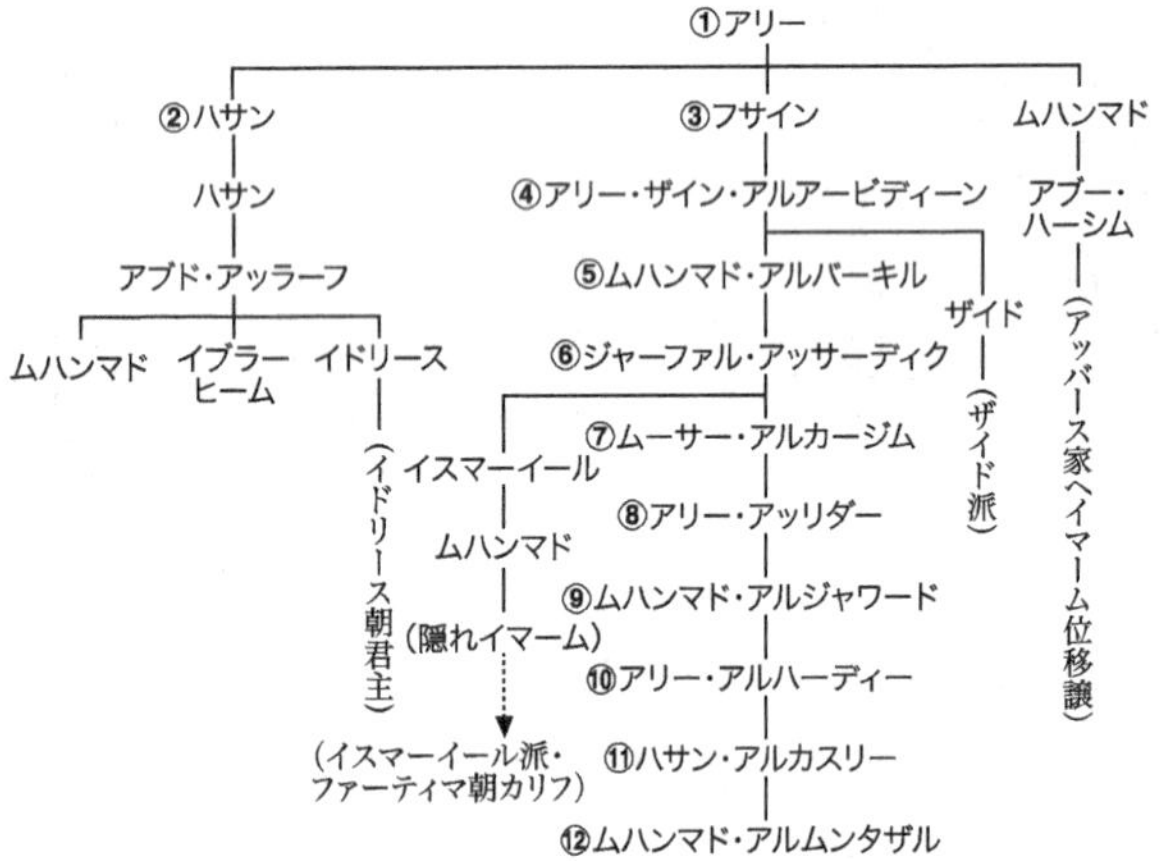

シーア派イマームの系図

（イドリース朝）を樹立しました。しかし、このような政権樹立に成功したのは例外で、九世紀の中ごろまではシーア派は、反体制運動の担い手として存在していました。ウマイヤ朝政府も、アッバース朝政府も、武装蜂起した結社は弾圧しましたが、預言者ムハンマドの従弟であるアリーと、ムハンマドの実の娘であるファーティマの間に生まれたアリー家の人を敬愛することはムスリムとして自然のことですから、シーア派そのものを否定するわけにはいかなかったのです。

神に選ばれたイマーム

国家には元首が必要です。現在のイスラーム世界の国々にも、大統領、国王、スルタンなどさまざまな称号の元首がいます。九世紀前半のイスラーム世界は、アッバース朝のカリフだけではなく、後ウマイヤ朝やイドリース朝の君主などもいたのですが、そのような個々の政権の君主ではなく、理念的なイスラーム世界というものの全体の最高指導者はどうあるべきか、という議論がこの時代にさかんでした。この議論での最高指導者のことをイマームといいます。この時点までのイスラーム世界の歴史には、代々のカリフがいました。その歴史的現実を素直に肯定するのが、つぎの第32話でお話しするスンナ派です。しかしシーア派は歴史を否定しました。

預言者ムハンマドが、死の直前にはじめての正式の巡礼をしたことは第18話でお話ししました。その帰路、ガディール・クムという場所で、ムハンマドは神の意志を受けて、後継のイマームとしてアリーを指名した、というのがシーア派の主張です。アリーが継ぐべきイマームの位置を、アブー・バクル、ウマル、ウスマーンという三代のカリフが簒奪《さんだつ》したことになります。この三人は、シーア派によれば、正統カリフどころか極悪人です。アリーなきあとは、その長男であるハサンが、その死後はその弟フサインが、そのあとはしかるべきアリー家の人が真のイマームであるので、歴代のウマイヤ朝のカリフは簒奪者であり、現在のアッバース朝のカリフも全イスラーム世界を指導するイマームなのではない、とシーア派は主張しました。

シーア派の主張はまた、アリー以後の代々のイマームは、神によって選ばれている、とします。イマームは、預言者ムハンマド同様に、神の意志を直接受ける存在なのです。信者は、その指導に従っていれば、正しく導かれた生涯を送ることができる、としました。ところが、第七代以降のイマームが誰であったかをめぐって、シーア派内部の意見が一致しません。九世紀のシーア派もまた、いくつもの派に分かれていたのです。

カルバラーの悲劇の追憶

第23話で述べましたが、シーア派にとっての第三代のイマームであるフサインは、カリフになるべくメディナを出てクーファに向かう途中、カルバラーでウマイヤ朝の軍と戦って、一族・郎党もろとも死んでしまいました。それは、イスラーム暦の第一月十日のことでした。この日はアーシューラーとよばれる特別な日でした。メディナにヒジュラした預言者ムハンマドは、最初はユダヤ教徒の断食日に倣って、この日をムスリムの断食日に定めたとされているからです。後にムハンマドは、ユダヤ教の儀礼に代えて、第九月を断食月と定めるのですが、アーシューラーの日も特別な日であることにはかわりありません。その日に預言者の孫フサインは、預言者の曾孫《ひまご》などとともに、殉教したのです。

シーア派の人は、アーシューラーの日に、フサインの殉教祭を催します。祭りでは、フサインの棺《ひつぎ》の模型や、切断された手の模型などをつくり、殉教の場面を演劇として再現したり、それらを先頭に行列を組んでパレードをおこない、参加者は体を鞭《むち》打って血みどろになりながら、フサインの苦しみを追体験するのです。この行事は今日にいたるまでシーア派の人によって盛大に催されるのですが、九世紀のこの時代からさかんになったようです。この祭りに参加することが、目にみえる形でのシーア派の信徒の証でした。

32 スンナ派の形成

伝承の徒イブン・ハンバル

アッバース朝のカリフ・マームーンは、「創造されたコーラン」説に反対する学者を投獄した、と第30話で述べましたが、投獄された学者の一人に、イブン・ハンバルという人がいました。彼は、アッバース朝の支えであったホラサーン軍団の将軍の家に生まれ、若いころからハディースを学んだ学者です。ハディースとは、第25話でお話しした伝承のことです。イブン・ハンバルは、預言者ムハンマドや彼から直接教えを受けた仲間たちの言行のなかにこそ、真の信仰の証があると信じていたのです。

ハディースは、イスラーム世界の各地にいた何人もの権威者によって暗記されていました。そしてそれぞれの地で伝えられているハディースは、微妙に異なっていました。ハディースの権威者になるためには、各地を旅行し、それぞれの地の権威者に会って彼らが伝えられて保持しているハディースを、吟味しながら暗唱しなければなりません。何十万というハディースを暗唱してはじめて権威者とよばれるようになるのです。そのような努力の末に誰からも権威者と認められるようになったイブン・ハンバルにとって、「創造されたコーラン」などという考えはとんでもないことであったのです。彼は、ムータジラ派を徹底して批判して、「伝承の徒」、すなわち、徹底してハディースにこだわる人とよばれました。

スンナの徒

『コーラン』の文言とハディースから、預言者ムハンマドやその仲間の慣行を再現することが、「伝承の徒」の目的でした。そして、これで間違いないと確立された慣行をスンナとよびます。例えば、神への信仰を証《あか》す具体的な行為として、礼拝をするようにと『コーラン』の文言は伝えています。したがって、ムスリムは礼拝しなければなりません。しかし、一日のいつごろ、何回礼拝するのか、礼拝の具体的な仕方はどうかについては、『コーラン』は必ずしも詳しく述べているわけではないのです。しかし、伝承学者は、夜明け前、正午、夕刻、日没前、日没後の五回の礼拝が義務であるとムハンマドがみなしていたことが、ハディースの検討から分かる、とします。そしてそのことがムスリム社会の慣行として確立しているのだ、とするのです。すなわち、一日五回の礼拝がスンナであることになります。スンナの大部分はすでにウマイヤ朝時代の伝承の整理の過程で確立していたのですが、このように、信仰をめぐるさまざまなことがらについて、スンナがあらためて確認されていきます。スンナを確認し、それをまもることを主張した人々が「スンナの徒」とよばれました。イブン・ハンバルはもちろん代表的な「スンナの徒」でもあったのです。

この時代は、ギリシア語の文明がアラビア語化しつつあったときです。スンナの徒にとっても、論理学の影響は強くみられます。しかし、彼らは、最終的には、たとえ論理的でなくとも、『コーラン』の文言は神の言葉であるから、そのまま理解しなければならないとし、ハディースの検討によって得られたスンナはそのまま尊重しなければならない、としたのです。

シーア派との論争

スンナの徒の論敵は、ムータジラ派だけではありません。歴史の現実を否定するシーア派も我慢のならない敵でした。九世紀のムスリムにとってイスラーム世界は、七世紀の前半のアラブの征服活動の結果として存在しているのです。その征服活動を指導した正統カリフを極悪人扱いしたのでは、現実の世界の拠《よ》って立つ基盤が揺らぎます。税金という一つの例で、そのことを考えてみましょう。

社会は、税金なしには存在しません。働く人々から当局が税を徴収して、その税金をつかって社会の安全を保つための軍隊を養い、また公共善に必要な経費を賄って、はじめて社会は存在できるのです。ウマイヤ朝時代からの議論は、イスラーム世界の当局が徴税する権限の由来をめぐって、理論を整えてきました。ムスリムが征服した土地は、ムスリム全体のものである、とするのがその結論でした。したがってその土地を利用するものは誰であれ、土地利用税としての地税を支払うべきだ、としたのです。第24話で、被支配者であった農民たちがイスラームに改宗してマワーリーとなると、税の負担者が少なくなるという矛盾を、当時のイスラーム世界は抱えていた、と述べました。地税の理論は、土地を利用するものはムスリムであっても地税を支払わなければいけないとするもので、この矛盾を論理的には一応解決するものでした。アッバース朝時代のはじめに、この理論は広く受け入れられるようになり、カリフの政権が地税をムスリムからも徴収できるようになっていたのです。

税金に限らず、ハディースによるスンナの確定は、単に信仰に直接関わる事柄だけではなく、社会のあり方全体にわたる問題を対象にしていました。預言者ムハンマド以来のイスラーム世界の歴史の現実を肯定的に受け止めて、現実に対処しようとしたのがスンナの徒でした。彼らの考え方が多くのムスリムの支持を得ていたのですが、彼らはシーア派などに対して、スンナ派とよばれるようになりました。

33 イスラーム法学の成立

イスラーム法（シャリーア）

ムスリムはイスラーム法に則《のっと》って生活しています。またイスラーム社会もイスラーム法に則るべきだとします。しかし、イスラーム法とは、文字で書かれた成文法ではないのです。イスラーム法のことをアラビア語でシャリーアといいますが、この言葉は「道」を意味しています。「道」といっても道路のことではなく、人間が従うべき「道」のことで、それは神が定めた真理なのです。ムスリムにとってそれは、正しい生き方の具体的な導きなのです。したがってそれは、単に宗教的な義務を定めるだけではなく、人間生活全般にわたる規制となっています。シャリーアの内容は、礼拝、断食、巡礼などの具体的な作法を定めた「儀礼的規範」と、ムスリムの世俗的な行為の規範としての「行動の規範」に分かれますが、行動の規範には結婚・離婚、相続、契約、売買などのあり方を定めた民法的な規範もあり、犯罪に対する刑罰という刑法的な規範もあり、租税、戦争といった社会的規範もあります。すべてを規制するシャリーアは、人間が相談して定めたものではありません。神が人類に指示したもの、とされます。したがって、国ごと、地域ごとにシャリーアが異なることはありません。全世界に一つのシャリーアがあるとするのが、ムスリムであるわけです。

イスラーム法学

神がシャリーアとして人類に指示した事柄を、どのようにしたら分かるのでしょうか。普通のムスリムは、神に会うこともできなければ、神の声を聞くこともできません。そこで、法を知るための学問が発展しました。イスラーム法の法学をフィクフと言い、フィクフは、イスラーム世界の歴史を通じて現在にいたるまで、時代に合わせて発展していきますが、その原型は九世紀に成立しました。

神は、その意志を人類に示すために、しばしば預言者を使わして、啓典を与えてきたと、ムスリムは理解しています。そして、最後の預言者がムハンマドで、彼に与えられた啓典である『コーラン』は、先行する預言者たちに与えられた啓典、すなわち、モーセに与えられた「律法の書」やイエスに与えられた「福音書」を確認する最終的な啓典であると、理解します。したがって、神の言葉である『コーラン』の文言は、絶対的なものです。まさにそれが法の源であるわけです。

しかし、『コーラン』の文言は難しく、理解するのは容易ではありません。また、一見矛盾することも書いてあります。たとえば、飲酒について、泥酔して自分で言っていることが自分で理解できないような状態になったら礼拝してはいけない、という趣旨の文言もあれば、飲酒は悪魔の業である、という文言もあります。これらの文言だけから、ただちに神は飲酒を禁じているのか、それとも泥酔を戒めているのかは判断できません。またたとえば、『コーラン』のある文言は、リバーを禁止しています。リバーは、金銭などの貸借の際の利子のことですが、リバーが利子一般を意味しているのか、あるいは法外な高利を意味しているのかは、議論の余地があります。『コーラン』は確かに法の源なのですが、『コーラン』の文言だけからは、法は確定できないのです。

　法、すなわち人間が従うべき道（シャリーア）を探る試みは、八世紀にははじまっていました。そのころから、法源（ウスール）としてのハディース集の編纂が試みられ、ハディースに基づいて法判断がなされていました。しかし、ムスリムが居住する空間は広く、法判断の基準は各地でばらばらでした。シャーフィイーという法学者は、九世紀のはじめごろ、法源を『コーラン』と信頼すべきハディース、それに依拠する法学者の合意（イジュマー）と、しかるべき類推（キヤース）に限り、その権威をこの順序に定めることを提唱しました。この考えは広く受け入れられて、学問としての法学の方法論が定まったのです。

スンナ派法学派

- ●ハナフィー派……コーランやハディース以外の類推や個人的見解を大幅に認める学派。トルコやインドなどで有力。
- ●マーリク派……公共善の原則を重視する学派。アラブ地域の西方（マグリブ）などで有力。
- ●シャーフィイー派……普遍的な法解釈を求める学派だが、運用は柔軟な学派。東南アジアや東アフリカなどで有力。
- ●ハンバル派……コーランとハディースのみを根拠とする法解釈を求め、厳格な学派。この派のなかのワッハーブ派は、サウジアラビアで有力。

シーア派法学派

- ●ジャーファル派……十二イマーム派の法学派で、歴代のイマームに由来するハディースにも権威を認める学派。イランなどで有力。

イスラームの法学派

法学派の形成

方法論は定まったのですが、法判断が一様化したわけではありません。ハディースは、数十万という単位で流布していて、そのうちのどれが信頼できるものかは、なかなか定めることはできません。そこで、ハディースの真贋《しんがん》を研究するハディース学が発展していきました。九世紀の何人かのハディース学者は、それぞれ信頼できるハディース集を編纂しました。それらに収められているものが、今日まで、法源としての権威あるハディースとみなされています。特に、ブハーリーとムスリムという名の二人の学者の編纂したハディース集は、今日にいたるまでの最高権威です。

法判断をめぐる法学者たちの議論から、

しだいに、法学派が形成されていきました。十世紀のはじめごろまでに、多くの問題の法学的な回答が出尽くしましたが、すべての問題に単一の回答が用意されたわけではありません。学派ごとに異なる回答がでたのです。今日のイスラーム世界には、スンナ派に四大法学派がありますが、それらはすべて、十世紀のはじめには成立していました。またシーア派の最大法学派も同じころに成立しています。その後も多くの議論はあるのですが、イスラーム法学の基礎は、すでにこのころ定まったといえます。

Ⅲ——民衆のイスラーム

七世紀に、ムスリムであるアラブが、今日中東とよばれる地域の大部分を征服しましたが、征服された地域の住民は、すぐにはムスリムになりません。しかし、ときとともに、中東の人々は、次第しだいに、イスラームを受け入れていきました。イスラームは、アラブだけの宗教ではなくなっていくのです。

正統カリフ時代とウマイヤ朝の時代は、アラブが征服者集団を形成していて、征服者集団間の連絡は緊密でした。イスラーム世界は、内戦や対立もありましたが、征服者のレベルで、一つにまとまっていたのです。アッバース朝の成立とともに、征服者集団は解体してしまいました。政府は、常備軍と官僚の助けをうけて、広大な領土を統治することになりました。そうなると、支配すべき領域は広大すぎました。イスラーム世界の西方、マグリブ（北アフリカ西部）とアンダルス（イベリア半島）では、アッバース朝の直接支配をうけることなく、いくつかの独立の政権が誕生しました。そして九世紀以降は、イスラーム世界の東方でも、数多くの独立政権が誕生します。イスラーム世界は、政治的には分裂してしまったのです。そして、ときには、ムスリムの政権どうしが、相争う事態も生じました。しかし、この事態は、イスラームが民衆の間に浸透していく過程でもあったのです。

中東地域の住民は、ペルシア人、トルコ人、ベルベル人など多様な人々よりなっています。ペルシア人の間にイスラームが浸透して、その結果、アラビア語の語彙《ごい》を豊富に導入した近代ペルシア語が成立することになりました。トルコ人は、はじめは、奴隷としてイスラーム世界に参入してきました。奴隷であっても、彼らは、優秀な職業軍人となり、イスラーム世界の軍事力の中核を担うようになります。また、中央ユーラシアの草原地帯のトルコ人の間にも、しだいにイスラームが浸透していって、イスラームに改宗したトルコ人がイスラーム世界で王朝を建設するようになります。北アフリカのベルベル人の間にも、イスラームが着実に浸透し、ベルベル人のイスラーム運動が、王朝を樹立するようになります。イスラーム世界で、地方政権がいくつもできて、イスラーム世界が政治的に分裂したことは、このような、さまざまな人々の間にイスラームが浸透した結果でもあったわけです。

十世紀後半から、十一世紀の前半は、イスラーム世界の政治的主流派は、シーア派でした。この間の政治的分裂は、深刻な政治思想の分裂をともなっていました。そして、ちょうどそのとき、西ヨーロッパから十字軍がシリアにきて、混乱に拍車をかけました。しかし、その間に、スンナ派は、シーア派との対抗上、理論武装して、態勢を整えていきました。そして、十一世紀の後半には、スンナ派が、イスラーム世界の政治的多数派としてよみがえってきます。そして、マドラサという大学制度を整えて、組織的にウラマー（イスラーム的知識人）を養成しはじめました。イスラーム法学を中心としたウラマーの知識は、分裂している個々の政権の政治の枠組みを超えて、イスラーム世界を一つの世界にまとめる役割を果たしました。

イスラームが、民衆の宗教となった要因の一つは、超越した神を身近に感じる神秘主義思想の深化と普及という現象がありました。人々は、預言者やその家族、高名な神秘主義者などを聖者として敬い、聖者を通して神の恩寵《おんちょう》にあずかる慣行をつくっていったのです。そして、緩やかな形の教団が、神秘主義の普及とともに成立し、人々を組織しはじめました。

中東は、もともと都市の発達していた地域なのですが、イスラームは都市をいっそう発達させました。そして、ワクフという公益基金の制度を法的に整備して、ワクフで都市の公共的な施設を維持する制度をつくったのです。都市は、市長や市役所がなくても、きちんと機能する社会組織となります。そして、農業も、牧畜も、都市との関わりのなかで営まれていました。イスラームは、都市性の豊かなイスラーム社会に、都市的な理念を与える思想体系として機能していました。それゆえに、イスラームは、民衆の宗教として、中東地域に定着したといえるでしょう。

読者のみなさんは、仏教といっても、さまざまな宗派があることはご存じだと思います。日本のなかだけでも、禅宗系統、念仏宗系統、日蓮《にちれん》宗系統など、宗派がたくさんあります。

そして東南アジアに行けば、日本とはかなり違う仏教があります。また、キリスト教にも、ギリシア正教、ローマ・カトリック、プロテスタントなど、いくつもの宗派があります。イスラームも、例外ではないのです。一つの宗教が、狭い範囲の人々の信仰である場合は、その宗教を一つのものととらえても、大きな間違いを犯しません。しかし、広い範囲の民衆に受け入れられた宗教は、実際には、多様なのです。イスラームも、民衆に受け入れられました。それと同時に、イスラームの内容は多様化していったのです。イスラームって一言でいえば何なの、ムスリムって何を考えているの、などという質問には、答えようがないのです。イスラームの内容は多様で、ムスリムは、一人一人が独自なのだということを認識して下さい。ここでは、イスラームが多様化していく過程を描きます。

34 地方分権の時代へ

後ウマイヤ朝

アッバース朝は、七四九年に成立し、翌七五〇年にウマイヤ朝を滅ぼしてイスラーム世界を束ねる王朝となりました。しかし、その支配領域はあまりに広すぎました。領域の西部である、現在のモロッコやアルジェリアなどがあるマグリブと、イベリア半島のアンダルスには、アッバース朝の支配はおよばなかったのです。それらの地では、ウマイヤ朝時代にアラブが、北アフリカのベルベル人を征服し、イスラームに改宗したベルベル人をも率いてアンダルスを征服していたのです。

ウマイヤ朝軍を破ったアッバース朝軍は、七五一年、ウマイヤ朝の本拠地であったシリアで、ウマイヤ家の者たちを見つけしだい殺していきました。革命とは、いつの時代でも、酷《ひど》いことをともないます。このとき、一族抹殺の運命からかろうじて逃れたのが、第28話でお話ししたアブドゥル・ラフマーンです。彼は、従者一人を連れて、エジプトや北アフリカを転々として追っ手から逃れ、やがてアンダルスにわたって、そこでムスリム軍士の支持を得て総督（アミール）と称します。アッバース朝成立からまだ間もない七五六年のことです。アンダルスの、アラブやベルベル人のムスリム軍士の一部は彼の総督位を認めずに戦いとなりましたが、アブドゥル・ラフマーンは敵を破って総督の立場を強化します。以後、十一世紀まで、アンダルスは、彼の子孫が統治します。今日の歴史家は、この王朝を後ウマイヤ朝とよびますが、アンダルスは、アッバース朝の支配に組み込まれることなく、ウマイヤ家が代表する独立政権を維持していたのです。

マグリブの諸王朝

イスラームのなかにも、さまざまな思想潮流があります。シーア派やスンナ派の論理はすでに紹介しましたが、それらとは別に、ハワーリジュ派という宗派がありました。第22話で、第四代正統カリフのアリーの時代に、指導者を人間が選ぶことに反対してアリーの陣営から離れて、アリーを暗殺してしまった分派について述べました。彼らが、ハワーリジュ派の起源なのです。七七七年に、ハワーリジュ派の思想家であったイブン・ルスタムという名のペルシア人ムスリムが、アルジェリア西部で、神に選ばれた指導者（イマーム）であると称して、ルスタム朝を樹立しました。ハワーリジュ派の政権が誕生したのです。

第四代カリフ・アリーの子孫は特別な立場の人であることは、すでに何度か述べてきました。そしてときおり、アリーの子孫を戴《いただ》く反乱も起きました。アラビアのメディナで反乱に失敗したアリー家のイドリースという人がいました。彼はモロッコに逃れて、七八九年に、そこにイドリース朝とよばれる独立政権を樹立したのです。アッバース朝政権の支配力が弱いこれらの地方では、容易に独立政権ができてしまうのでした。

ウマイヤ朝時代、チュニジアのカイラワーンが、マグリブ支配の拠点のミスルでした。アッバース朝の最盛期は、カリフ・ハールーン・アッラシードの時代だとよく言われますが、彼の晩年の八〇〇年に、カイラワーン総督のアグラブ家の者が、総督位の世襲をカリフから認められて、アグラブ朝という独立政権を樹立しました。かくしてマグリブはすべて、アッバース朝の直接支配から離れてしまいました。

東方の独立政権

アッバース朝第五代カリフ・ハールーン・アッラシードが死ぬと、その息子二人がカリフ位をめぐって争いました。結局、王朝創建時と同様に、ホラサーン地方の軍を味方にしたマームーンが勝つのですが、ホラサーン軍の将軍ターヒルが、八二一年に、ターヒル朝の独立を宣言しました。カリフは、ホラサーン総督の地位をターヒル一族が世襲することを認めてしまいました。アッバース朝の基盤であったホラサーン地方が、カリフの直接統治下から離れてしまったのです。

九世紀の後半になると、中央アジアからイラン高原にかけて、ぞくぞくと独立政権が誕生します。イランのカスピ海沿岸には、第四代カリフ・アリーの子孫がアリー朝を樹立しました。また、イラン高原には、ハワーリジュ派系統のサッファール朝が成立します。また、中央アジアには、ササン朝ペルシア時代からの貴族の系譜をもつサーマーン朝も成立しました。一般に、エジプトより東をマシュリクとよびますが、エジプトとシリアを支配するトゥールーン朝もカリフの直接統治下から離れました。

アッバース朝は、成立したときからアンダルスを領土に含めず、八世紀中にマグリブを失い、九世紀の後半には、マシュリクの大部分の実質的な支配権も失ってしまったのです。イスラーム世界は、独立政権が並存する世界となったのです。しかし、そのことは、イスラームというものが、それぞれの地方で、支配者の宗教から、民衆の宗教へと変わっていくことを意味していました。このような情勢を背景に、スンナ派とシーア派の論争や、イスラーム法学の確立を目指す動きなどが、政権の枠をこえて、全イスラーム世界規模で進んでいたのです。

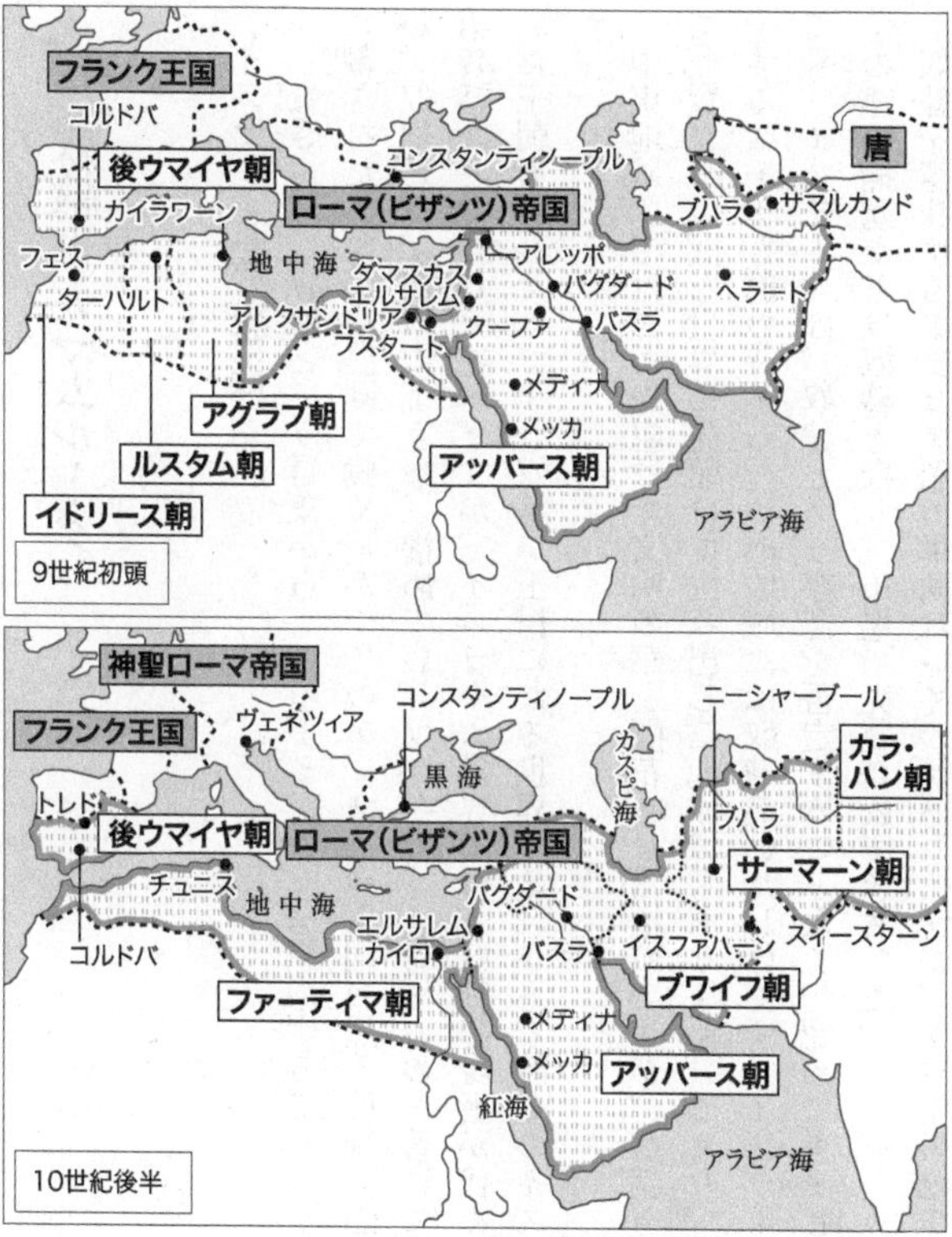
フランク王国
コルドバ
後ウマイヤ朝
カイラワーン
ローマ(ビザンツ)帝国
コンスタンティノープル
唐
ブハラ
サマルカンド
フェス
ターハルト
地中海
ダマスカス
エルサレム
アレッポ
バグダード
ヘラート
アレクサンドリア
フスタート
クーファ
バスラ
メディナ
メッカ
アグラブ朝
ルスタム朝
アッバース朝
イドリース朝
アラビア海
9世紀初頭
神聖ローマ帝国
フランク王国
ヴェネツィア
コンスタンティノープル
ニーシャープール
カスピ海
黒海
カラ・ハン朝
トレド
後ウマイヤ朝
ローマ(ビザンツ)帝国
ブハラ
チュニス
地中海
バグダード
サーマーン朝
エルサレム
カイロ
バスラ
イスファハーン
スィースターン
コルドバ
ブワイフ朝
ファーティマ朝
メディナ
メッカ
アッバース朝
紅海
アラビア海
10世紀後半

イスラーム世界の拡大

35 奴隷軍人マムルーク

イスラーム世界の奴隷

みなさんは、奴隷という言葉から、どのような人々を想像するでしょうか。白人の主人に鞭《むち》を打たれながら農園で働く、かつてのアメリカ合衆国の黒人奴隷を想像するでしょうか。奴隷とは、彼らのように、惨めで哀れな存在だ、と考えるのが普通でしょう。しかし、第47話などで詳しく述べますが、イスラーム世界では、奴隷出身者が代々の王位を継いでいた王朝もあったのです。奴隷が王様になる世界、それがある時期のイスラーム世界でした。

中東地域は、世界に先駆けて文明の華を開花させた地域ですが、奴隷という、商品として売買する人間を世界に先駆けて生み出した地域でもあります。つまり、イスラームが誕生する数千年も前の昔から、この地域には奴隷がいたわけです。イスラームの時代になっても、イスラームは、奴隷という存在を否定することなく、認めてきました。そして、戦争の際の捕虜などは奴隷となり、市場で売買されてきました。

奴隷を意味するアラビア語の単語はいくつかありますが、グラームはその一つです。この言葉は、元来は一族の若者を意味しています。父親や伯父《おじ》たちの仕事を手伝って、細々《こまごま》とした雑用をこなす半人前の若者です。学校などなかった時代の若者は、このようにして実地訓練で教育されて、一人前になっていくのです。このような若者を意味する言葉が、同時に奴隷を意味していました。グラームと表現される奴隷は、一人前の自由人ではないのですが、主人たちのそばで雑用をこなす立場の人間とみなされていたわけです。農園で、鞭を打たれながら働く奴隷、主人の子供を嫌々ながらも生まなくてはいけない女奴隷など、惨めな境遇の奴隷もいましたが、イスラーム世界での奴隷の一般的イメージは、自由人とさほど変わらぬ立場の人間らしい存在でした。そして、奴隷を解放して自由人にすることが、善きムスリムの善行として、大いに勧められていました。

戦う奴隷

第23話でお話ししたムアーウィヤ没後の内乱のとき、アラブの有力者は、それぞれの立場で内戦に参加しました。内乱ですから、征服者集団としてのアラブにまとまりはありません。有力者が頼ったのは、自分の身内でした。有力者とは、一族の人が大勢いて、そのおのおのがそれなりに豊かな人でした。つまり、奴隷や、解放したかつての奴隷を身の回りに多数おいていた人なのです。有力者とその一族は、奴隷や解放奴隷に武器をもたせて、内乱を戦ったのです。そのころから、奴隷の一部は、戦う奴隷ともなりました。

しかし、ウマイヤ朝の支配が安定すると、ディーワーンに登録されたアラブ軍はまた機能しはじめました。アッバース朝に代わっても、ホラサーン出身者がディーワーンに登録されて、王朝の正規軍となりました。有力者は、奴隷や解放奴隷に武器をもたせて小規模な私兵部隊をもっていましたが、王朝の正規軍が圧倒的な力をもっていたのです。しかし、時代が変わりました。地方独立政権は、それぞれが自前の軍隊をもちます。軍の性格が変わったのです。そして、バグダードのカリフは、ホラサーン軍に頼ることができなくなりました。ホラサーンに独立政権ができてしまって、新兵がこなくなってしまったからです。地方の政権も、カリフも、奴隷や奴隷出身者に頼るようになったのです。

トルコ人マムルーク

イスラーム勢力が中央アジアに進出した七世紀以来、中央アジアの草原地帯では、トルコ人が騎馬遊牧民として活躍していました。アラブにとって、トルコ人は手強《てごわ》い敵であったのです。ところが、トルコ人は、なかなかまとまることはなく、互いに戦っては、戦争捕虜を奴隷としていました。九世紀になると、このトルコ人奴隷を購入してイスラーム世界に連れてくることがはじまります。トルコ人は騎馬遊牧民ですから、子供のころから馬に乗り、馬上から弓矢を射る術を修得しています。彼らを訓練すれば、優れた騎馬戦士になります。トルコ人奴隷を多数購入して、彼らを訓練し、イスラームに改宗させ、解放して、強力な騎馬軍団を組織したのは、第八代カリフ・ムータシムでした。彼が在位したのは、ホラサーンでターヒル朝が成立した後のことです。しだいに無力となっていったホラサーン軍団に代えて、奴隷出身のトルコ人騎馬軍団に頼るようになったのです。

このような戦士となる奴隷や解放奴隷を、歴史家はマムルークとよんでいます。マムルークとは、アラビア語で奴隷を意味するいくつかの言葉の一つです。マムルーク軍団だけがカリフや地方王朝の軍事力であったのではないのですが、マムルーク軍団も、ムータシムの時代以降、有力な軍団でありつづけました。中央アジアに成立したサーマーン朝は、自らも強力なマムルーク軍団を組織するとともに、トルコ人奴隷を多数、イスラーム世界に売って、利益をあげていました。また、エジプトとシリアを支配したトゥールーン朝の建設者は、アッバース朝カリフのマムルーク出身で、自らもエジプトで強力なマムルーク軍団を組織しました。奴隷が、軍人として、またときには軍司令官や地方王朝の君主として活躍する時代がはじまりました。

36 バグダードのシーア派政権

サーマッラー遷都

カリフ・ムータシムは、マムルーク軍団を組織しましたが、彼らの評判はよくありません。アッバース朝の首都バグダードは、このころ人口一〇〇万人を超える世界最大の都市で、洗練された市民文化が花咲いていました。それに対して、中央アジアの草原出身のマムルークは、バグダード市民から見れば、粗野な連中なのです。彼らが、市中に繰り出して騒ぐさまは、市民にとっては乱暴狼藉《ろうぜき》でした。しかし、カリフはマムルーク軍団を廃止するわけにはいかないのです。そこで、カリフは、マムルーク軍団などを引き連れて、バグダードの北方一四〇キロほどのサーマッラーに遷都してしまいました。八三六年のことですが、それから八九二年まで、八代のカリフは、サーマッラーを首都としました。

マムルークは、奴隷出身ですが、俸給をもらう職業軍人でもあります。俸給が滞ったりすると、主人に反抗します。カリフも、マムルーク軍団の意向によって、廃位に追い込まれることもありました。マムルークたちに俸給を払う主人は、カリフに限らなくなっていきます。将軍たちも自分のマムルークをもつようになり、マムルーク自身も立身出世する

アッバース朝がかつて首都としたサーマッラー（イラク）
9世紀に建造された螺旋式のミナレットが修復されている

と、将軍となってマムルークをもちます。さまざまな立場のマムルークは、給料をきちんと支払ってくれることを条件に、その主人に従う、という状況になってきました。地方で独立政権ができていった時代ですから、中央政府の財政は縮小していきます。職業軍人にきちんと俸給を支払うことは、それほど簡単なことではなかったのです。

その中央政府が支配していたイラクの南部で、八六九年から十四年間、大反乱が起きました。この地方の農園で働いていたザンジュと呼ばれる黒人奴隷が反乱軍の中心だったので、ザンジュの乱とよばれています。反乱の指導者は、独立政権を樹立したのですが、結局は、ときのカリフが派遣した軍に敗れてしまいます。

しかし、アッバース朝中央政府の弱体化は、誰がみても明らかになりました。

職業軍人軍団と大将軍

カリフや有力者から俸給を受ける職業軍人は、実際には、マムルークだけではありません。イランの西部山岳地帯の住民であるダイラム人も、故郷を離れて、職業軍人として活躍するようになりました。また、シリア砂漠のアラブ遊牧民も、集団で金をもらって軍事力を随時提供する人々でした。十世紀になると、このような人々を雇って、強力な軍団を形成した有力者は、カリフの政権から自立する傾向を露骨に示しました。例えば、マルダーウィジュというダイラム人の有力者がいました。彼は、自分の仲間であるダイラム人を雇い、さらにトルコ人マムルークを組織して、強力な軍団をつくって、九二七年から八年ほど、イラン西部一帯を支配する独立政権をつくりました。そのマルダーウィジュが部下のトルコ人兵士に暗殺されてしまうと、彼のつくった軍団は、つぎの主《あるじ》を求めてイスラーム世界の各地に散ってしまいました。それからしばらくは、このマルダーウィジュ軍団の一部を雇った有力者が、イラン西部とイラクの支配をめぐって相争うことになります。

九三六年に、アッバース朝のカリフは、大将軍という職を設けて、そのような有力者の一人をその職に任命して、行政権を実質的に委託してしまいます。有力者は他の有力者に軍事的に負けてしまうと、カリフは勝った方を大将軍に任じます。カリフの力は、まったく衰えてしまいました。

シーア派のブワイフ朝

ダイラム人の間でマルダーウィジュの軍団を引き継いだのは、ダイラム人の有力家系であったブワイフ家の三兄弟でした。彼らは、カリフがイラクの統治を大将軍に任せている間に、イラン高原で力を付けて、イラクに進出してきました。ダイラム人の間では、シーア派の信仰が根付いていました。ブワイフ家の政権もまた、シーア派を採用していました。そして九四六年、三兄弟の一人であるアフマドが、カリフから大将軍に任じられました。世界最大の都市バグダードは、シーア派の政権のもとにはいったのです。

ブワイフ朝は、スンナ派の象徴であったアッバース家のカリフを廃することはしません。バグダードの市民の大部分がスンナ派の信徒ですから、無用な摩擦は避けたのです。しかし、市内で、シーア派の行事をすることは許しました。シーア派では、第31話でお話ししたように、アーシューラーの日に、フサインの殉教を悼んでパレードを行います。それがバグダードでもなされるようになったのです。また、第四代カリフ・アリーの統治権を奪ったとして、アブー・バクルや、ウマルといった初代カリフや第二代カリフの悪口を公然と唱えます。スンナ派の市民にとってはおもしろくありません。彼らも、かつてシーア派の勢力を軍事力で破ったことのある人物を選び、その墓に詣《もう》でる儀式をつくって対抗しました。また、預言者ムハンマドの従弟《いとこ》で娘婿であるアリーの悪口をいうわけにいきませんから、アリーと対抗したウマイヤ家のムアーウィヤを称賛して、対抗心を燃やしました。バグダード市内で、シーア派とスンナ派の市民同士の対立が目立つようになったのです。

37 ファーティマ朝

イスマーイール派

シーア派には、第31話で述べたように、イマーム（イスラーム世界の最高指導者）が誰であったかをめぐっていくつかの派がありました。バグダードの政権を握ったブワイフ朝は、シーア派のなかの十二イマーム派といい、初代のアリー以後第十一代までのイマームが存在した後、第十二代イマームはお隠れになってしまった、と考える派の信徒でした。この派については、第66話や第96話で、改めて取り上げます。十二イマーム派では、第七代イマームは第六代の長子イスマーイールが不適格であったのでイマーム位は取り消され、弟のムーサーが第七代となったとするのですが、イスマーイールのイマーム位は取り消されていない、とするのがイスマーイール派です。イスマーイールは、アッバース朝が成立して間もない七六〇年に没していますので、十世紀の人にとってはずいぶん昔の話なのですが、当人たちにとっては真剣に議論すべき問題でした。そして、イスマーイール派の信徒は、彼の子孫の一人が現に存在しているイマームであると、考えていたのです。

ファーティマ朝

イスマーイール派は、秘密結社としてイスラーム世界の各地で宣教活動をしました。その中で、今日のチュニジアを拠点にした支部は、現地のベルベル人を組織することに成功しました。そこで、この支部の人たちは、シリアにいた、イスマーイールの子孫と称していたウバイドゥッラーという人物を招聘《しょうへい》して、イマームとしました。イマームは、スンナ派の政治論議ではカリフと同義語ですから、九〇九年に、チュニジアに成立したこの新政権は、アッバース朝カリフの権威を認めない政権です。これまで、イスラーム世界の各地で成立した独立政権は、建て前の上ではアッバース朝カリフからそれぞれの地の統治者に任命される、という形式を踏んでいました。イスラーム世界は、建て前の上では、カリフを象徴として統一されていたのです。後ウマイヤ朝も、シーア派のブワイフ朝もその例外ではなかったのです。ところがファーティマ朝は、アッバース朝に対抗する政権として出発したのです。

シーア派にとって、アリーの子孫を戴くことは大事なことでした。ファーティマ朝は、アリーからフサインを経て、現在のイマームにつながる血筋を誇りました。それと同時に、ムハンマドの娘ファーティマの子孫であることも大いに強調しました。ムハンマドの伯父の子孫に過ぎないアッバース家とは格が違うのだ、というわけです。それゆえ、われわれはこの王朝をファーティマ朝とよびます。

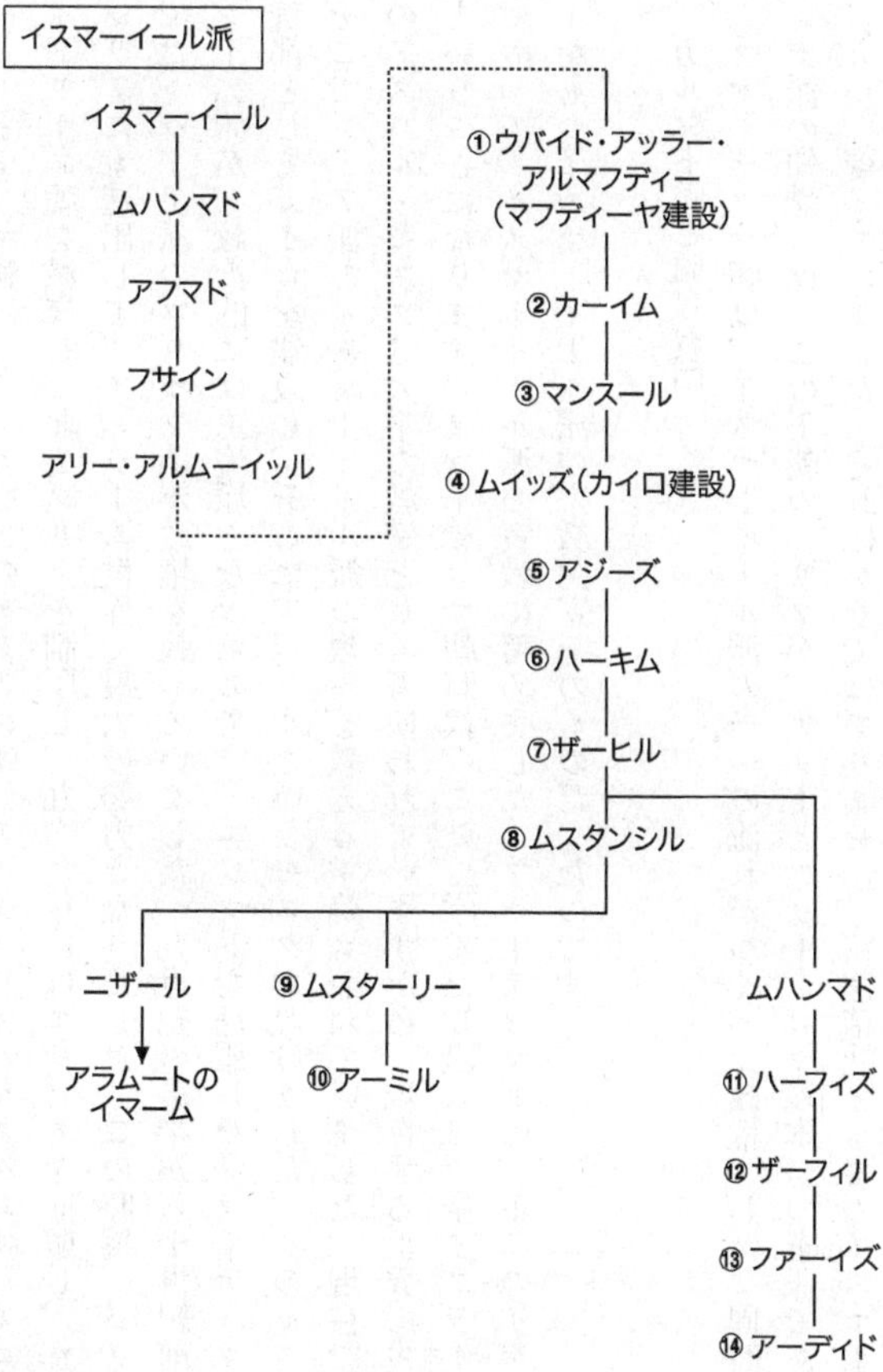

ファーティマ朝カリフの系図

ファーティマ朝は、チュニジアのアグラブ朝、アルジェリアのルスタム朝、モロッコのイドリース朝を滅ぼして北アフリカを制圧し、九六九年にはエジプトを征服し、まもなくシリアにも進出して、イスラーム世界で最大の勢力となりました。この時期、バグダードでは、シーア派のブワイフ朝が政権を執っていました。九世紀の後半から十世紀前半は、シーア派が、政治的には主流派となったのです。エジプトを征服したファーティマ朝は、首都としてカイロを建設し、そこにアズハルというモスクを設けました。このモスクは、そこでシーア派のイスマーイール派の教義を教える学院も兼ねていました。現在でも、このアズハル・モスクは大学の教室としても使われていますから、現存する世界最古の大学ということになります。ファーティマ朝時代、ここで学んだ知識人は、全イスラーム世界に散って、イスマーイール派の宣教に努めました。ファーティマ朝は、革命のイデオロギーをもつイスマーイール派の宗教国家そのものだったのです。

カルマト派と暗殺教団

ファーティマ朝は、イスマーイール派の一つの流れがつくった政権でした。同時代のスンナ派の知識人は、この王朝のカリフが、アリーとファーティマの本当の子孫であるのかどうか、疑っていました。それればかりではありません。秘密結社としてのイスマーイール派の他の支部でも、ファーティマ朝のカリフをイマームとは認めないこともありました。

彼らは、カルマト派とよばれていました。カルマト派の中の一つの流れは、アラビア半島のバフラインに樹立した独立政権のもとで、財産などを共有する共産主義的な社会をつくっていました。彼らは、九三〇年には、メッカを襲って、カアバ神殿にはめ込まれている黒石を剝《は》がして、黒石の崇拝は偶像崇拝につながるとして、バフラインに運んでしまいました。いまでいう、原理主義者の政権だったのです。

また、十一世紀末には、ファーティマ朝のシリアやイランの宣教団の一部は、廃嫡されたニザールというイマームを支持してファーティマ朝から離れ、ニザール派を形成しました。この派は、独立した領域国家をつくることはできなかったのですが、暗殺を政治手段として大々的に採用して、十二世紀から十三世紀にかけて、ときの政権担当者から恐れられました。今でいう、過激派のテロ活動です。第41話でお話しする十字軍は、この派を暗殺教団とよんでいました。このようにイスマーイール派は、さまざまな政治潮流を生み出して、一時期のイスラーム世界で大きな位置を占めたのです。

38 繁栄のアンダルス

アンダルスの発展

第34話で、今のスペインとポルトガルという国があるイベリア半島はアンダルスとよばれ、アッバース朝成立後間もない時期から、後ウマイヤ朝が独立政権として存在していた、と述べました。アンダルスは、地中海世界の西の果てにある地域です。前一千年紀に、シリアにいたフェニキア人と、現在のトルコとギリシアにいたギリシア人が、地中海世界の各地に植民都市をつくって以来、この世界は一つのまとまりのある地域として発展してきました。しかし、そのとき以来一貫して、経済や文化の中心は、シリア、アナトリア(現在のトルコ)、エジプトなど地中海の東側にありました。ローマ帝国が地中海世界を統一的に支配した前一世紀からも、政治の中心は当初はイタリア半島にありましたが、経済、文化の面では、東が中心でした。そして、四世紀からは、ローマ帝国は発祥の地イタリアを見捨てて、政治の中心も東に移してしまったのです。

第2話と第3話で、農業について述べました。主として麦を生産する農業は、かなり粗放であっても可能です。しかし、水路を穿《うが》って灌漑《かんがい》すれば、生産性は急激に高まります。

このような手間暇をかけて農業をするか、あるいは粗放のままにすますかは、文化、あるいは価値観の問題です。イベリア半島、すなわちアンダルスでは、ローマ帝国の支配時代に、粗放農業とともに、灌漑施設を設けて灌漑集約農業もおこなっていました。しかし、五世紀からこの地は、元来は黒海沿岸にいたゲルマン民族の一派西ゴート族が支配するようになりました。彼らは、面倒な灌漑集約農業には興味なく、灌漑施設を破壊してしまったのです。

八世紀以後、この地の支配者となったアラブは、第9話でお話ししたように、地下水を灌漑に利用するという、きわめて高度な農業を営んでいた人々です。八世紀後半以後、アンダルスのアラブを組織していたのが後ウマイヤ朝です。この王朝のもとで、アンダルスの人々は、地中海世界の東、主としてシリアから、技術を積極的に導入して、高度な灌漑集約農業を営むようになりました。それとともに、その農業に支えられて、いくつもの大都市が成立しました。後ウマイヤ朝の都コルドバは、東のバグダードに匹敵するような繁栄をみせたのです。

アブドゥル・ラフマーン三世

後ウマイヤ朝の初代の君主はアブドゥル・ラフマーンという名でしたが、第八代の君主の名も同じでした。彼が即位したのは九一二年のことで、チュニジアでファーティマ朝が成立したころです。アブドゥル・ラフマーン三世は、即位後、北方のキリスト教王国と戦うなど国内問題に忙しかったのですが、その間、ファーティマ朝は北アフリカの地域を征服し、シーア派イスマーイール派の教団国家としての性格を露《あら》わにしていきました。アブドゥル・ラフマーン三世は、対抗上、自らもカリフと称して、北アフリカに出兵して、ファーティマ朝の支配を覆していきました。彼の時代、バグダードのアッバース朝のカリフと、ファーティマ朝のカリフと、後ウマイヤ朝のカリフという、三人のカリフがイスラーム世界で鼎立《ていりつ》したことになります。

アブドゥル・ラフマーン三世は、しかし、イスラーム世界の東方との交わりを軽視したのではありません。彼は、東方から、学者や芸術家、料理人など、才能ある者を招き、アンダルスの文化水準を高める努力をしています。また、今に残る、コルドバの大モスクを拡張し、さらにコルドバの郊外に壮麗な離宮を築きました。歴史家は、彼の時代を、後ウマイヤ朝の最盛期と評価しています。

翻訳の時代

九六一年のアブドゥル・ラフマーン三世の死後、数代の君主の間は、アンダルスの繁栄はつづきました。アラブの征服前のアンダルスには、キリスト教がかなり普及していました。その地に、アラブとイスラームに改宗したベルベル人が征服者として乗り込んできたわけです。後ウマイヤ朝が成立するころまでは、アラブとベルベル人は、はっきりと区別されていました。しかし、ときとともに、そのような出自は問題にならなくなり、アンダルス出身の改宗者も含めて、ムスリムであることが重要となりました。一方、キリスト教徒のなかにも、アラビア語に親しんで、イスラーム文化を受け入れる人たちが多数輩出するようになります。このような人々は、モサラベとよばれていました。また、ここには、ユダヤ教徒も多数いました。彼らの多くも、アラビア語に親しみ、イスラーム文化を受け入れていました。

アンダルスのムスリムは、イスラーム世界の東方の文物を受け入れていましたが、それらは、モサラベやユダヤ教徒によって、ラテン語にさかんに翻訳されていました。イスラーム世界では、ギリシア語の書物をアラビア語に翻訳することで、学問の基礎をつくりましたが、アンダルスでは、アラビア語の書物がラテン語に翻訳されたわけです。このような書物が、ピレネー山脈を越えて、西欧のカトリックの世界に紹介されて、中世西洋の学問の基礎となっていきます。イスラーム文明のもとにあったアンダルスは、西欧文明の、実質的な故郷でもあるのです。

39 スンナ派の反撃――セルジューク朝

トルコ人王朝の建設

中央アジアの草原地帯にいた騎馬遊牧民であったトルコ人が、互いに争って仲間を奴隷とし、それをイスラーム世界の君主が買って、彼らをマムルークとする話は第35話で述べました。その騎馬遊牧民の間にも、しだいにイスラームが浸透していきました。

さて、第34話で、イスラーム世界東部の地方独立政権について述べましたが、それは主として九世紀の話でした。その後、同世紀のうちにターヒル朝はサッファール朝に吸収され、十世紀には、サッファール朝もサーマーン朝に吸収されるという動きがありました。

また、シリアやイラクの北部などでは、小さな王朝がいくつも興亡しています。マルダーウィジュというダイラム人が強力な軍団を組織したことを述べましたが、彼の死後もしばらく、彼の子孫が、ズィヤール朝という小さな独立政権を維持しました。そして十一世紀前半は、東方での大きな勢力として、すでに述べたシーア派のブワイフ朝があり、また、ガズナ朝という王朝がありました。

ガズナ朝は、中央アジアからホラサーン地方（イラン東北部）を支配していたサーマーン朝から分かれたものです。サーマーン朝は、アフガニスタンも支配下においていましたが、そのアフガニスタンのガズナという地に、トルコ系のマムルークを中心とする軍団をおいていました。この軍団が、九六二年に、自立したのがガズナ朝です。まさに、軍事政権そのものでした。ガズナ朝は、九九九年に本家ともいうべきサーマーン朝を滅ぼして、ホラサーン全域を支配下におきました。

そのガズナ朝と同盟して勢力を伸ばしてきたのが、セルジューク一族が主導する、イスラームに改宗したトルコ人戦士集団でした。彼らは、一〇三八年に自立し、やがてガズナ朝の軍を破って、ホラサーン地方の支配権を確保します。ガズナ朝も、トルコ人を中心とする王朝ですが、しかし、奴隷出身のマムルークが中心です。ところが、セルジューク朝は、イスラームに改宗した自由人のトルコ人中心の王朝です。その意味で、この王朝は、イスラーム世界に誕生した、トルコ人による本格的な政権の最初でした。しかし、その軍隊は、当時の例に漏れず、トルコ人マムルークやダイラム人部隊を多数抱えていました。

スルタンの誕生

イラン西部からイラクにかけての地域では、ブワイフ朝のいくつかの政権が割拠していました。セルジューク朝は、ブワイフ朝のそれらの勢力を駆逐していきます。そして、一〇五五年、セルジューク家のトゥグリル・ベクはバグダードに入城しました。セルジューク朝は、スンナ派の擁護者をもって任じていましたので、バグダードは、シーア派政権の支配から、スンナ派政権のもとに戻ったのです。市内でのシーア派の行事は禁止され、市民の多くはこの事態を歓迎しました。

ときのカリフは、トゥグリル・ベクに、スルタンという称号を与えました。スルタンとは、判断者、為政者という意味の言葉です。彼以前にも、スルタンという称号がなかったわけではありませんが、カリフから公式に与えられた称号は格別の意味をもっていました。このとき以降、イスラーム世界の支配者の称号として、スルタンは一般化していきます。セルジューク朝は、トゥグリル・ベクの後継者の時代に支配領域を拡大して、シリアの支配をめぐってシーア派のファーティマ朝と争い、一〇七一年、マラーズギルドの戦いで、ローマ帝国（ビザンツ帝国）軍を破ってアナトリアに進出しました。

騎馬遊牧民の伝統を引くセルジューク家では、スルタンの息子はみな平等の権利をもちます。スルタンが死ぬと、次期スルタン位をめぐって、息子たちの間で、ときには従兄弟《いとこ》や甥《おい》たちも含めて、争いがおこります。したがって、セルジューク朝の政治は安定性に欠け、やがて、地方統治を任された王子たちが自立して、王朝は分裂してしまいます。しかし、セルジューク家の人物を戴く政権が、十二世紀末ごろまで、イランや中央アジアなどを支配しました。

ニザーミーヤ学院

セルジューク朝の第二代と第三代のスルタンの時代に宰相として権勢を振るった人物として、ニザーム・アルムルクという人がいました。彼は、有能な行政官でもあり、また自らの軍団を率いる武将でもありましたが、同時に、スルタンに統治者とはかくあるべきだと諭すために『統治の書』を著すほどの学者でした。彼は、セルジューク朝が支配した領域の各地に、自らの名を冠して「ニザーミーヤ学院」という教育施設を設けたのです。ファーティマ朝が、シーア派のイスマーイール派の教義を教えるための学院を、カイロのアズハル・モスクに設けたことは、第37話で述べましたが、ニザーミーヤ学院は、それに対抗して、スンナ派の知識人を育てるための施設でした。イスラームの教義やイスラーム法を教授するための学院をマドラサといいますが、本格的なマドラサは、このニザーミーヤ学院にはじまります。マドラサについては、また第45話で詳しく説明しますが、ここでは、シーア派に対する学問レベルの反撃として、マドラサの建設がはじめられたことを指摘しておきます。

40 よみがえるペルシア語

サーマーン朝治下の近代ペルシア語

第34話で、中央アジアからホラサーン地方でサーマーン朝というイラン人の王朝ができたことを話しました。八七五年のことです。ムスリムとなったアラブがイランを征服してから二百年以上たっていました。アラブの征服以前は、ササン朝ペルシア帝国が、イラク、イラン、中央アジアを支配していました。その時代のペルシア人の言語は、パハラヴィー語であったと、第8話で述べましたが、アラブに征服されてからは、この言語は、書き言葉としての命を終えました。誰も、パハラヴィー語で文書や書物を書かなくなったのです。イラン人（ペルシア人）が、読み書きをしなくなったのではありません。イラン人の知識人は、支配者の言語であるアラビア語を、文章語として採用したのです。イスラーム世界の学問は、ギリシア語からアラビア語への翻訳に基づく「外来の学問」と、伝承に基づく「固有の学問」があったことを述べましたが、この二つの学問を担っていたのは、アラブだけではなく、ペルシア人でもあったのです。高名な学者の出自を辿《たど》ると、旧ササン朝の領域出身者である場合が少なくありません。また、アッバース朝の行政を支えていた官僚にも多くのイラン人が登用されていました。しかし、こういった知識人は、家庭ではペルシア語を話していたかもしれませんが、公式には、アラビア語で読み書きをしていました。ところが、ササン朝時代の貴族の家系に属するサーマーン家の君主を戴くサーマーン朝では、公式にはアラビア語が使われていましたが、詩人たちがペルシア語で詩をつくりはじめたのです。この時代の詩人たちのペルシア語は、かつてのパハラヴィー語とよばれたペルシア語とはかなり異なります。明治時代の日本語は、「政治」「経済」「国家」など、それまでなかった概念を表すために、漢字を使って新しい語彙を創造しました。しかし、現代の日本語は、漢字の語彙を新たに創る努力を放棄し、英語の単語を日本語化して使用しています。同じようなことが、九、十世紀のペルシア語にみられました。アラビア語の語彙を、ペルシア語化して使用したのです。文字も、アラム文字から派生したパハラヴィー文字ではなく、アラビア文字を多少改良して、つかいました。このような新しいペルシア語を、近代ペルシア語とよびます。ともあれ、サーマーン朝治下の文人は、近代ペルシア語で、詩作に励みました。

トルコ人政権とペルシア語

すでに述べましたが、十世紀後半のイスラーム世界の東部では、ガズナ朝とセルジュータ朝が大きな勢力でした。ガズナ朝は、トルコ人マムルークが中心の王朝です。そして、セルジューク朝は、イスラームに改宗したトルコ人の王朝です。この二つの王朝は、政治や軍事の分野ではトルコ人が優越していました。彼らの日常の言語は、もちろん、トルコ語です。しかし、この時代はまだ、トルコ語は文章語としては未熟でした。この二つの王朝に限らず、イスラーム世界の王朝の支配者は、詩人や文人を保護して、彼らと飲食をともにしながら、知的で楽しい夜を過ごすことが好きなのです。トルコ人の王朝であるガズナ朝とセルジューク朝の君主もまたそうだったのですが、彼らの宴会仲間の文人は、アラビア語もつかいましたが、主としてペルシア語をつかいました。支配者がアラブである場合は、ペルシア語はなかなかつかえなかったのですが、文章語をもたないトルコ人の支配者のもとでは、遠慮はいりません。イラン人の文人は、トルコ人の支配下で、ペルシア語を洗練された文章語にしていきました。

一つの例を挙げましょう。フェルドゥーシーという詩人は、イスラーム以前のイランの王たちの物語を、三〇年以上をかけて、六万対句という長大な詩にまとめ、一〇一〇年に完成させました。彼は、ガズナ朝の君主の宮廷詩人の一人で、完成後『シャー・ナーメ(王書)』という名のこの大作を、その君主に捧《ささ》げたのですが、評価してくれなかったため、怒ってその君主のもとを去ったと伝えられています。現在のイランでも、『シャー・ナーメ』は、人々に好まれて朗誦《ろうしょう》される詩なのです。

国際語としてのペルシア語

話は飛躍しますが、江戸時代の日本は長崎で国際貿易をおこなっていました。国際貿易ですから、通事（通訳）が必要です。唐《とう》（中国語）通事・和蘭（オランダ語）通事が重要であったことは言うまでもないのですが、江戸時代の初期には、モウル通事もいました。モウルとは、第65話でお話しするインドのムガル帝国のことですが、実際にはこの通事が担当していた言葉はペルシア語でした。十七世紀の日本の国際貿易には、ペルシア語もつかわれていたのです。

九、十世紀に復興した近代ペルシア語は、その後、トルコ人の国家の広がりとともに、広い地域の共通語に発展していきました。十三世紀の、ユーラシア大陸の大部分を支配したモンゴル帝国のもとでは、ペルシア語は事実上の公用語でした。そして、インドのムガル帝国の公用語ともなり、東南アジアで交易に従事していたムスリム商人の言語ともなりました。東南アジアで活躍していたムスリム商人が、オランダ船などで長崎にもきていたのでしょう。ペルシア語は、十八世紀ごろまで、広い地域の共通語なのでした。

41 粗野な十字軍

聖都エルサレム

シリアに、エルサレムという街があります。前二千年紀以来、シリアに繁栄した都市の一つです。キリスト教徒は『旧約聖書』を尊びますが、それは三九の「書」を集めたものです。それらはすべて、ユダヤ教徒にとっても聖典です。その『旧約聖書』のなかの書として「サムエル記」と「列王記」がありますが、そこに、イスラエル人の王ダビデやソロモンの業績が語られています。その物語によれば、ダビデは、エブス人の街エルサレムを征服し、そこに神殿を建設しました。ダビデの子ソロモンは、エルサレムを城壁や建物で飾りたて、神殿も石造りの立派なものに改築しました。前十世紀の話です。そのときから、エルサレムは、イスラエル人、すなわちユダヤ教徒の聖地になりました。

ときがたち、エルサレムの神殿は破壊され、また第二神殿が再建されました。第二神殿があった時代、キリストとよばれることになるイエスが、エルサレムで十字架の刑に処せられ、いったん埋葬され、復活しました。彼の復活を信じ、彼をキリスト（救世主）とみなす宗教であるキリスト教が成立します。その後、一三五年に、ローマ帝国がエルサレムの街を破壊し、神殿も破壊してしまいました。そしてまたときがたち、四世紀になると、ローマ帝国はキリスト教を国教としました。そしてエルサレムは再建され、イエスが処刑され、埋葬され、復活した場所に、聖墳墓教会という大教会が建てられました。エルサレムは、キリスト教の最大の聖地になったのです。

それからまたときがたちました。伝承によれば、アラビアのメッカでイスラームの信仰を説きはじめた預言者ムハンマドの身に、ある晩、メッカで寝ているときに、一晩で天馬に乗ってエルサレムに行って帰ってきた、という奇跡が起きました。そのとき、エルサレムにある大きな岩から天に昇り、七つの天を巡ってきた、とも伝えられています。そして六三八年に、イスラーム勢力はエルサレムを征服し、やがて、かつての神殿の跡にモスクが建てられ、ムハンマドがそこから天に昇ったとされる岩を覆う、岩のドームが建設されました。エルサレムは、イスラームの聖地の一つとなったのです。

キリスト教ローマ教会派の十字軍

キリスト教が、その内部で神学論争をして、異端とされる宗派を生み出していったことは、第19話でお話ししました。イスラーム世界では、税金さえきちんと払えば、ユダヤ教徒もキリスト教徒も、その信仰を保持することができました。ローマ帝国という後ろ盾を失ったイスラーム世界のキリスト教徒は、おおむね、主流派からは異端とされた単性論派の信徒でした。さて、話は西ヨーロッパに移りますが、そこに五世紀からゲルマン人が侵入してきて、やがてローマ帝国はそこを放棄してしまいます。西ヨーロッパのキリスト教徒も、ローマ帝国（ビザンツ帝国）から切り離されてしまったのです。ローマ教会は、いつのまにかギリシア語を棄てて、ラテン語訳の聖書を使い、ラテン語で典礼をおこなうようになっていました。しかし、神学の上では、彼らは、主流派の教義を採用していたのです。ローマ教会は、ローマ皇帝とローマ帝国の首都にあるコンスタンティノープルの教会の権威を認めながらも、半ば自立していました。十一世紀の後半、ローマ帝国はその領土であったアナトリア（今日のトルコ）を、セルジューク朝の勢力に奪われていきます。ローマ帝国の皇帝は、ローマ教会に助けを求めました。それに応じて、西ヨーロッパの国王、騎士、民衆によびかけて、十字軍を組織しました。それが、一〇九六年に、アナトリアを通ってシリアに押し寄せてきました。名目は、聖都エルサレムを異教徒から奪回する、ということでした。

粗野なフランク人

一〇万人を超える規模の十字軍は、食糧を用意してきたわけではありません。飢えた彼らの通り道になった地域の住民に悲劇が起こります。彼らは、食糧を奪い、ときには人の肉まで食べてしまいます。そんな彼らが、アナトリアを通って、シリアにきました。当時のシリアは、北部はセルジューク朝の領域でしたが、すでにお話ししたように、その勢力は分裂していて、まとまりがありません。またエルサレムを含む南部は、エジプトを根拠地とするファーティマ朝が支配していましたが、強力な軍を配置していたわけではありません。当時のイスラーム世界の人々は、ローマ帝国（ビザンツ帝国）の領土、すなわちアナトリアとバルカン半島の住民をローマ人とよび、西ヨーロッパの住民をフランク人と総称していました。シリアの人々は、この貧しい、飢えた軍隊を、キリスト教徒の十字軍とは認識せず、フランク人の軍隊と認識しました。粗野なフランク人が、統一のないシリアを襲ったのです。

十字軍は、シリアにいくつかの君侯国をつくったあと、ついにエルサレムを征服しました。エルサレムには、ムスリムだけでなく、ユダヤ教徒も単性論派のキリスト教徒もいたのですが、フランク人は、みさかいなく全住民を殺すか捕虜にしてしまいました。それ以後、およそ二〇〇年にわたって、十字軍の王国が、シリアの一部を支配しました。

42 サラーフ・ウッディーンのクーデタ

十字軍への反撃

十字軍がシリアを襲ったとき、イスラーム世界の東部は、セルジューク朝系のいくつかの政権が押さえていました。セルジューク家の君主を戴きながら、その後見人である有力な武将が実質的な支配者である場合が少なくありません。そのような政権の一つとして、ザンギー朝がありました。セルジューク朝第三代スルタンのトルコ人マムルークであったある男が出世して、地方の総督にまでなりましたが、その男の息子がザンギーという人物でした。ザンギーは、セルジューク朝のスルタンから、二人の息子の後見人として、イラクの北部のモスルという都市の総督に任命されました。ザンギーは、強力な軍隊を組織して、シリア北部に進出してアレッポを根拠地とし、一方で、アンティオキアとエデッサの十字軍君侯国と戦い、一一四四年に、そのうちのエデッサ伯国を滅ぼしました。

ローマ教会は、ザンギーの攻勢に対してさっそく、第二回十字軍を結成しました。フランス王とドイツ皇帝が率いる十字軍はシリアに侵入しましたが、どういうわけかザンギー朝を避けて、十字軍と親しくしていた将軍が支配するダマスカスを包囲し、失敗して撤退してしまいました。そのころ、ザンギーはすでに死んでいて、シリアのアレッポで、次の君主となったのは、ヌール・ウッディーンという名の人物でした。彼も父の意志を受け継いで、シリアにあった十字軍の勢力に対するイスラームのジハード（聖戦）を継続しました。

ファーティマ朝の傭兵《ようへい》団

シーア派のイスマーイール派の教団国家であったファーティマ朝は、エジプトを根拠地に、シリア南部にも進出して、十字軍の君侯国と争っていました。しかし、カリフが暗殺されてしまうなどの内紛があり、軍事力は弱体化していました。その情勢を見て十字軍勢力は、エジプト侵攻を企てます。ファーティマ朝は、宗派心を棄てて、スンナ派のヌール・ウッディーンに救援を求めました。そこで彼は、ある武将に軍を率いさせて、エジプトに向かわせました。一度は、この武将の軍はエジプトで十字軍勢力に敗れて、アレッポにかえってしまうのですが、再度の十字軍勢力のエジプト侵攻に対して救援におもむき、勝利を収めます。一一六八年のことです。エジプトに駐屯したザンギー朝の軍隊は、ファーティマ朝から見れば、一種の傭兵隊でした。翌年、この傭兵隊の隊長は死んでしまい、代わって彼の甥が隊長となりました。その名が、サラーフ・ウッディーンです。ヨーロッパではこの名前は訛《なま》って、サラディンとよばれています。

アイユーブ朝

傭兵隊長サラーフ・ウッディーンは、ファーティマ朝の宰相となって実権を握ります。彼は、密《ひそ》かに、エジプトにスンナ派の学者を集めました。そして、ファーティマ朝のカリフが死ぬと、バグダードのアッバース朝カリフを、イスラーム世界の唯一のカリフであると宣言し、自らはスルタンと称してエジプトに君臨しました。彼にはじまる王朝をアイユーブ朝とよびます。また、イスマーイール派の教義を教授するための学院であったアズハル・モスクに、密かに招聘していたスンナ派の学者を送り込み、さらに、裁判官もただちにスンナ派の法学者に代えて、エジプトからシーア派の色彩を消してしまいました。エジプトの民衆の大多数はスンナ派の信徒ですから、シーア派からスンナ派への移行は、大きな困難もなく達成されました。そのころ、彼の旧主であったヌール・ウッディーンが死にました。サラーフ・ウッディーンは、シリアのザンギー朝の領土の大部分を併合し、対十字軍作戦を展開します。

一一八七年のことです。ヨルダン川の水源であるティベリアス湖にほど近いヒッティーンの丘で、サラーフ・ウッディーンは十字軍勢力を撃破しました。そしてただちに、エルサレムを攻撃して、そこを陥《おと》します。エルサレムはまた、イスラーム勢力の支配下に入り、ムスリムも、ユダヤ教徒も、キリスト教徒も住める、三つの宗教の聖地に戻りました。しかし、ローマ教会は第三回十字軍の派遣を決定し、イギリス王などが率いる軍とサラー

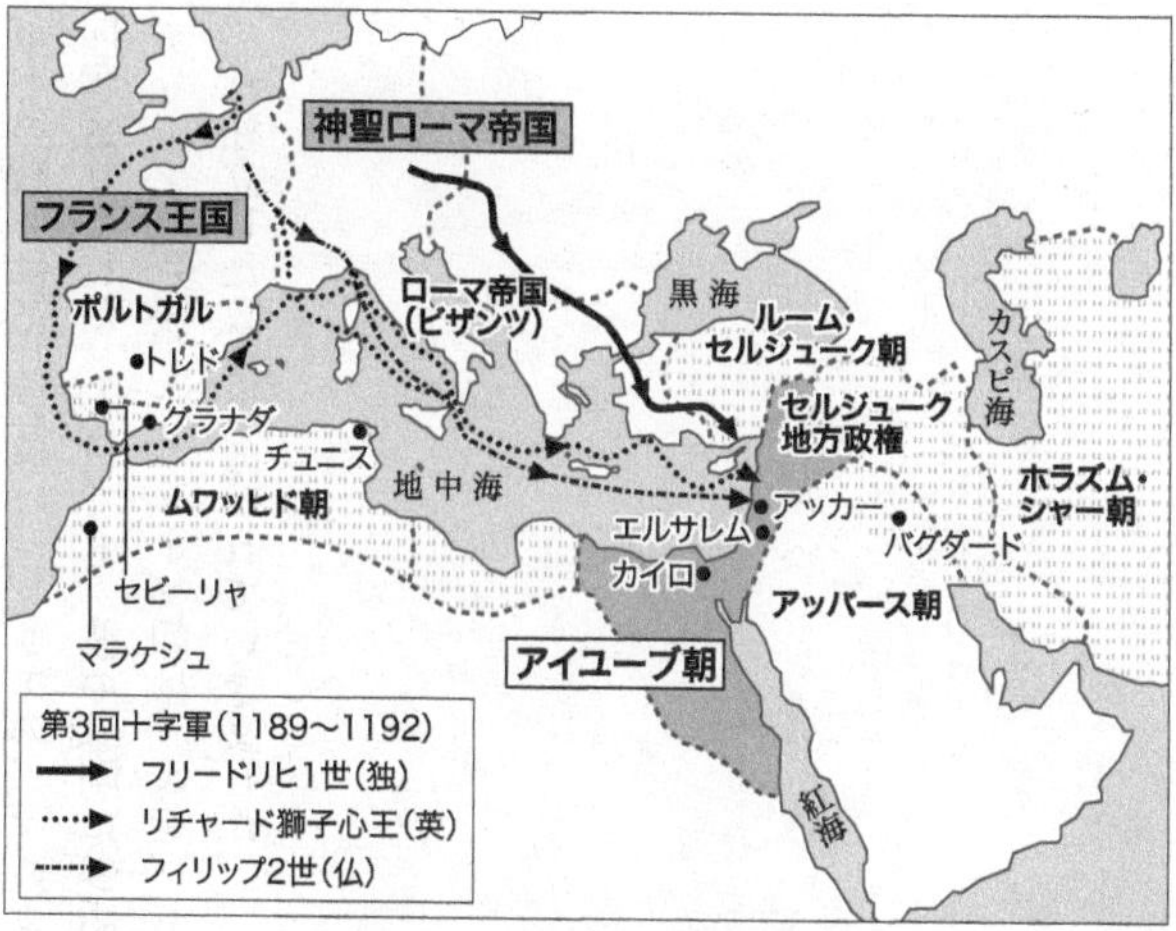

アイユーブ朝と第三回十字軍

フ・ウッディーンは、二年にわたって激戦を繰り広げました。結局、和平がなって、十字軍のエルサレム王国はエルサレムを失っても、その名と、シリアの海岸部に若干の拠点を確保しました。そしてエルサレムに西ヨーロッパからの巡礼者を迎えて保護することをサラーフ・ウッディーンは約束しました。

彼はまた、アラビア半島のイエメンに軍隊を派遣してそこを確保し、紅海を通ってインド洋、さらには東南アジア・中国に到る海の交易路を確保しました。ファーティマ朝もイエメンを支配し、海の交易路を確保していたのですが、サラーフ・ウッディーンの時代から、エジプトのカイロは、イスラーム世界の中心都市として成長しはじめます。しかし、十字軍との戦いに忙しい彼は、シリアのダマスカスに住むことが多く、没後も、ダマスカスに埋葬されました。今日でも、彼の墓廟《ぼびょう》に参詣《さんけい》するムスリムは絶えません。サラーフ・ウッディーンの死後、アイユーブ朝は、エジプトと、シリアの各地、そしてイエメンと、それぞれ独立した政権に分かれていきました。

43 神秘主義教団と聖者崇拝

神秘主義

十世紀後半から十一世紀前半は、シーア派が政治的に優越していた時代でした。そして、十一世紀後半になると、セルジューク朝がスンナ派の擁護者として登場し、十二世紀には、サラーフ・ウッディーンがエジプトをスンナ派の世界に衣替えをして、シーア派は急速に力を失いました。その間に、スンナ派の法学は完成していくのですが、一方で、法学とは別の次元で、イスラーム思想は深化していきました。神秘主義の思想が広まっていったのです。

シリアやエジプトのキリスト教徒のなかには、禁欲生活を送る修道者が多数いました。一切れのパンと一瓶の葡萄《ぶどう》酒をもって砂漠の洞窟《どうくつ》などに籠《こ》もり、数日間飲まず食わずでただひたすらに神に祈り、恍惚《こうこつ》の境地で神に出会い、その後、持参したパンをイエス・キリストの肉、葡萄酒をその血とみなして、それを飲食し、イエスと一体化するのが、彼らの修行でした。そのような修行者は神に近い人で、神に頼んで、神の力によって、病人を癒《いや》したり、悪人を呪い殺したりする奇跡を起こすことができると、一般の人々は信じていました。

このようなキリスト教の伝統は、イスラームのなかにも入ってきました。アラブ・ムスリムが征服者となって豊かな生活を楽しむことを批判して、禁欲生活こそムスリムにふさわしいと主張する人は、七世紀から少なからずいたのです。そのような人々は、「粗末な衣を着る者」の意で、スーフィーとよばれています。そして、スーフィーたちの思想、すなわちイスラームの神秘主義を、スーフィズムとよびます。禁欲生活を送り、ひたすら神に集中することによって自我を失い、神と合一するのが、イスラームのスーフィズムです。

さて、セルジューク朝の宰相ニザーム・アルムルクが学院を設立したことを第39話で述べましたが、バグダードのニザーミーヤ学院の教授に任命された人に、ガザーリーという人がいました。彼は高名な哲学者で、また、イスマーイール派との神学論争の論客でもありました。その彼があるとき、哲学、つまり合理的な思弁では、真の信仰を得ることはできないことを悟ります。彼は、教授の地位と家族を棄て、一介のスーフィーとなって修行に励みます。そしてガザーリーは、イスラーム神秘主義を理論的に体系づけました。彼以降スーフィズムは、イスラーム思想界で、大きな地位を占めるようになります。

聖者崇拝

キリスト教世界には、多くの聖人がいます。町も村も、また同業団体などもみな、それぞれの守護聖人をもっているのです。そして、イスラーム世界にもまた、聖人に近い人がいます。キリスト教世界の聖人は、ローマ教会などの権威が認定してはじめて、聖人として扱われることになります。イスラームの場合は、聖人と認定する権威はありません。人々が、あの人は聖者だと認識すれば、聖者となります。ですからここでは、キリスト教の「聖人」と区別して「聖者」と表現しておきます。聖者は、多くの場合はすでに故人になっている人ですが、神の特別の恩恵を受けた人である、と人々は信じ、聖者を通して、病気治しや安産などに関して神の恩寵を分けてもらおうと、聖者の墓廟に参詣します。

イスラーム世界の聖者として、預言者ムハンマドは特別の存在です。そして、ムハンマド以前の預言者も、イスラーム世界では尊敬されています。モーセやイエス、そしてイエスに洗礼を授けたヨハネ、イエスの母マリアなど、みな聖者とみなされています。預言者ムハンマドの特定の子孫も聖者です。シーア派の信徒にとっては、歴代のイマームとその家族も聖者として敬うのです。そして、高名なスーフィーもまた聖者なのです。このような聖者の墓廟には、いまでも多くのムスリムが参詣しています。

神秘主義教団

十一世紀ごろから、神秘主義教団がつくられていくようになりました。高名なスーフィーの墓廟に参詣にくる人々が、日を定めて、集団で神に祈願をする、あるいは一晩、神の名を唱えながら踊り明かす、などの儀礼が普及していきます。このような人々を組織したのが教団です。教団の長は、当のスーフィーの子孫であることもまれではありません。あるいは、預言者ムハンマドの子孫であったりもしました。なにがしか特別な人が長となり、そのもとで、特定の曜日、ひと月のうちの特定の日、聖者の生誕日などに、人々が集まって儀礼をおこないます。

イスラームは、祝日が少ない宗教です。一年で、断食月があけたときと、巡礼月の、犠牲を捧げる日だけが、祭りの日です。九世紀ごろのバグダードでは、まだ住民のかなりがキリスト教徒でしたから、ムスリムもキリスト教の祭りに参加して楽しんでいました。ときとともに、イスラーム世界のどこにおいても、ムスリムが多数派となりました。イスラームが民衆の間に浸透していったのです。そうなると、ムスリムの民衆は、神秘主義教団の、聖者の生誕祭などの祭りを楽しむようになりました。イスラームの民衆化と並行して、聖者崇拝と神秘主義教団は、イスラーム世界にしっかりと根を下ろしたのです。

44 公益基金（ワクフ）が支える都市の繁栄

市長がいない都市

都市があれば、都市を管理する市役所があり、その代表として市長がいるのが、ごく普通のイメージでしょう。第11話で、ムハンマドが生きていた時代のメッカという都市には、市長もいなければ、市役所も警察も税務署もなかった、と述べました。そのような、都市を管理する機関がなくても、長老たちを中心に、秩序が保たれていたのです。イスラームが発展していった中東地域は、前三千年紀から都市が発達していた社会ですが、イスラームの時代になって中東の各地で、ますます都市は繁栄しました。九、十世紀のバグダードのように人口一〇〇万人規模の都市もありました。それは例外的に大きな都市でしたが、人口十数万人規模の都市は常にいくつかあり、数万人規模の都市はいくつもありました。今日から見れば、いずれも小さな都市ですが、この時代では、世界の他のどの地域よりも、都市が発達していたのです。しかし、イスラーム世界のどの都市にも、都市を管理する機関がないのです。都市は、市民たちのボランティア活動で、維持されていました。そのボランティア活動を支える制度は、十一世紀ごろから、法的に整備されていきました。

金持ちの保身と善意

イスラーム世界のある街に、ある金持ちがいたとしましょう。その金持ちは、マンションを一棟もっていて、その家賃収入が毎月一〇〇万円あります。この街は、ある王朝の支配下にあり、金持ちは王朝の君主に仕えて、金をもうけてきました。ところが、王朝の君主は、あら探しをしては、不正があったとして家臣の財産を没収してしまうことがしばしばありました。この金持ちは、そのような災難からなんとか逃れようと、知恵を働かせます。そこで、もっていたマンションを、ワクフにしてしまいました。ワクフとは、所有権を停止してしまうことです。ワクフとされた物件は、個人の所有物ではなくなります。誰の所有物になるのかに関しては、イスラーム法の法学者の意見は異なっています。神が所有するという考えもあれば、公共のための公共財であるとみなす考えもあります。ともあれ、家賃一〇〇万円の収入があるマンションは、その金持ちの所有物ではなく、ワクフとなりました。もはや、君主が難癖をつけて没収することはできなくなりました。金持ちは一安心です。

ワクフにするためには、そのことを公にしなければなりません。文書をつくって、何人もの証人に署名をしてもらって、はじめて、物件はワクフとなります。そのとき、さまざまな条件が付けられます。このときの金持ちは、毎月の家賃収入一〇〇万円のうち半額の五〇万円は、管財人として自分が受け取ることを条件としました。自分の死後は、法定相続人が、それを受け取る権利を相続することも条件としました。金持ちは、マンションの所有権は放棄しましたが、家賃の収入の半分は確保したわけです。そしてそれは、もはや君主の力が及ばない、法的に保護された権利となりました。ワクフとは、このように、金持ちの財産保全のための手段でした。

では、マンションの家賃収入の残りの半額はどうなるかといいますと、ワクフ物件提供者が、公共のための使途を指定します。この場合は、その金持ちは、ある学院の教授を雇って、彼に月に五〇万円の賃金を払うと、文書のなかで約束しました。この金持ちが提供したワクフによって、街の学院には教授一名はかならずいるようになり、若者を教育する施設として機能することができるわけです。この金持ちは、公共のためによいことをした、と評価され、町の名士となりました。

以上は、単なる想像上の例ですが、ワクフとは、このように、金持ちの財産保全と公共善のために、イスラーム世界で整えられていった法的制度でした。今の例は、ちょっとした金持ちの場合でしたが、イスラーム世界の大金持ちは、一般には、政権の君主や宰相や将軍でした。このような人たちも、さかんに大規模なワクフを設定しました。大きなモスクを建てて、その維持費のために商店街をつくり、その家賃収入をワクフにする例も、よくみられます。モスクを寄進した君主は、そのモスクに隣接して自分の墓を建て、自分の善行を礼拝のたびに、人々に思い起こさせることが、この場合のワクフの目的です。

ワクフが維持する公共施設

ワクフによって維持される公共施設には、さまざまなものがありました。つぎの第45話でお話しする学院がその代表的な例ですが、街の人たちが毎週金曜日に集まる大モスクも、いくつものワクフに支えられる施設です。あるワクフはモスクの掃除人を雇う、別なワクフは礼拝の前に身を清めるための水道施設を維持する、さらに別なワクフは礼拝堂の絨毯《じゅうたん》代を負担する、あるいは、燈明《とうみょう》代を負担する、などなどです。街の道路の清掃、下水施設や公衆便所、貧者のための給食施設、病院、街と街を結ぶ交通路上の隊商宿や水場など、人々の生活に必要なものは、その多くはワクフによって維持されていました。イスラーム世界では、都市に市長がいなくても、市役所がなくてもよかったのです。都市は、さまざまな立場の人が提供するワクフによって、維持されていました。

45 学院（マドラサ）で学ぶ知識人（ウラマー）

マドラサ（学院）

ワクフが支える施設の一つに、マドラサがあります。学生が勉強するところです。いうならば大学ですが、いまの日本の大学とはだいぶ違います。多くのマドラサには、教授が一名か、多くても数名しかいないのです。大学ではなくて私塾ではないか、という質問はもっともですが、一つ一つのマドラサは小さくても、数がたくさんあるのです。人口一万人前後の小さな都市にも複数あり、人口数万人、十数万人規模の大都市には一〇や二〇のマドラサがあるのです。学生は、いくつものマドラサを掛け持ちして学びます。一つの都市だけではなくて、いくつもの都市を巡り歩いて、長い年月をかけて学びます。一つ一つのマドラサが今日の大学なのではなくて、マドラサという制度全体が、今日の大学に相当します。

マドラサのためのワクフには、さまざまな種類がありました。建物を維持する経費を負担するワクフ、教授や助手の給料をまかなうワクフ、学生の寄宿舎の経費のためのワクフ、学生などにパンやスープを提供するワクフなどです。さまざまなワクフに支えられたマドラサが、十一世紀以降のイスラーム世界で、学問を支えてきました。

マドラサは、全体では、イスラーム法学を教え、学ぶための施設です。いうならば、全体が法学部なのです。しかし、イスラーム法学を学ぶためには、さまざまな知識が必要です。第33話でイスラーム法学について詳しく述べましたが、法学の基礎は、コーランと、預言者ムハンマドの言行を伝えたハディース（伝承）です。そのどちらも、アラビア語で書かれています。法学を学ぶ学生は、まずアラビア語の文法学や詩学を学ばねばなりません。それから、コーラン朗誦学やコーラン解釈学などのコーラン諸学を学びます。また、ハディース諸学を学びます。さらに、神学なども必要です。その上で、法解釈学の原則を学び、法解釈の先例を学びます。学問分野のそれぞれに専門家がいますから、何十人もの教授から、その知識を学んで、はじめて学生の学問は一人前になるのです。イスラーム法学には、いくつかの法学派があります。学生は、すべての法学派についての知識が求められます。すべてを知った上で、自分が拠《よ》るべき法学派を選ぶのです。学生も楽ではありません。

ウラマー（知識人）

マドラサには、入学とか卒業という制度はありません。誰でも学ぶことができるのですが、アラビア語の基礎を知らない人やコーランを暗唱していない人などは、教授の話を聞いても何も分かりません。おのずと、学生になる資格があることになります。マドラサはまた、なんらかの機関に認可を受けているわけではありません。したがって、誰でもマドラサを開いて、教えてよいわけです。特別な施設がなくても、大きなモスクなどでしばしば公開の講義が開かれます。しかし、学問のない人が教えても、誰もそれを聞きません。ましてワクフから給料をもらうには、それなりの評価を得ていることが必要となります。教授にも、おのずと資格が必要なのです。学生は、一人の教授から、特定の分野の学問を修得した旨の証書をもらうことができます。しかし、それは、必要な知識の、ごく一部を修得したことの証《あかし》でしかありません。どれだけ学べばよいのか定めはありません。自分で、もう一人前になったと自覚し、周囲の人々も、もう一人前だよ、と評価してくれるとウラマー（知識人）とよばれることになります。

ウラマーは、ときに、マドラサの教授となって、給料をもらうことができます。また、国家が管轄する裁判所の裁判官や公証人になって、国家から給料をもらうことができます。しかし、多くのウラマーはそのような職業に就きません。商人や職人として生活費を稼ぐのです。それでも、ウラマーであることは本人の誇りなのです。金目的で学問をするのではなく、あくまで知識を求めて学問をするのだ、という心意気がありました。そして、結婚、家屋の売買など重要な契約の署名人になったり、信仰の問題をふくむ法律相談にあずかったりして、町や村の人からの尊敬を受け、社会の潤滑油としての役割を果たすのです。

ウラマーの知識は、全イスラーム世界に共通のものです。九世紀以来、イスラーム世界は、政治的にすっかり分裂してしまい、ムスリムの国家どうしが戦ったりしていました。それにもかかわらず、イスラーム世界には一体性があったのですが、それは、どこででもイスラーム法が機能していたからです。そして、法は、ウラマーがいてはじめて機能するのです。マドラサという制度で共通の知識を得たウラマーたちが、イスラーム世界を一つの世界として成り立たせていたのです。

しかし、ウラマーの知識が共通していることは、大きな欠点も含んでいました。イスラーム世界では、ギリシア語による学問を受け継いで、数学、天文学、医学などを発達させていましたが、それらは、マドラサでの教育の対象外でした。それゆえ、これらの学問は、ある段階で発展を止めてしまいました。また、先学の研究成果を重んじるあまり、イスラーム法学自体も、大きな飛躍が見られなくなります。イスラーム社会の知的停滞が、マドラサ制度の普及とともにはじまりました。

46 イスラームの都市性

都市の景観

中東のイスラーム世界の伝統的な都市を歩いてみましょう。メイン・ストリートといえども狭く、ラクダ二頭がすれ違うだけの幅があればよいのです。そこをいまでも、荷を積んだラクダやロバが行き交います。そして無数の買い物客でメイン・ストリートは混雑しています。道の両側は、間口一間《けん》ほどの商店が軒を連ねています。道が、日差しを避ける屋根に覆われていることもありますが、どう工夫がしてあるのか、明るさは保たれています。道は曲がりくねり、先の見通しはよくありません。ともかく、行けども行けども、商店がならんでいます。馴《な》れてきて注意深くなると、商店街から横に入る路地が目につきます。路地の奥にはいろいろなものがあります。そのなかには、広大な中庭をもつモスクがあります。別な路地には、かつて隊商宿であった建物があります。いまは、倉庫や事務所に使われています。マドラサの遺構もあります。また、公衆浴場や公衆便所もあります。雑踏の商店街と、路地奥にある公共施設の組み合わせが、中東地域の都市の景観をつくっています。

商店街から横に入る路地はまた、住宅街にもつながっています。住宅街の道は、一つの入り口で大通りにつながっていて、その入り口からは何本にも枝分かれしていますが、そのおのおのは袋小路になっています。通り抜けができない構造になっているのです。袋小路に面して何軒もの家がありますが、家のまわりに庭があるわけでもなく、家の窓が道に面して開いているわけでもありません。ところどころに小さな出入り口がある壁がただ連なっている殺風景な景観が、住宅街の特色です。狭い出入り口から、住宅のなかにはいると、緑の植物や噴水のあるしゃれた中庭があり、中庭に面して小綺麗《こぎれい》な部屋が連なります。大きな家になると二階建て、三階建てで、何家族も暮らせます。第44話の「マンションをワクワクにした」という話のマンションとは、このような住宅のことです。住宅は外に向かっては不愛想で、内側はきれいに飾られ、徹底してプライバシーを尊重する構造になっています。

都市の商店街は、いまでは夜も営業していますが、電気がなかった時代は昼間だけ営業して、夜は無人の空間になりました。商店で働く商人や職人は、住宅街の家に住んでいて、昼は商店街に通っていたのです。このような景観の都市は、イスラーム世界では、その歴史の初期より見られました。イスラーム世界は、中東地域の都市文明の伝統を、きちんと受け継いできたのです。

モスクを中心にスークが連なるダマスカスの旧市街（シリア）

都市の近代性

中東の、イスラーム世界の都市での市民の生活は、金と信用に裏付けられた近代的なものでした。商店の大部分は、賃貸されています。誰でも、金さえ払えば、商店を借りて商売ができるのです。住宅も、多くが賃貸されていました。旅人がある街にきて、そこが気に入れば、住宅を借りてしばらく住み、商店を借りて商売ができるのです。商店街では日常生活に必要なものは何でも売っています。出来合いの食べ物も豊富にあり、独身者でも困ることはありません。十一世紀ごろの西ヨーロッパは、小規模な都市が成立しつつあった時代ですが、そこには、常設店舗の商店街などはなく、食べ物屋もなくて庶民が外食することなどできません。またそこでは、市民権をもつ

「市民」が都市の運営にあたっていました。しかし、誰でもが「市民」になれたわけではありません。一定の資格をもった人だけが市民権をもつ制度だったのです。その意味で、西ヨーロッパの都市は、きわめて閉鎖的でした。それにくらべて、イスラーム世界の都市は開放的です。すべてが金で片がつく世界でした。現代の都市に直結する近代性をもっていたと、みなすことができます。

社会の都市性

イスラーム世界には、都市民以外にも、農民、遊牧民など多様な生業を営む人々がいました。このような人々もまた、都市と結びついて生活していたのです。農業は、主として商品作物を生産することを目的としていました。農園主は、農園の管理人を雇い、農業労働者を雇って、都市で売る商品を生産するための農業に投資していたのです。山岳地帯などの農村は、自給のための農業を営む小農民よりなる場合もありますが、この場合でも、農民は出稼ぎなどで、都市と結びついていました。遊牧民もまた、飼養している家畜を商品として売っていました。都市民以外の人も、都市と結びついて、商品経済のなかに生きていたのです。

商取引の基本は、契約です。イスラーム世界の人々は、あらゆる場面で、人と人の間の契約をしていました。結婚ですら、一人の男と一人の女の間の契約として認識されていました。男も女も、一人ひとりが独立した人格をもつ個人として、さまざまな契約をして生きていたのです。そして、イスラームは、このような契約中心の商業世界を推し進める理念として存在していました。イスラームを説いた預言者ムハンマドは、生粋の商人であったのですが、その精神がイスラームの骨格となり、都市と都市的な世界を発展させてきたのです。私は、このような世界をさして、イスラームの都市性とよんでいます。

47 マムルークの政権奪取

エジプトで女スルタンが誕生

第42話で、サラーフ・ウッディーンがアイユーブ朝を興し、彼の死後、この王朝は分裂していったことを話しましたが、ここでそのつづきの話をしましょう。エジプトやシリアのアイユーブ朝勢力にとって、シリアの海岸部のいくつかの拠点を確保していた十字軍は、相変わらず嫌な敵でした。しかし、西ヨーロッパからきた第四回十字軍は、シリアではなく、ローマ帝国（ビザンツ帝国）を襲って、キリスト教徒同士の戦争をおこし、イスラーム勢力はそれとは無関係でした。第五回十字軍はシリアにきたのですが、シリアの各地のアイユーブ朝系の勢力はそれを適当にあしらって、エルサレムの管理権を名目的に渡して、引きあげさせました。ところが、エジプトを支配していたアイユーブ朝のスルタンは、シリアの統合を目指して進軍し、シリアのアイユーブ朝系の諸勢力を押さえて、ついでにエルサレムの管理権も十字軍から取り上げました。そこで、フランス王が率いる第六回十字軍が、一二四九年に、エジプトに押し寄せてきたのです。スルタンは、マムルーク軍団を防衛にあたらせました。しかし、防衛戦のさなかに、スルタンは死んでしまいました。

スルタンの后《きさき》は、奴隷女であったシャジャラ・トッドゥルという人でした。この后が、スルタンの死をかくしてマムルーク軍団に戦闘の継続を命じ、大勝しました。彼女は、亡きスルタンの息子を、新スルタンとしました。新スルタンのもとで、マムルーク軍団は十字軍を再度撃破し、フランス王をはじめ、大多数を捕虜にしてしまいました。捕虜からは、身代金を取り上げるのが当時の慣例です。その額をめぐって交渉している間に、新スルタンとマムルーク軍団の首脳の意見の対立が起こり、ついに、一二五〇年、マムルーク軍団は、スルタンを廃して、代わりにシャジャラ・トッドゥルをスルタンに推挙しました。彼女が、実質的に、国家の経営を担っていたからです。イスラーム世界の中心の一つであったエジプトに、女のスルタンが誕生したのです。

マムルーク朝

アイユーブ朝は、建て前の上では、バグダードのアッバース朝カリフの権威を認め、その家臣であるという立場をとっていました。女スルタン、シャジャラ・トッドゥルがカリフにスルタン就任の挨拶《あいさつ》状を出すと、カリフは、「エジプトにろくな男がいないのなら、俺が適当な男をバグダードから送り込んでやる」などといって、馬鹿にした返事をよこしたのです。また、シリアのアイユーブ家の君侯たちも彼女のスルタン位を認めずに、離反していきました。シャジャラ・トッドゥルは、十字軍との和議をまとめると退位し、マムルーク軍団の領袖《りょうしゅう》であったアイバクと結婚し、彼にスルタン位を譲りました。彼女は、その後の政争のなかで殺されてしまうのですが、女奴隷出身のスルタンのあとに、今度は男奴隷出身のスルタンが誕生したわけです。そして、その後のエジプトやシリアを支配したのは、代々マムルーク出身のスルタンでした。マムルークがスルタンであったこの王朝を、マムルーク朝とよんでいます。

スルタン・バイバルス

マムルーク朝の第五代スルタンは、バイバルスという人です。彼は、現在のロシアからウクライナにあたるキプチャック草原出身のトルコ人です。モンゴル軍にとらえられて奴隷として売られ、アイユーブ朝の君主に買われた男でした。やがて立身出世して、マムルーク軍団の将校となり、第六回十字軍との戦いで活躍しました。その後、マムルークの領袖の間で権力争いがつづき、スルタン位はくるくる代わります。その間、イスラーム世界にとって衝撃的な事件が起こります。異教徒のモンゴル勢力がバグダードを攻略して、アッバース朝を滅ぼしてしまったのです。このことはまた第55話で述べますが、一二六〇年に、モンゴルの勢力はシリアに侵攻してきました。エジプトのマムルーク軍団は全力を挙げてこれに対抗し、シリアのアイン・ジャールートというところでモンゴル軍を撃破しました。勝利に酔うマムルーク軍団のなかで政争が再燃し、スルタンは暗殺され、結果としてバイバルスがスルタンに就任したのです。

スルタンとなったバイバルスは、一二六一年、生き残ったアッバース家の人をカイロに招聘して、カリフとして擁立しました。マムルーク朝は、アッバース家のカリフを戴く政権である、と主張したわけです。もちろんカリフは飾りもので、バイバルスが真の統治者でした。彼はまた、シリアで、まだ残っていた十字軍の拠点をつぎからつぎに陥していきました。アッカという要塞《ようさい》だけが十字軍のもとに残ったのですが、他の拠点はすべてバイバルスが陥してしまいます。ちなみにアッカは、バイバルスの死から十三年後の一二九〇年に陥落して、十字軍勢力はシリアから一掃されることになります。さて、バイバルスは、モンゴル勢力が押さえつつあったアナトリアにも進出して、モンゴル勢力と対峙《たいじ》しました。スルタン・バイバルスは、モンゴル勢力という異教徒の勢力からシリアとエジプトを護《まも》り、十字軍をほぼ壊滅させた、ムスリムにとっての英雄となりました。奴隷出身のスルタンであっても、ムスリム民衆を保護すれば、立派な統治者とみなされたのです。

48 封土制（イクター制）

土地の私有化と財政難

話は遡《さかのぼ》りますが、九世紀からイスラーム世界では地方政権が自立していきました。カリフの政府の財源が減ってしまったわけです。八六八年にエジプトのトゥールーン朝が自立すると、財政難に陥ったカリフは軍人に十分な給与を支払うことができなくなり、軍人はカリフの廃立を繰り返しました。カリフが、サーマッラーにいた時代のことです。九〇五年に、カリフはエジプトの統治権を取りもどしました。九三五年にはエジプトはまたイフシード朝という王朝のもとで自立してしまうのですが、その間の三〇年間は、カリフの政府は財政的に安定しました。宰相が年度ごとの税収を見積もって予算をつくりそれを実行するという、近代国家と同じような、官僚による統治が実現していました。しかしエジプトが自立してしまうと、予算制度に基づく官僚の統治は崩壊し、軍人優位の時代にもどってしまい、やがて大将軍がカリフに代わって、カリフのもとに残されていたイラク地方を実質的に統治する時代となったわけです。

イクター制のはじまり

イスラーム世界の政府は、アラブによる征服時から、農耕地は国有財産である、という理念のもとで運営されてきました。国有財産の使用料としての地代が、国家の税収の大きな部分を占めていたのです。ところが現実には、さまざまな形の私有地がしだいに増えていきました。建て前が崩れて、政府の運営も変わらざるを得なくなっていったのです。

ブワイフ朝という王朝が、バグダードをも支配したことを第36話で述べましたが、そのブワイフ朝は、従来の理念にとらわれない現実的な政策を実行しました。役人を私有地に派遣して徴税するのではなく、軍人に給与を現金で支払うことをやめて、徴税地を指定して、直接そこから徴税することを許可したのです。指定された徴税地の徴税権を、イクターといいます。軍人に私有地を授けたのではなく、あくまで、特定の土地からの徴税権を授与したのですが、政府の役割が軽くなったことは事実です。そして、徴税権を与えられた軍人が、なにかと徴税地の行政に口を出すようになります。イクター所有者の軍人と私有地の地主の力関係は、当然のことながら軍人のほうが有利です。軍人が、政府の政治だけではなく、社会全体で優位に立つ時代となっていきました。

ブワイフ朝を倒したセルジューク朝は、イクター制という点でブワイフ朝の現実的な政策を引き継ぎました。しかし、セルジューク朝では、小規模な徴税地の徴税権ではなく、同じイクターという名で、日本でいえば県に相当するような広域の地域の行政権も、特定の個人に与えてしまいました。そのようなイクターを授与されたのは、主としてセルジューク家の王子たちです。そして、その王子たちが事実上自立してイクターを世襲化していった結果、セルジューク朝は分裂していったのです。

エジプトのイクター制と農村

エジプトを拠点にしたファーティマ朝は、シーア派の原理主義的な教団国家でしたから、土地の国有化というイスラームの理念を守っていました。しかし、エジプトをスンナ派の世界に戻したサラーフ・ウッディーンはザンギー朝の出身で、ザンギー朝はセルジューク朝系の政治勢力でした。そのサラーフ・ウッディーンが、エジプトにイクター制をもち込んだのです。そしてそれは、マムルーク朝に引き継がれました。マムルーク朝の歴代のスルタンは、イクター制を整備していきました。検地をして、土地の所有者とそこからの税額を調べました。そして、上級の将校に一括してイクターを与えるのではなく、一人一人のスルタン直属のマムルークにイクターを直接授与するようにしました。税はさまざまな種類があって、一つの村でも、土地税はある者のイクターとして、雑税は他の者のイクターとして与える、という制度を改めて、なるべく村単位で、一つの村を一つのイクターにするようにしたのです。その結果、エジプトのイクター制はきめ細かくなり、イクター所有者の農村での立場は強まりました。

イクターは、一代限りで授与されました。イクター所有者のマムルークが死ぬと、イクターは没収され、他のマムルークに与えられます。スルタンが、ここのマムルークに直接イクターを授与し、また没収するのですから、スルタンの権威は高まり、権力が分散することがなかったのです。

農村では、従来、村を管理していた長老たちの立場が弱くなりました。イクター所有者であるマムルークは、首都カイロの軍営にいますから、マムルークを通じて、農村はカイロと直結することになります。エジプト社会の中央集権制が強まったわけです。そして、その過程を通じて、エジプトの農村は急速にイスラーム化していきました。キリスト教徒の農民が極端に少なくなったのです。また、エジプトの農民は、税さえ支払えば自分たちの生活を邪魔されることなく楽しむことができたのですが、イクター制を通じて農民は、イクター所有者のマムルークに隷属するような存在になってしまいました。さまざまな意味で、マムルーク時代のイクター制は、エジプト農村を変えていきました。

49 中心としてのカイロ

歴史の街

カイロは、歴史の街です。前三千年紀につくられたピラミッドに見守られています。ここは、五千年の歴史が蓄積しているのです。現在のカイロの直接の起源は、七世紀にアラブ・ムスリム軍がエジプトを征服したときに建設した軍営都市フスタートにあります。そこには、バビロンという名の砦《とりで》がありました。また、幼子のイエスが、その母マリアとマリアの夫ヨセフとともにエジプトに難を逃れたときに滞在したという伝説にちなんで、教会と修道院がある場所でした。その教会は今でも、キリスト教徒の善男善女が参詣しています。フスタートはやがて、商業都市として発展していきました。

九六九年に、ファーティマ朝がエジプトを征服すると、フスタートの北東に新都を建設し、カーヒラと名付けました。勝利者、という意味です。この言葉がヨーロッパ諸語で訛って、カイロとなります。この時代、フスタートが経済の中心で、新都カイロは城壁に囲まれた軍営都市で、政治の中心として機能していました。つぎのアイユーブ朝の時代に、カイロの市街地は拡大し、フスタートを包みこむようになります。そして、マムルーク朝の時代に、繁栄を極めるのです。

政治の中心

マムルーク朝の第五代スルタン・バイバルスが、アッバース家のカリフを戴いたことを述べましたが、カリフは代を重ねて、一五一七年にマムルーク朝が滅亡するときまでカイロにいました。カリフには実権は何もなかったのですが、マムルーク朝は名目的なカリフを戴くことによって、イスラーム世界の中心的な政権であると、主張していたのです。

マムルーク朝はまた、アラビアのメッカを実質的に支配下においていました。メッカは、イスラーム世界の精神的な中心地です。メッカには、預言者ムハンマドの子孫が多数いましたが、彼らのなかの最有力者を選んでメッカの支配を委《ゆだ》ね、その人にエジプトでイクターを与える、という形で、マムルーク朝はメッカを支配していました。メッカには、毎年、全イスラーム世界から巡礼者が集まります。カイロには、マグリブやスーダンからの巡礼者が集まります。彼らとエジプトの巡礼者が一団となって、国際的な巡礼団が組織されます。巡礼団を組織し、無事に送り出し、帰国を見届けるのが、国家的な行事でした。エジプトからの巡礼団は、メッカのカアバ神殿を覆う布を更新する、あるいはカアバ神殿の鍵《かぎ》を預かっていて、巡礼時に扉をあけて神殿の内部を公開する、などの特権をもっていました。マムルーク朝は、メッカ巡礼を通して、イスラーム世界の中心的な政権であることを、宣伝していたわけです。

マムルーク朝の政治の主人公は、もちろん、奴隷出身のマムルーク軍人でした。王朝が成立した当初は、スルタンの息子がスルタンになる例もあるのですが、しだいに、奴隷として売られてきた者でなければマムルーク軍人になれない、という原則が確立し、マムルークの息子は政治・軍事から排除されていきました。スルタンが毎年、多数の少年奴隷を購入し、彼らをスルタン直属の教育施設で教育してムスリム軍人に仕立て、解放してスルタン直属の軍人にする、という制度が整ってきたのです。そして、出世競争の結果最有力の将軍となった者がつぎのスルタンとなり、また直属の軍を組織して、かつての同僚であった将軍たちを窓際族にしていく。このような、現代の大会社の組織と同質のものが、エジプトで成立していたのです。

エジプトに売られてくる少年奴隷は、最初は、現在の中央アジアやウクライナの草原のトルコ系の人々でした。しかし、草原の騎馬遊牧民の間にイスラームが浸透していき、草原地帯は奴隷の供給源ではなくなっていきました。マムルーク朝時代の後半は、少年奴隷は主として、コーカサス山脈北麓《ほくろく》の住民であるチェルケス人でした。いずれにせよ、エジプトから見れば外国人が、政治・軍事を担っていたのです。

マムルーク朝のスルタンや将軍は、出身地には何の関心もありません。彼らは、もっぱら、カイロに財を集め、カイロでそれを使いました。彼らによってカイロに、壮麗なモスクやマドラサ、あるいは墓廟が多数建設され、カイロは花の都となりました。

国際交易の中心

イスラーム世界は、商業がきわめて発達していた世界です。都市と農村を結ぶ地域的な商業もさかんでしたが、世界を結ぶ広域の遠距離国際交易もまたさかんでした。十世紀までは、バグダードがその中心だったのですが、十一世紀になるとバグダードの後背地であるイラクが荒廃し、バグダードの活力が失われていきました。そのころ、アイユーブ朝が、アラビアのイエメンを征服して、エジプトから紅海を経て、インド、東南アジア、中国を結ぶ海路を確保して、カイロが国際交易で重要な地位を占めるようになります。マムルーク朝時代になると、バグダードはモンゴル勢力によって破壊され、単なる田舎町になってしまいます。そうなると、必然的に、カイロが国際交易の世界的な中心として機能するようになりました。

50 もう一つの十字軍

アンダルスの落日

第38話で、アンダルス（イベリア半島のイスラーム地域）が、後ウマイヤ朝のもとで繁栄していたことを述べました。ここで改めて、アンダルスに話をもどしましょう。十世紀は、四〇年にもおよんだアブドゥル・ラフマーン三世の治世があり、後ウマイヤ朝の支配は安定していました。彼の死後も、しばらくは安定がつづきましたが、ウマイヤ家のカリフの権威は形骸《けいがい》化していきました。そして十世紀の最後の二十数年は、宰相のマンスールという人物が実質的な支配者でした。十一世紀になると、カリフはますます形骸化し、アンダルス各地の総督が自立し、たがいに争うようになります。一〇一〇年代の後半からは、ベルベル人出身のマラガのハンムード家が、カリフ位に就くようになりました。そして、一〇三一年には、ウマイヤ家の最後のカリフが追放されて、アンダルスは、各地の政権が自立する「諸王国時代」となってしまいました。

イベリアの十字軍

後ウマイヤ朝は、最盛期の十世紀でも、イベリア半島全域を支配していたわけではありません。イベリアにアラブが進出してきた八世紀以後も、半島の北部の山岳地帯は、アラブの手が届かなかった地域として残りました。その地の住民は、何人かの君侯のもとにまとまり、小さな政治勢力を維持しましたが、全体が一つにまとまることはなく、また君侯国も長続きせず、交代をくり返していました。住民の多くはキリスト教徒ですが、キリスト教徒としてムスリムの政権に反抗するという意識は希薄でした。世界の各地の山岳地帯の住民と同じく、平地の君主に税金を払うよりは、自立していたほうがよい、と考えていたのです。そして、文化的には、アラブ化したキリスト教徒の文化がしだいに、浸透していきました。

さて、十一世紀の後半は、アンダルスのイスラーム勢力が四分五裂してしまった時期です。そのころ、キリスト教ローマ教会の歴代の教皇は、西ヨーロッパでのキリスト教徒同士の争いをやめて、教皇のもとに権力を集中するよう主張しはじめていました。そして、キリスト教徒の戦士たるものは、すべからく教会と教皇の敵に対して戦う義務がある、とする考えをまとめました。それが、やがて、一〇九六年からはじまるエルサレムへの十字軍になるわけです。しかしその前に、教皇は、イベリア半島とシチリア島に目をつけていました。ともにイスラーム勢力が支配する地ですが、ローマ教会の影響下の地域と隣接している地でもあります。一〇六一年に、シチリアに侵攻していたノルマン人部隊に、教皇は特別の赦《ゆる》しを与えました。また、一〇六四年、フランスの騎士と庶民を多数加えたキリスト教徒部隊がアンダルスを襲いましたが、教皇はこの戦闘の参加者全員にも特別の赦しを与えました。ローマ教会の教皇が認めた最初の軍隊という意味で、この二つが最初の十字軍でしょう。

シチリアへ侵攻したノルマン人軍は、短期間でシチリアを征服してしまいました。ここは、チュニジアのイスラーム政権の支配下だったのですが、十一世紀末にはイスラーム世界から切り離されてしまったのです。しかし、その後も二世紀ほどは、アラブ人がここに多く住み、イスラーム文化が保持されました。一方イベリアでは、キリスト教徒の軍は、一〇八五年にトレドという、イベリア半島の中央にある都市を陥したのを手はじめに、以後、一四九二年まで、イスラーム勢力と戦いつづけ、ついに半島から駆逐してしまいます。

「レコンキスタ」

アンダルスのイスラーム勢力の政治的分裂が、ただちに文化的な退嬰《たいえい》を招いたのではなく、十二世紀、十三世紀はアンダルスのイスラーム文化はまだ、豊かに花を咲かせていたのですが、軍事的には弱体化していきます。しだいに、キリスト教徒勢力に押されていったのです。その過程を、今日のヨーロッパの歴史家は「レコンキスタ」とよんでいます。

「再征服」という意味です。イベリア半島は、元来は、キリスト教徒の地であったのが、一時期ムスリムに征服され、それを再度征服したのだ、とするわけです。あるいは、イベリア半島は、元来はヨーロッパであったのだが、アラブによってヨーロッパから切り離されたのを、また取りもどしたのだ、とするのです。しかし、この用語は、あまりにもヨーロッパ中心の考え方です。

十一世紀には、ローマ教会の教皇が認めていた軍隊がアンダルスを襲ったのですが、「十字軍」という言葉が明確にあったのではありません。しかし、エルサレムへの十字軍結成のあとは、イベリアでのイスラーム勢力に対する戦いは、十字軍としての戦い、と位置づけられていました。また、ムスリムの歴史記録も、相手を「十字をつけた人々の軍隊」と表現しています。この時代、後に述べますが、イスラーム世界は、領域的には拡大していました。アナトリア（現在のトルコ）からバルカン半島が、しだいにイスラーム勢力のもとにはいってきました。またインドや東南アジアにイスラームが浸透していきます。しかし、イスラーム世界の西の果てであるアンダルスは、十字軍によってイスラーム世界から切り離されようとしていたのです。

51 ベルベル人のイスラーム運動

ベルベル人

地中海の南岸である北アフリカに、チュニジア、アルジェリア、モロッコといった国々があります。これらの国々のある地域は、マグリブとよばれています。そして、マグリブの住民を、アラビア語でベルベル人といいます。七世紀に、アラビアのアラブがマグリブを征服しましたが、言葉を換えれば、アラブがベルベル人を征服したことになります。被征服者であるベルベル人の間に、しだいにイスラームとアラビア語が浸透していって、現在はマグリブの住民の大多数は自分をアラブとみなしています。しかし、自分はベルベル人であって、アラブではないと自己主張している人々も、少なくありません。そのような人々は、リビアやチュニジアではごくわずかなのですが、アルジェリアには少なくなく、モロッコでは人口の三〇パーセント程度です。

ベルベル人と一口にいっても、実際には多様な人々からなっています。彼らの言葉をベルベル語といいますが、方言差が大きく、すべてのベルベル人に共通する標準語はありません。また、山岳地帯で粗放農業と牧畜を営む人、平原で高度な灌漑集約農業を営む人、

サハラの西に栄えたマラケシュの旧市街（モロッコ）

都市で商業や手工業を営む人、あるいはサハラ砂漠で遊牧を営む人など、多様な生業の人々です。征服者であったアラブから見ればベルベル人と一括されてしまいますが、ベルベル人というまとまった民族意識は、当人たちの間にはなかった、と考えられます。彼らは、前二世紀ごろからローマ帝国の支配下にありましたが、五世紀にはゲルマン系のヴァンダル族の支配を受け、その勢力が消えた政治的空白期に、アラブによって征服されました。

ムラービト朝

マグリブは、アッバース朝成立直後から、モロッコのイドリース朝、アルジェリアのルスタム朝などが自立していて、九世紀の初頭には、チュニジアのアグラブ朝も自立しました。しかし、十世紀の初頭に、北アフリカの独立政権はいずれも、ファーティマ朝によって滅ぼされてしまいました。そのファーティマ朝も、十世紀の後半にはエジプトに拠点を移して、マグリブ支配を放棄してしまいます。マグリブは、政治権力の空白時代を迎えました。

モロッコの南の西サハラ地域であるセネガル川流域に、サンハージャ族とよばれていたベルベル系の遊牧民がいました。十一世紀の中ごろ、この人たちの有力者の一人であるヤフヤーという人がメッカ巡礼に出かけ、宗教的情熱を帯びるようになりました。彼は、モロッコから高名な学者をよんで、セネガル川の河口に修道場を建設して、人々に純粋なイスラームへの改心を説きました。修道場のことをリバートといいますが、そこに集まった修道者をムラービトといいます。やがて、指導者の世代は交代するのですが、彼らは戦士となって、モロッコの征服に向かいました。モロッコの人々のイスラームは純粋ではないとして、純粋なイスラームを広めるジハードを意識していたのです。イスラーム運動が、軍隊を組織し、征服活動にのりだしたわけです。彼らは、はるか遠くのバグダードのカリフをイスラーム世界の指導者として認め、シーア派のファーティマ朝は無視しました。彼らの運動は、スンナ派のイスラーム運動であったわけです。

ムラービトたちは、一〇六二年に、マラケシュを建設して首都とし、モロッコとアルジェリアの西部を征服しました。彼らの王朝を、ムラービト朝とよびます。ムラービト朝は、一方で南下して、ニジェール川流域のガーナ王国に遠征して、王国を滅ぼしてしまいました。また一方で北上し、当時「諸王国時代」であったアンダルスに進出し、イベリアの十字軍勢力と戦って、それを撃破し、「諸王国」を従えていきました。

ムワッヒド朝

ムラービト朝の建国から四〇年ほどたって十二世紀を迎えると、モロッコでまた新しいイスラーム運動が起こりました。イブン・トゥーマルトという人が、イスラーム世界の東部から帰ってきて運動を組織したのです。スンナ派であることを多分に意識した運動でした。モロッコのアトラス山脈の住民であるベルベル系のマスムーダ族が彼の運動を支持します。この運動の支持者は、神が唯一であることを強調したため、ムワッヒド（神の唯一性を強調する人）とよばれ、彼らが、一一三〇年に建国した王朝をムワッヒド朝とよびます。ムワッヒド朝は、ムラービト朝からマラケシュを奪って首都とし、モロッコとアルジェリアを征服し、さらにアンダルスに進出して、セビリアを拠点にここを支配しました。

ムラービト朝にしても、ムワッヒド朝にしても、イスラーム運動がつくった王朝ですから、キリスト教に対しては非妥協的です。一方、イベリアの十字軍も、イスラームには非妥協的です。不幸なことに、アンダルスは、互いに非妥協的なイスラームとキリスト教の両勢力の対決の場となってしまいました。十二世紀の間は、ムワッヒド朝は攻勢に出ていましたが、十三世紀になるとアンダルスはキリスト教勢力が優勢となり、王朝滅亡時には、アンダルスにはコルドバだけがイスラーム勢力のもとにのこる結果となりました。

Ⅳ

拡大するイスラーム世界

イスラームは、中東地域ではじまり、そこで民衆の宗教として定着していきました。中東には、さまざまな言語を話す、多様な人々が生活していたのですが、イスラームは、それらの人々に共通の枠組みを与えていたのです。しかし、ユダヤ教やキリスト教が消えてしまったのではなく、ユダヤ教徒やキリスト教徒は、社会の少数派として、生命・財産の安全を保障されて、自分たちの社会を守っていました。

イスラームが社会の大きな枠組みとして存在している社会の総体をイスラーム世界とよびましょう。イスラーム世界は、ある広がりをもっています。その広がりは、時代とともに変化しています。イスラーム世界は、八世紀以来、イベリア半島を含んでいました。また、十世紀以来、シチリア島も含んでいました。しかし、この二つの地域は、キリスト教徒に奪われてしまいました。この方面では、イスラーム世界は縮小したのです。一方で、十三世紀ごろから、イスラーム世界は、インド亜大陸や東南アジアの島嶼《とうしょ》部を含んでいくようになりました。イスラーム世界は、中東を超えて、拡大していく傾向をみせたのです。

イスラーム世界の拡大に大きく寄与したのは、元来は中央ユーラシア草原の騎馬遊牧民であるトルコ系の人々です。彼らは、それまで、ギリシア語を話すキリスト教徒の地であったアナトリアに進出して、そこをトルコ化し、イスラーム世界の一部としていきました。また十四世紀以降になると、アナトリアに成立したオスマン帝国がバルカン半島を征服し、一四五三年にはローマ帝国（ビザンツ帝国）を滅ぼしてしまいました。ヨーロッパは、イベリアやシチリアをイスラーム世界から切り離してキリスト教世界に組みこんだのですが、一方で、ギリシアやバルカン半島をイスラーム世界に譲りわたしたことになります。

イスラーム世界は、十三世紀から十四世紀前半にわたるモンゴルの時代に、大きく拡大しました。ムスリムにとって、モンゴル勢力の中央アジアや中東への進出は、イスラーム世界の一部が異教徒によって征服されたことを意味していました。しかし、モンゴル勢力を構成した草原のトルコ人たちはイスラームを受け入れていって、イスラーム世界は、中央アジアやウクライナの草原地帯を含むようになったのです。またこの時代は、海路と陸路による商業が飛躍的に発展した時代でした。その商業を担ったのがムスリム商人でした。彼らは、シルク・ロードとよばれた中国への道を通って中国に移住し、また海路で東南アジアや中国の南部の港市《こうし》にいたって、各地に拠点をつくりました。東南アジアの大陸部や中国では、ムスリムは少数派で、そこがイスラーム世界になったとはいえないのですが、イスラーム世界は、そこに拠点を築くことには成功しました。

イスラーム世界の拡大は、交易網の拡大を通してもなされたのですが、オスマン朝の発展や、インドでのイスラーム勢力の定着・拡大のように、武力による征服によってもなされました。その際、大砲や鉄砲という近代兵器をいち早く実用化したことに、その成功の一因を見いだすことができます。

イスラーム世界はまた、ニジェール川流域など、サハラ砂漠以南のアフリカをも包摂するようになっていきます。東南アジアの島嶼部、インドなどの南アジア、中央アジアと草原地帯、中東地域、ヨーロッパのバルカン半島、そしてアフリカの北半を包みこんだイスラーム世界では、さまざまな言語がつかわれていました。それらが、今日の世界各地の国語の基となっています。また、イスラーム世界では、彫刻という美術部門は見捨てられましたが、書道や本の装丁、そして本の挿絵としての細密画を発展させました。さらに、ドームとアーチを巧みに利用した建築技術が発展し、華麗な世界を演出しました。

このようなイスラーム世界の発展をみて、ムスリム商人の交易世界に、ポルトガルなどの西欧勢力が進出してきました。彼らは、はじめは小さな勢力に過ぎなかったのですが、やがてこの勢力がイスラーム世界を大きく変えていくことになります。

第Ⅳ部の舞台は、これまでよりは大きく拡大しました。イスラームといえば、中東地域、あるいはアラブと連想してとらえられがちですが、イスラーム世界は、現在では広大な地域を覆っているのです。イスラーム世界の拡大には、確かに、武力による征服が寄与したことは事実です。しかし、一方で、商人たちの活躍などにより、ごく自然に、世界の各地にイスラームが浸透していったことも事実なのです。十九世紀以来、西欧文明が、一方では武力による植民地の獲得と、一方では文明の魅力によって、世界を広く覆っていくのですが、それ以前に、イスラームが、世界を広く一体化し、世界の各地に広まっていったのです。その過程を眺めてみましょう。

52 インドに進出するイスラーム勢力

ガズナのマフムード

話をまた、イスラーム世界の東部にもどしましょう。時代もすこし遡《さかのぼ》ります。第35話で、九世紀後半から十世紀にかけて、中央アジアの独立政権であったサーマーン朝という王朝が、トルコ人奴隷を多数購入して、マムルーク軍団を組織したことを述べました。そのマムルーク軍団が、アフガニスタンのガズナで自立して、九六二年に、ガズナ朝という王朝を興したことを、第39話で述べました。そのガズナ朝の成立は、サーマーン朝のマムルーク出身の将軍であった人物が、政争に敗れて、アフガニスタンのガズナに逃亡したことに、端を発しています。やがて、この将軍のもとに、中央アジアからマムルーク戦士たちが集まり、将軍の権威は高まります。サーマーン朝もこれを無視できず、彼の率いる軍は、王朝のガズナ駐屯軍の扱いを受けるようになります。将軍の死後、後継者が自立してしまったのが、ガズナ朝です。

ガズナ朝の第三代の君主は、マフムードという名でした。九九八年に権力を握った彼は、アフガニスタンの東にあるインドに侵入しました。インドにはまとまった政治勢力はなく、ラージプート諸王朝とよばれる小王朝が林立していました。彼のインド侵入の目的は、異教徒であるヒンドゥー教徒の寺院を荒らして、略奪品や奴隷を得ることでした。彼の治世三十数年の間に、マフムードのインド侵攻は一七回にわたりました。彼は、インドの人々にとっては、略奪者で破壊者でしたが、イスラーム世界の人々にとっては、異教徒から莫《ばく》大《だい》な富を得た偉大な戦士でした。

マフムードはまた、中央アジアやイランのホラサーンでも活躍しました。サーマーン朝はすでに力がなく、代わって、イスラームを受容したトルコ人の王朝であるカラ・ハン朝と、セルジューク朝が彼の敵でした。マフムードは、これらの強敵を破って、中央アジアの一部とホラサーンを確保したのです。彼の軍は、トルコ人マムルークが中核でしたが、官僚にはイラン人を登用し、宮廷では、ペルシア語が使われていました。彼の宮廷は、ペルシア語の詩を朗唱する詩人や文人で溢《あふ》れ、文化人の保護者としてもマフムードは名声を得ていました。ガズナのマフムードは、この時代のイスラーム世界の英雄なのでした。

ゴール朝

アフガニスタンの山岳地帯の住民の一部を、当時のイスラーム世界の人々はゴールとよんでいました。彼らのなかのシャンサバーニーという名の家系が、大きな勢力となり、一〇五一年にガズナを攻略してアフガニスタン東部を支配します。このゴール人の王朝はゴール朝とよばれますが、ゴール朝の軍事力の中核もまた、トルコ人マムルークでした。ゴール朝もインドを目指し、インドのパンジャブ地方に拠《よ》っていたガズナ朝の残存勢力を滅ぼして、インドを略奪するためではなく、支配するために侵攻していきました。

インドに侵攻したゴール朝の軍団はインドに残り、やがて自立します。三人の将軍が自立したのですが、のちにデリーに進出するのはアイバクという名の奴隷出身の将軍の軍団でした。

デリー・スルタン朝

アイバクが支配した領域は、そう広いわけではなかったのですが、インドの中心部にできた最初のイスラーム政権として、歴史的な意味をもっています。彼が死ぬと、彼の息子が君主となりましたが、じきに戦いに敗れて、アイバクの奴隷出身のマムルークが後継者となります。このように、奴隷出身者が最初の支配者だったので、この王朝を奴隷王朝とよびます。その後、奴隷王朝を含めて五つの王朝が、デリーを首都としてインドの北部を支配しました。これらの王朝を総称して、デリー・スルタン朝とよびます。

一二〇六年に奴隷王朝が成立し、一二九〇年からはハルジー朝がこれに代わり、一三二〇年からはトゥグルク朝がこれに代わりました。これらの三王朝の時代は、中央アジアとイランはモンゴル勢力が支配した時代ですが、デリーのスルタン朝はモンゴル勢力のインド侵入を防いで、支配領域をしだいに拡大していきました。王朝の中核はトルコ人ですが、イスラームを受け入れたインド人ムスリムの高官も活躍するようになります。また、デリーを中心に、イスラーム神秘主義教団が形成されて、それらがインドの民衆にイスラームを広げていきました。

十四世紀の末に、中央アジアでティムールが巨大な帝国を建設しますが、そのティムールが、一三九八年に、インドに侵攻してきてデリーを陥《おと》して、破壊してしまいました。異教徒を甘やかすイスラーム政権を打倒する、という名目のもとでの侵攻でした。彼の軍は中央アジアに引きあげてしまいますが、その侵攻を防ぐことができなかったトゥグルク朝は滅び、一四一四年にはサイイド朝がこれに代わります。しかし、この王朝はティムール帝国の属国で、支配領域は狭まり、一四五一年にこれに代わったロディー朝は、アフガニスタン出身の人々を中核とする王朝ですが、デリーの周辺だけを支配する小王朝となってしまいます。インドのイスラーム勢力は四分五裂してしまったのですが、やがてティムールの子孫であるバーブルがインドに進出して、ムガル朝を興すことになります。

53 草原の騎馬遊牧民

内陸ユーラシアの草原

トルコ系の人々について、もう何度も話をしてきましたが、ここで、騎馬遊牧民であったトルコ人について、改めて紹介しておきます。

ヨーロッパはアジアとひとつづきの大陸の一部なのだ、と第1話で述べました。では、アジアとヨーロッパをまとめて、何とよべばよいのでしょうか。一般にはそれは、ユーラシアとよばれています。ユーラシアの北部は、シベリアからロシア北部を経て北欧につながる針葉樹の森林地帯です。その南の、北緯四五度から五〇度前後の帯状の地域を眺めてみましょう。この地域の東端は日本の北海道や中国の東北地域で、また西端はヨーロッパのドイツやフランスなどで、ともに森林地帯です。その中間、すなわちモンゴル高原から中央アジア、ロシア南部やウクライナ、そして中部ヨーロッパのハンガリー平原などを、内陸ユーラシアとよびましょう。そこには、山や川があり、また森も砂漠もあるのですが、ともかく広大な草原が発達しているのです。

草原の一部は、豊かな農耕地となっています。しかし、農業に必要な水が得られない地は、いまでも草原です。夏の草原には、草食動物が食べる草は、いくらでもあります。しかし、冬は、草原は雪と氷に覆われ、動物が雪をのぞいて草を食べるのは容易ではありません。それが可能な場所は、山の南斜面など限られています。当然そこには、狼などが草食動物を狙って待っています。人間が草食動物を、夏は食べるがままにまかせて、冬は限られた場所に導いて、そこで狼などの外敵から守ってやれば、草食動物にとっては好都合です。人間は草原の草は食べられませんが、動物がそれを食べ、その動物の乳や肉を人間が食べれば、人間にとって好都合です。草原では、牧畜が産業として発達するのです。人間が飼う家畜は、夏は山の上の涼しいところへ、冬は山麓《さんろく》の暖かい場所へと移動しなければなりません。人間も、家畜の群れとともに移動します。そのような牧畜を遊牧とよびます。

騎馬遊牧民

いまの日本では、馬は競馬で馴染《なじ》みがあるだけの動物になってしまいました。しかし、世界の歴史をみれば、人類は馬とともに生きてきたといってよいほどの動物でした。馬と人間のつきあいは、いまからおよそ六〇〇〇年前に遡ります。人間は、馬の乳を利用し、その肉も食べるのですが、その背に荷を載せて運ばせる駄獣として、また、車を引かせる動物としても、馬を利用してきたのです。さらに、あるときから、人間は馬の背に乗るようになりました。背に人間を乗せるのは、馬にとっては迷惑な話です。口に「はみ」とよばれる短い棒を挟んで、その両端に手綱をつけるなど、さまざまな技術を駆使しなければ、人間は馬を乗りこなせないのですが、その前になにより、若い馬を調教して、背に人間が乗ることに慣れさせなくてはいけません。馬に乗ること、すなわち騎馬は、前三千年紀にははじまっていたようですが、騎馬が普及していくのは、前一〇〇〇年ごろからでした。

騎馬の技術を戦闘に用いれば、戦力は飛躍的に向上します。また、遊牧という産業に用いれば、効率は飛躍的に向上します。羊の群れを管理するのに、普通は二〇〇頭前後が適当な規模ですが、騎馬ですと、一〇〇〇頭前後を管理できるのです。騎馬という技術を開発し、広範囲にそれを用いることによって、ユーラシアの草原の騎馬遊牧民は、経済的にも、軍事的にも、大きな存在になりました。

トルコ人

ユーラシア草原の騎馬遊牧民は、前一千年紀からは、優れた軍事力を発揮しはじめました。西のほうでは、スキタイとよばれる騎馬遊牧民が、前六世紀の最盛期のペルシア帝国とわたり合って、ひけをとっていません。東では、前二世紀に、四〇〇〇万人を超える人口の漢《かん》という帝国は、おそらく一〇〇万人はいなかった匈奴《きょうど》という騎馬遊牧民の国家と対等の勝負をしていました。騎馬遊牧民は、有能な指導者のもとにまとまれば、世界最強の大帝国でも、なかなか勝てない相手でした。

スキタイとよばれた人々は、金髪で碧眼《へきがん》、そして白い肌の、いわゆる白人で、その言語はインド・ヨーロッパ語族の、ペルシア語に近いものでした。一方匈奴の人々は、黒い髪と黒い目の、外見はわれわれ日本人に似た人々で、その言語は、トルコ語やモンゴル語に近いものでした。草原地帯の歴史の流れは、東の騎馬遊牧民がしだいに西へと向かい、西でも優越していく過程とみなすことができます。イスラーム勢力が中央アジアに進出して、草原の騎馬遊牧民と接した七世紀では、彼らはすでにトルコ語を話す人々でした。アラブは彼らをトルコとよんだのです。

七世紀から十一世紀まで、草原の東では、騎馬遊牧民はまとまって政治勢力をつくり、中国を支配した王朝と競うこともあったのですが、中央アジアやロシア・ウクライナでは、まとまることはまれでした。小さな政治勢力の間で戦いが絶えず、戦争捕虜がイスラーム世界に売られてきたのです。しかし、しだいに彼らの間にもイスラームが浸透していきました。

54 アナトリアのトルコ化

トルコ人のイスラーム受容

現在の中国の北西部に新疆省《しんきょう》があります。その新疆省の南部は、ウイグル自治共和国となっています。ウイグル人の国であるわけです。ウイグル人は、トルコ系民族の一つです。そのウイグル人が、自分たちの歴史上の英雄と考えている人物に、サトゥク・ブグラ・ハンという人がいます。十世紀前半の人です。当時、現在のウイグルの地に、カラ・ハン朝とよばれる王朝が成立しようとしていましたが、彼はその草創期の英雄です。そればかりではなく、彼は、イスラームを受け入れた最初のトルコ人の君侯として、名高いのです。彼の死後しばらくして、九六〇年に、トルコ人二〇万テント(家族)がイスラームに改宗したと、あるアラビア語の年代記は伝えています。

カラ・ハン朝は、トルコ人ムスリムの国家として、ウイグルの地で仏教徒のトルコ人と戦い、また西に進出して異教徒のトルコ人と戦う一方で、中央アジアのオアシス地帯の覇権をめぐって、サーマーン朝とも戦いました。カラ・ハン朝は、十一世紀末ごろまで繁栄しましたが、この時代はまだ、ユーラシアの草原地帯のトルコ人の間では、ムスリムは少

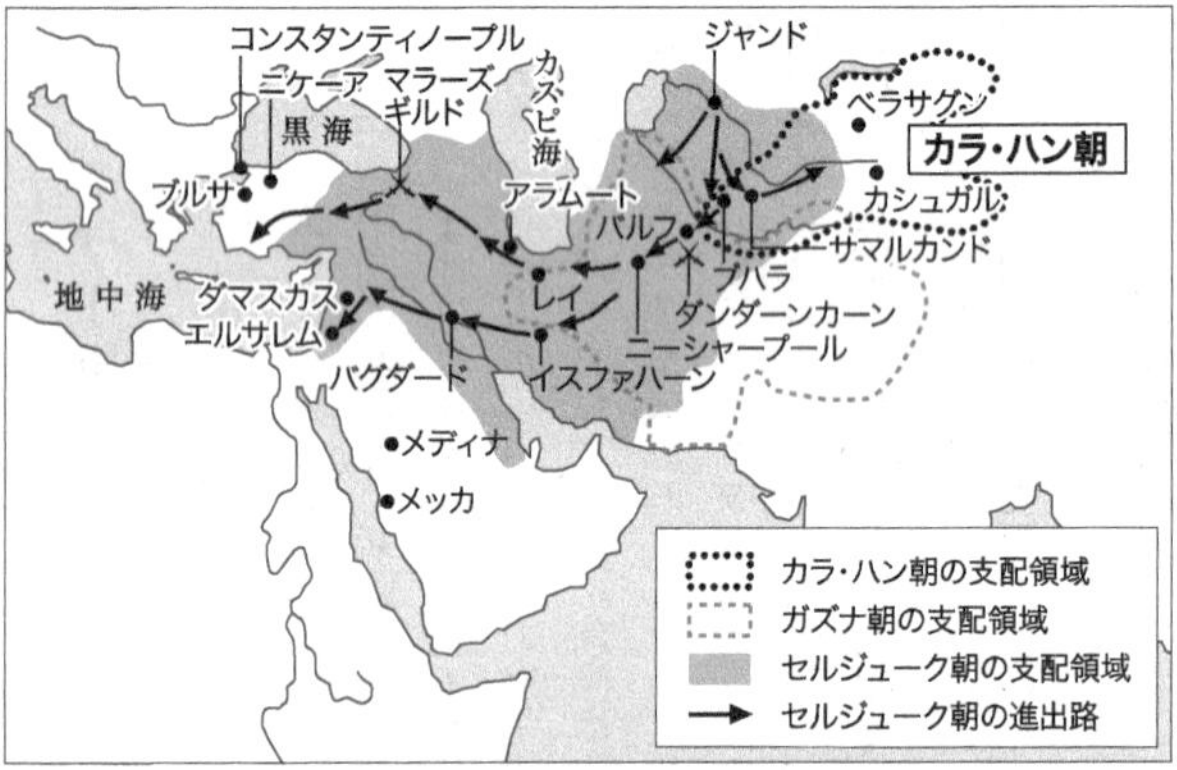

トルコ人の移動とセルジューク朝の領域

数派に過ぎませんが、しかし、トルコ人の一部は、熱心なムスリムとなったのです。また、現在のウイグル出身のマフムード・アル・カシュガリーという人が、十一世紀後半に、トルコ語をアラビア語で説明した事典を著したことに象徴されますが、トルコ語を話すトルコ人がイスラーム世界のなかで大きな比重をもつようになりました。

ローマ帝国（ビザンツ帝国）の反撃

ローマ帝国は、七世紀にアラブによって、文化的・経済的にもっとも繁栄していた領土であったシリアとエジプトを奪われ、アナトリアとバルカン半島の一部を支配するだけの国家となりました。ウマイヤ朝の時代とアッバース朝の初期には、ムスリムの戦士は、ときにはアナトリアを横断してローマ帝国の首都コンスタンティノープルの城壁まで押し寄せています。ローマ帝国は守備を固くするだけで、なかなか攻勢にでられません。しかし、十世紀になると、情勢が変わります。アッバース朝の中央政府の力が弱まり、ローマ帝国との国境地帯を支配できなくなりました。ローマ帝国は、この機を逃しません。九三一年、帝国の軍は、現在のトルコとイラクの国境付近で、イスラーム勢力を破って、領土を奪回しました。その後も、帝国はクレタ島やキプロス島を奪回し、また、エデッサやアンティオキア、さらには現在のレバノンの諸都市など、キリスト教にとってゆかりのある重要な都市を奪回していきます。十世紀は、キリスト教を国教とするローマ帝国（ビザンツ帝国）にとって、軍事的に成功し、領土を拡大した時代なのでした。

マラーズギルドの戦い

現在のイランの北西部とトルコの東部の山岳・高原地帯は、騎馬遊牧民にとっての最良の放牧地が広がっています。一方、都市民や農民など定住する人々にとっても、ここは居住条件がよいところです。この地域の住民であるクルド人は、ペルシア語系の言語を用いる人々で、イスラームを受け入れていきました。その一方で、この地域の同じ定住民であるアルメニア人は、独自の言語であるアルメニア語を保持し、アルメニア教会のキリスト教徒でした。この二つの民族の居住地域は、互いに入れ込み、まとまってはいないのですが、みなバグダードのアッバース朝カリフやコンスタンティノープルのローマ皇帝に容易には従わない人々です。しかし、九世紀まではカリフの権威が強く、十世紀にはローマ皇帝の権威が強いという傾向がありました。

紀元前の時代は、この地域に騎馬遊牧民が活躍しましたが、その後長い間、彼らの活躍が目立たない時代がつづきました。それが、十一世紀になると、変わります。中央アジアの、ムスリムとなったトルコ人が進出してきたのです。彼らは、まとまった勢力としてではなく、小集団で、次から次へとこの地にきました。ローマ皇帝の権威は、この地で失墜していきます。進出してきたトルコ人は、騎馬遊牧民なのですが、みな騎馬戦士でもありました。やがて、彼らをセルジューク朝が組織して、強力な軍をつくります。

一〇七一年のことです。ローマ皇帝は、帝国の総力を挙げて強力な軍を組織し、セルジューク朝に組織され、この高原地帯の覇権を握ろうとしていたトルコ人戦士に向けてきました。現在のトルコにヴァン湖という湖がありますが、そのそばにマラーズギルドという名の、ローマ帝国の要塞《ようさい》がありました。この要塞のかたわらの平原で両軍が激突し、ローマ軍が大敗しました。一時、軍事的に強者となったローマ帝国は、この戦いを機に、弱者に転じていきました。セルジューク家のスレイマンという名の男は、イラクやイランを支配していたスルタンの管理下から離れて、独自にトルコ人戦士を組織して、アナトリアを征服していきました。彼の子孫がアナトリアで樹立した政権を、ルーム・セルジューク朝とよびます。ルームとは、アラビア語で、ローマ帝国領を意味していました。この時代から、アナトリアは、ギリシア語を話すキリスト教徒の地から、トルコ語を話すイスラーム教徒の地へと変わっていくのです。

55 モンゴルの来襲

チンギス・ハンの西征

十世紀のはじめごろ、中国の北部に遼《りょう》という国が成立しました。ユーラシア草原地帯の東端を支配した国です。十二世紀のはじめに、遼は金《きん》という国に滅ぼされてしまうのですが、遼の民の一部は、草原地帯を西にはしり、中央アジアで国家をつくります。それを漢文史料は西遼《せいりょう》といい、またアラビア語でカラ・キタイとよびます。ムスリムから見れば異教徒の勢力であるカラ・キタイは、ムスリムの国家であるカラ・ハン朝やセルジューク朝を圧迫して、一時期中央アジアの覇権を握りました。

中央アジアに、アラル海という大きな湖があり、そこに、アム川という大きな川が流れ込んでいますが、流れ込む流域一帯をフワーリズム（ホラズム）地方とよびます。草原地帯のただ中にある、豊かな農耕地帯です。セルジューク朝は、この地に総督をおきますが、やがてそれは世襲化され、なかば自立します。この政権を、フワーリズム朝とよび、その君主をフワーリズム・シャーといいます。十二世紀、フワーリズム・シャーはカラ・キタイに臣従していましたが、同世紀末から十三世紀初頭にかけて、完全に自立して、中央アジアからイラン西部を征服しました。ときのフワーリズム・シャーは、ムハンマドという名でした。

フワーリズム・シャー・ムハンマドが、中央アジアで急速に勢力を拡大していたのと同時期に、草原地帯の東端でも、新興勢力が急成長していました。一二〇六年、この勢力の長はチンギス・ハンと称します。彼のもとにまとまった勢力は「モンゴル」とよばれました。モンゴルは、中国の北部を支配していた金を圧迫し、また西方に勢力を拡大していきました。草原地帯で急成長していた二つの勢力は、対決を迫られます。

一二一九年、すでにカラ・キタイを滅ぼしていたチンギス・ハンは、彼の勢力の過半を率いて西征に出発しました。フワーリズム・シャーは、モンゴルとの騎馬戦を回避して、主要都市の防備をかためる作戦を採ったのですが、サマルカンドなどをつぎつぎと陥されてしまいました。急成長してきた彼の軍の解体ははやく、軍に見放されたシャーは逃亡を余儀なくされ、一二二〇年に、彼の政権はもろくも瓦解《がかい》しました。

中央アジアの草原地帯と、オアシス地帯を制圧したチンギス・ハンは軍の主力を東に返しましたが、現在のイランの北西部の山岳・高原地帯（アゼルバイジャン）に、駐屯軍を残しておきました。そこは、前の第54話で述べた、騎馬遊牧民にとっての理想の地なのです。

モンゴルとトルコ人

やがて、一二三六年、チンギス・ハンの孫であるバトゥは、大軍を率いて草原地帯を西に向かいました。アゼルバイジャン駐屯軍の主力もこれに合流して、西征軍は、ヴォルガ川流域から今日のウクライナを制圧し、さらにハンガリー平原を侵しました。ユーラシア草原地帯は、東端から西端まで、「モンゴル」の支配下に入ったのです。人類の歴史ではじめて、草原の騎馬遊牧民のすべてが、「モンゴル」の名のもとにまとまったのです。

現在、中国の北にモンゴルという名の国家があります。その国民はモンゴル人とよばれ、その言語をモンゴル語といいます。トルコ語の親戚《しんせき》ですが、すこし違いはあります。十三世紀のチンギス・ハンはモンゴル人でした。彼の言語は、現代のモンゴル語に直結するものであったに違いありません。しかし、彼が組織したモンゴル高原の「モンゴル」勢力には、多数のトルコ語使用者がいました。彼らも、チンギス・ハンから見れば、「モンゴル」の一部でした。そして、彼と彼の孫バトゥが征服した、草原地帯の西部には、多数のトルコ語使用者がいました。彼らもまた「モンゴル」になったのです。十三世紀、世界を制圧した「モンゴル」とは、トルコ人を多数含む、草原地帯の騎馬遊牧民の総称だったのです。

フラグの西征

一二五六年、モンゴルの大軍がイランにまた姿を現しました。それを率いる将は、チンギス・ハンの孫のフラグでした。軍は、「モンゴル」を構成していたさまざまな集団から選ばれた精鋭部隊で、アゼルバイジャン駐屯軍が全面的に参加しています。フラグの軍はイラン全土を制圧し、イラクに進出して、バグダードに迫りました。

バグダードは、アッバース朝カリフの膝元《ひざもと》です。カリフには長らく、政治的な実権はなかったのですが、十二世紀の末ごろから、イラクの支配権を回復していました。カリフは、フラグの軍が迫ったとき、自前の軍をもっていたのです。しかし、その軍はモンゴルの敵ではありません。あっさり敗れ、バグダードは陥落して破壊され、カリフは捕らわれて殺されてしまいました。七五〇年に成立し、長い歴史をもつアッバース朝は、一二五八年に、滅んでしまいました。アッバース家の生き残りが、カイロで、マムルーク朝のスルタンに擁立されて、形だけカリフ位を保持したことは、第49話で述べましたが、実質的には、イスラーム世界にカリフはいなくなってしまいました。イスラーム世界の中心部は、異教徒の勢力である「モンゴル」によって征服されてしまったのです。

56 ムスリムになったモンゴル

イル・ハン国

フラグが、バグダードのアッバース朝を滅ぼしたのは一二五八年ですが、五九年にはモンゴル高原で、全モンゴル勢力の大ハンであったモンケが死去しました。フラグは、次期大ハン選出の会議出席のため、モンゴル高原に帰る準備をはじめていました。しかし、シリアを転戦していた彼の将軍が率いた軍は、シリアでマムルーク朝の軍に敗れてしまいました。また、大ハン位をめぐって、フラグの兄のクビライと弟のアリク・ブケが争っている状況を見て、フラグは自らが征服した地に留《とど》まることを決意しました。彼は、結局は大ハンとなったクビライからは半ば自立した政権の主《あるじ》となったのです。この王朝を、イル・ハン朝とよびます。

フラグは、イラン各地の地方政権をつぎつぎと下し、イラン・イラクを中心とする領域を支配しました。そして、シリアとアナトリアの支配をめぐって、エジプトのマムルーク朝と争いましたが、そのために、シリアに残っていた十字軍勢力やローマ教会の教皇とも連携しました。フラグは、キリスト教徒ではなかったのですが、キリスト教勢力と結んで、イスラーム勢力と戦う姿勢を示していたのです。

フラグの率いていた軍は、騎馬遊牧民からなっていました。彼らは、広大な地域の支配者となってからも、遊牧生活をつづけていました。イランで、遊牧民にとっての適地は、北西部のアゼルバイジャン地方にほかなりません。イル・ハン朝の軍の主力は、フラグの後継者の時代を通じて、アゼルバイジャンで遊牧生活を送る、トルコ系の騎馬遊牧民でした。そしてフラグも、その後継者も、テント生活を送る王者なのでした。アゼルバイジャンのタブリーズという都市が、イル・ハン朝の首都なのですが、ハンは首都にいるとは限らず、夏は涼しい高原で、冬は都市の郊外の庭園で、テントを張って、暮らしていたのです。

モンゴルとムスリム

中央アジアを征服したチンギス・ハンは、ムスリムから見れば異教徒でした。しかし、彼のもとには、彼が西征を実行する以前から、ムスリム商人が出入りしていたのです。フワーリズム朝の内情などは、ムスリム商人がチンギス・ハンに提供していました。チンギス・ハンの軍隊によって、サマルカンドなど、中央アジアの都市のいくつかは徹底して破壊されてしまいましたが、すべてが破壊されたわけではありません。チンギス・ハンは、何人かの総督に中央アジアのオアシス地帯の統治を委《ゆだ》ねて東方に帰還しましたが、総督たちはさっそく、ムスリムを宰相に任じて統治にあたりました。後に、この地域は、チンギス・ハンの次男のチャガタイに委ねられましたが、彼もまた、ムスリム官僚を登用して、統治にあたりました。

現在のカザフスタンからヴォルガ川下流域一帯はキプチャック草原とよばれていましたが、そこを征服したのがバトゥでした。彼も、フラグに三〇年ほど先んじて、半ば自立した政権をつくりました。その王朝を、キプチャック・ハン国といいますが、フラグと同時代のキプチャック・ハン国のハンは、ベルケという人でした。彼がイスラームに改宗したかどうか確かなことは分からないのですが、彼は確かにイスラームには好意的でした。彼のもとには、ムスリムの戦士や官僚、そして商人が多数いたのです。ベルケは、十字軍などキリスト教勢力と連携するフラグに対抗して、イスラーム勢力であるマムルーク朝と連携していました。同じモンゴル勢力でも、イル・ハン国とキプチャック・ハン国は対立し、ときには戦っていました。

ガザン・ハン

イル・ハン国でも、ムスリムを支配したのですから、イラン人官僚を登用しないわけにはいきません。事実、ジュワイニー家とよばれる一族は、何人かの宰相を出しているのです。しかし、フラグの後継者たちは、親イスラームの態度を示すと反発され、また、しだいにハン位をめぐる争いも激しくなり、国情は安定しません。第七代ハンであるガザン・ハンは、自らイスラームに改宗して、ラシード・アッディーンというイラン人官僚を宰相にして、国政の改革をおこないました。彼の時代に、イランを支配していたモンゴルの間に、急速にイスラームは普及していきました。ガザン・ハンは、イスラームを受け入れたといっても、シリアをめぐってマムルーク朝との戦いをやめたわけではないのですが、イスラーム勢力対異教徒勢力の対決、という図式は消えました。このころ、チャガタイ家が支配していた中央アジアでも、キプチャック・ハン国でも、モンゴルを構成していたトルコ人騎馬遊牧民の大部分は、ムスリムになっています。また、モンゴル支配下の中国にも、ムスリムは多数移住していきました。モンゴルの支配下で、イスラームは、地理的に拡大する時代となったのです。

ラシード・アッディーンは、ガザン・ハンのつぎのハンの時代も宰相として活躍し、ペルシア語で膨大な歴史書を編纂《へんさん》しました。このことに象徴されるように、モンゴルの支配下では、ペルシア語によるイスラーム文明が花咲いたのです。ペルシア語は、モンゴルの時代に、ユーラシアの国際共通語として、大きく発展しました。

57 海の道のムスリム商人

稲（米）と発酵《はっこう》食品の文化圏

イスラームを育《はぐく》んだ中東地域は、麦からつくるパンと家畜の乳からつくる乳製品を中心とする食物文化を、前七〇〇〇年という昔に生み出し、発展させてきた地域でした。これに対して、現在の世界ではもう一つ、広い地域を覆う食文化があります。それは稲を栽培して、米食をする文化です。この食文化は、朝鮮半島から、私たちの日本、中国の南部、東南アジア、インドの東南部などに広がり、この食文化圏には、世界の人口のおよそ半分が住んでいます。この食文化圏では、味噌《みそ》や醬油《しょうゆ》、その他の発酵食品が著しく発展しています。それゆえこの食文化圏を、米と発酵食品の文化圏、とよびましょう。

稲作の起源は、麦作の起源とあまり変わらないほど古く、前五〇〇〇年ほどに遡ります が、この文化圏では長らく、都市や巨大な国家は存在しなかったのです。前一千年紀の前半に、中国の長江《ちょうこう》中流域に楚《そ》という国ができましたが、これがこの食文化圏でのはじめての国家でした。その後、長江下流域に呉《ご》や越《えつ》という国ができて、そこから朝鮮半島や日本にもこの食文化が伝わりました。日本の弥生《やよい》時代です。同時期に、東南アジアにも稲作文化は伝わり、小国家ができます。しかし、中東のパンと乳の文化圏の華やかさにくらべると、米と発酵食品の文化圏の歴史は、その後も地味なものでした。

しかし、十世紀ごろから、米と発酵食品の文化圏は急速に発展していきました。日本で、荘園《しょうえん》が開発されて、武士が誕生したころからです。中国では、宋《そう》の時代に江南《こうなん》、すなわちこの文化圏の人口が増え、やがて黄河流域に匹敵するようになります。東南アジアでも、アンコールに都をつくったクメール王国、ボロブドゥールの大寺院を建設したジャワのシャイレーンドラ朝などが繁栄しました。ついで、十一、十二世紀に、この地域はさらに発展し、人口や都市の成熟度など、さまざまな点で、麦と乳の文化圏に匹敵する大文化圏に成長しました。

海の道

中東を中心とするパンと乳の文化圏と、中国の江南を中心とする米と発酵食品の文化圏を結んでいたのは、インド洋、南シナ海、東シナ海などを結んだ海の道です。一世紀ごろ、インド洋の季節風を利用する技術が開発され、さらに、三世紀ごろには、南シナ海の季節風を利用する技術も開発されて、中東から江南への海の道が確保されました。この道を利用した商人は、エジプトを拠点としたギリシア人やアフリカのエチオピア人などでしたが、中東をイスラーム勢力が覆う時代となると、ムスリム商人がこの道に進出しました。彼らは、ダウという帆船を用いて、江南の港に居留地をつくっていたのです。海の道は、米と発酵食品の文化圏の発展とともに活性化し、江南の中国人もジャンクという大型帆船を東シナ海や南シナ海で用いて、東南アジアやインドで、ムスリム商人と取り引きしていました。中東のイスラーム世界では十一世紀ごろまではバグダードが中心で、中国、東南アジア、インドの商品は、インド洋からペルシア湾を北上し、ユーフラテス川を上って、バグダードまできていました。十二世紀ごろからは、アイユーブ朝治下のエジプトが、中心になりつつあったことは、すでに述べました。東方の商品は、インド洋から紅海を経て、エジプトへと集中しはじめていました。

モンゴル時代の海の道

中国の北部にあった金を滅ぼしたモンゴル勢力は、クビライの時代に日本に攻めてきたことは、みなさんもよくご存じだと思います。モンゴル軍は日本だけではなく、ジャワ島も攻めましたが、失敗しました。モンゴルは、結局、海の道を武力で支配することはできませんでした。しかし、クビライは、江南にあった宋を滅ぼし、その領土を併合してしまいました。発展しつつあった米と発酵食品の文化圏の中核を手に入れたのです。鎌倉《かまくら》時代の後半から南北朝《なんぼくちょう》時代にかけての日本は、さかんにモンゴルが支配した江南と貿易を営みましたが、事情は、東南アジアでも同じでした。モンゴルの勢力拡大にともなって、ヴェトナム、タイ、ビルマ、あるいはジャワやマレーで大きな政治変動があり、新たに成立した王朝はみな、江南のモンゴル勢力と親交を結んで、貿易をさかんにおこないました。

クビライは、現在の北京《ペキン》がある地に、大都《だいと》という巨大な都市を建設して、そこを本拠地にしました。彼もモンゴルの君侯（ハン）ですから、夏は涼しい高原で、冬は大都の庭園でテント生活をしていたのですが、大都をモンゴルの経済の中心に据えました。渤海湾《ぼっかいわん》から大都にいたる運河を整備して、海の道が直接大都までつながるようにしたのです。それまで中国は、北の金と南の宋に分かれていて、北と南は、あまり経済交流はなかったのですが、モンゴルはそれを一つの経済圏にして、さらにそこに、海の道をつなげたわけです。

モンゴル時代の海の道の西は、マムルーク朝のエジプトです。海の道はさらに、エジプトを経て地中海につながっていました。ムスリム商人が活躍する場が、急速に拡大したのです。モンゴルの時代は海の道の発展期で、そこで、ムスリム商人が大活躍をした時代でした。

58 海域世界の港市国家

港市国家とは

みなさんは、アラブ首長国連邦という国家をご存知でしょうか。ペルシア湾に面した国で、石油の産地です。名前に「連邦」とあるように、この国は七つの小さな「国」の「連邦」です。それぞれの「国」に「首長」がいるので、「首長国連邦」なのです。ペルシア湾に面したアラビア半島には、このほかに、クウェート、バハレーン、カタールという、独立した「首長国」があります。また、東南アジアにマレーシアという国家がありますが、この国も、十三の州より成る連邦国家です。十三の州のうち、九つの州にはスルタンという称号の君主がいます。この国の基本的な形も、スルタンたちの「国」の「連邦」です。現在では、小規模の「首長国」や「スルタン国」は少なくなってしまったのですが、歴史を遡れば、イスラーム世界にはたくさんの、このような小国家がありました。

海路による交易は、港を必要とします。港と港を結ぶ海が、海路に他なりません。交易を主たる産業として、港を中心に成立する小国家が、歴史上多数ありました。このような国家としてすぐ思い浮かぶのは、イタリアのヴェネツィアやジェノヴァですが、実際には、イスラーム世界にこのような国家が多かったのです。港を中心とした小国家を「港市国家」とよびましょう。ペルシア湾岸の「首長国」や、マレーシアの「スルタン国」も、元来は港市国家でした。現代では、このような小港市国家が独立を維持するのが難しく、「連邦」をつくっているのです。

歴史的には、エジプトやシリア、イランなどにも、港市は多数あるのですが、それらは大きな王朝によって管理され、そこに港市国家を簡単につくることはできません。しかし、巨大な政治勢力のない地域、たとえばイタリアやアラビア半島などでは、港市国家が成立し、発展したのです。

アフリカの東海岸

インド洋の西の果てはアフリカ大陸の東海岸です。インド洋では、毎年冬になると、北東から南西に向かって季節風が吹きます。おそらく紀元前後のころから、この風を利用して定期的に、ペルシア湾岸や紅海岸の商人たちがアフリカの東海岸にやってくるようになったのでしょう。そして夏になると、季節風は、反対に南西から北東に吹きます。商人たちはこの風でまた、故郷へともどっていきます。一年がかりのこの海路による交易は、イスラームの時代にいっそう発展します。中東地域のムスリム商人は、毛織物や工芸品などと交換に、アフリカの金、象牙《ぞうげ》、奴隷などを購入していました。東アフリカからもたらされる奴隷はザンジュとよばれていましたが、彼らは、イラクで開発された農園で働いていました。九世紀に、彼らザンジュが中心となって大規模な反乱があったことは、第36話でお話ししたとおりです。

アフリカの東海岸に、港市が点々と存在していたことは容易に想像できますが、歴史史料に乏しく、その姿ははっきりしません。しかし、十二、三世紀ごろからは、記録が残されるようになります。それらによると、港市のいくつかは、港市国家として政治的なまとまりをもっていました。第62話で紹介するイブン・バットゥータという旅行家は、これらの港市国家を歴訪して、見聞録を残しています。この地の港市国家の多くは、大陸からすこし離れた小島に都市をつくり、そこを拠点としていました。都市の住民は、アラビアやイランなどからきて、これらの地に留まった商人たちと、現地の黒人妻との間の混血の人々が中心でした。彼らの言語は、現地のバントゥー系の言語とアラビア語が混じったもので、スワヒリ語とよばれています。イスラーム世界は、このような港市国家を拠点とし、スワヒリ文化を通して、アフリカの東部に広がっていきました。

インドから東南アジアへ

インド洋の東の果ては、インドの西海岸です。ペルシア湾岸や紅海沿岸の商人たちは、紀元前後のころから季節風を利用して、夏にインドに行って、冬に帰ってくるという一年がかりの交易をはじめました。イスラームの時代になって、アフリカへの海路とおなじように、この海路の交易路もいっそう発展しました。インドの西海岸には、古くから港市があり、港市国家も多数存在していたのですが、歴史史料はほとんどありません。しかし、ムスリムが港市国家の支配者になる時代が十二、三世紀ごろからはじまり、それと並行して、記録が残されるようになります。そのころ、北インドでは、トルコ人やアフガニスタン人のムスリムが武力で進出して、デリー・スルタン朝をつくっていました。それに対してインド南部の港市では、中東からきたムスリム商人やインド人ムスリムたちが、港市国家をつくっていったのです。

海の道でインドをこえれば、そこは東南アジアの世界です。東南アジアにはさまざまな民族が暮らしていましたが、海路の交易の主役はマレー人でした。彼らも昔から多くの港市国家をつくっていました。そして、彼らの港市国家の一つであるマラッカの君主が、十五世紀にはイスラームを受け入れてスルタンと称します。その後、マレー人商人の間にも、イスラームは着実に浸透していきます。海の道を通じて、イスラーム世界は拡大をつづけていくのです。

59 陸を結ぶムスリム商人

ラクダの隊商

長距離の国際交易は、陸路でもさかんでした。中東では昔から、陸路の商人は、ロバの背に荷を載せて運ばせていました。前二千年紀の末から、中東の人々は、ラクダを荷を運ばせる駄獣として利用するようになります。ロバにくらべれば、ラクダはかなりの大型動物です。ロバだと一〇〇キロの荷を運ばせるのが限度ですが、ラクダは二〇〇キロを超える荷を楽に運んでくれます。ラクダはまた、数日間も水を飲まなくても平気なのです。水場の少ない砂漠をこえるのに、ラクダはロバよりもはるかに優れた駄獣です。

数人の商人が数頭のラクダで荷を運ぶ商業もありましたが、数百頭、ときには、一〇〇〇頭、二〇〇〇頭のラクダを連ねて大量の荷を運ぶ商業もありました。このような大規模な商業を営む商人集団のことを「隊商（キャラバン）」とよびます。ラクダ二〇〇〇頭ですと、四〇〇トン以上の荷を運ぶ計算になります。ムスリム商人が利用した海路を行く船は数十トン程度ですから、大規模な隊商は、大型の船とおなじ程度の荷を運んで、陸路を交易のために往復していたことになります。

シルク・ロードのムスリム商人

中東の商人たちは、大昔から、中東各地を結んで、さかんに隊商貿易を営んでいました。地球上で、長らく中東地域だけが、人間が稠密《ちゅうみつ》に暮らす地域だったのです。ところが、第8話でお話ししたように、前一千年紀の後半になると、中国の黄河流域で人口が急増し、またインドでも人口が増えて、中東と黄河流域とインド北部の三ヵ所が人間が稠密に暮らす地域となります。そして、この三ヵ所を結ぶ交易が発展しました。歴史家は、この交易がなされた交易路を総称して「絹の道（シルク・ロード）」とよんでいます。整備された道があるわけではありません。砂漠や野をこえて隊商が通った道は、一定していません。シルク・ロードとは、道路のことではなく、海路とおなじように、都市と都市を結ぶ漠然とした幅広い線のことなのです。

シルク・ロードでの主要な交易品が中国産の絹織物や生糸であったため、「絹の道」とよぶのです。それは、中国の北西部、すなわち黄河上流域から、現在の新疆省のウイグル自治区を通って、中央アジアのオアシス諸都市を結ぶ交易路です。中国の漢の時代と唐の時代は、この交易路に関する中国の歴史記録が豊富です。これらの時代、交易を担ったのは主として、中央アジアのオアシス地帯の住民であるペルシア語系の言語を母語とするソグド人商人でした。彼らは、草原の騎馬遊牧民の保護を受け、中国の長安《ちょうあん》などに拠点を構えて、手広く商いをしていました。

中央アジアを、イスラーム勢力であるサーマーン朝が支配するようになった十世紀になると、中国の政治は混乱してシルク・ロードに関する歴史記録は少なくなりますが、ソグド人商人たちはしだいにイスラームを受容して、ムスリム商人となって、交易を継続したようです。そして、十世紀後半から十一世紀に、カラ・ハン朝のもとで、トルコ人のイスラームへの改宗が進むとともに、中央アジアのオアシス地帯やウイグル自治区の西部にも、トルコ人ムスリムが定着するようになります。トルコ人は、騎馬遊牧民だけではなく、都市民や農民、そして商人にもなったのです。シルク・ロードは、ペルシア語系の言語やトルコ語系の言語を母語とする、ムスリム商人が活躍する舞台となりました。

モンゴルの時代のムスリム商人

チンギス・ハンが西征に出かける前から、彼のもとにはムスリム商人がいたことはすでに述べましたが、このムスリム商人とは、シルク・ロードで活躍していた、ペルシア語やトルコ語を母語とする商人たちに他なりません。チンギス・ハンとその子孫がつくったモンゴル帝国は、中東の東部と中央アジア、キプチャック草原、そして中国を覆っていました。つまり、シルク・ロードを完全にカバーしていたのです。ムスリム商人の活躍の場が、飛躍的に増えたことを意味しました。

十三世紀の初頭から十四世紀の中ごろまで、モンゴルの時代がつづきますが、この間、政治が安定していたわけではありません。チンギス・ハンの子孫がたがいに争って、しばしば激しい戦いがみられます。しかし、「モンゴル」という仲間意識をもった人たちが、広域の地域の支配者集団であったのです。たとえば、イランを支配したイル・ハン国の「モンゴル」の将兵たちにとってみれば、それぞれ自分の一族の一部が、中国を支配した元《げん》朝にもいました。将兵レベルでも、イランと中国は交流していたのです。その間を取りもっていたのが、ムスリム商人なのでした。

ムスリム商人は、中国でも活躍の場を得ました。元朝の宮廷には、多数のムスリム官僚がいました。彼らは、もっぱら財政官僚で、中国の経済を掌握していました。このようなムスリム財政官僚の保護を受けて、ムスリム商人は、中国に定着しました。現在、中国に回《かい》族とよばれる民族が暮らしていますが、彼らは、中国化したムスリム商人の子孫だと考えられています。モンゴルのもとで、イスラーム世界は、中国まで広がっていったのです。

60 ヴォルガ川流域のイスラーム国家

ブルガール人

ロシアの大地を南流してカスピ海に注ぐ、ヴォルガ川という大河があります。この流域に、カザン（タタールスタン）共和国、バシキール（バシコルトスタン）共和国などトルコ系の言語を母語とする民族の国があって、ロシアに属しています。これらの国の国民の多くは、ムスリムです。ではいつごろから、この地にムスリムが住むようになったのでしょうか。

五世紀か六世紀ごろ、ユーラシア草原地帯の西部にブルガール人とよばれる、トルコ系の言語を用いる人々がいました。彼らはやがて分散し、一部はドナウ川流域にいたって、七世紀に今日のブルガリアに建国しました。また一部は、ヴォルガ川を遡って中流域の森林地帯に落ち着き、農民や都市民になりました。彼らは、ヴォルガ・ブルガール人とよばれます。彼らが、十世紀の前半にイスラームを受け入れたのです。彼らは、アッバース朝のカリフとも接触を保ち、中東と北ヨーロッパを結ぶムスリム商人として活躍しました。彼らはまた、ロシアの森林地帯の住民であるルス人（ロシア人）とも接触を保っていました。陸を結ぶムスリム商人は、シルク・ロードだけで活躍していたわけではないのです。

キプチャック・ハン国

モンゴルの勢力を築き上げたチンギス・ハンは、西征のときに、長男のジュチに草原地帯の西方を任せて、帰国しました。ジュチの長男オルダは、キプチャック草原の西部からシベリア南部を支配するハンとなりましたが、次男のバトゥは大軍を率いてさらに西に向かい、第55話で述べたように、キプチャック草原全体を制圧しました。ジュチの二人の息子の子孫が統治した領域を、キプチャック・ハン国とよびます。ハンは一人ではなく、オルダの子孫の国を「白いオルダのハン国」とよびます。オルダとはテントのことですので、わが国では「白帳《はくちょう》ハン国」とよぶこともあります。一方バトゥの子孫の国は「青いオルダのハン国（青帳《せいちょう》ハン国）」とよばれ、全体が「金のオルダのハン国（金帳《きんちょう》ハン国）」とよばれています。

これらのハン国の将兵は、キプチャック草原の騎馬遊牧民であるキプチャック人と、ヴォルガ・ブルガール人でした。ともに、トルコ語系の言語を母語としていました。そしてブルガール人は大部分がムスリムだったのですが、十四世紀ごろになると、キプチャック人もふくめて、全体にイスラームが浸透していきました。イスラームはモンゴルの時代に、現在のカザフスタンからヴォルガ川流域の地に根を下ろしたことになります。

ロシアの森林地帯のルス人は、まとまった大きな政治勢力をつくらずに、小さな集団に分かれていました。それらは、バトゥの率いるモンゴル軍に、つぎつぎと征服され、その後はキプチャック・ハン国に臣従していました。ルス人の間には、キリスト教がしだいに普及していきます。現在のロシアの歴史家は、この時代のロシアは、モンゴルの軛《くびき》のもとで喘《あえ》いでいた、と表現しますが、事実は少し違うようです。それまで国家という組織を知らなかったルス人が、モンゴル支配のもとでしだいにまとまって、やがて国家をつくる土台をつくった時代、と考えることができます。ともあれ、ムスリムが、キリスト教徒のルス人を支配していたのが、キプチャック・ハン国でした。ルス人は、そして現在のロシア人も、これらのムスリムをタタール人と総称しています。

キプチャック・ハン国の後継者

一三九五年のことです。当時キプチャック・ハン国は、全体が一人のハンのもとにまとまっていました。そのころ、第63話でお話しするティムールが中央アジアで急速に勢力を伸ばしてきました。この両勢力が激突しキプチャック・ハンが大敗しました。このときから、キプチャック・ハン国は、徐々に瓦解していきます。

最初に、ルス人の盟主であったモスクワ大公《たいこう》がなかば自立して離れていきました。大公は、最初はキプチャック・ハン家の人を形式的に擁立するのですが、やがてキリスト教徒の国として独立しました。十五世紀の前半には、ヴォルガ川中流域では、カザンという街を中心にしていた勢力が、カザン・ハン国として独立しました。またおなじころ、クリミヤ半島では、クリム・ハン国が独立します。その後同世紀後半には、ヴォルガ川下流域でアストラハン・ハン国が独立するなど、キプチャック・ハン国は小さなハン国に分かれていきました。そして一五〇二年に、最後のキプチャック・ハンがクリミヤ・ハンに殺されてしまいました。しかし、いくつものハン国の主は、チンギス・ハンの長男のジュチの血をひく、キプチャック・ハン家の人たちでした。

十六世紀になると、モスクワ大公国が強大になり、同世紀中ごろにはカザン・ハン国やアストラハン・ハン国を滅ぼしてしまいました。そして、ヴォルガ川流域にはしだいにロシア人が入植して、この地が騎馬遊牧民のための草原から、農民のための農耕地へと変わっていきます。しかし、ムスリム住民が消えたわけではありません。その名残が、冒頭で述べたロシア内部のカザン共和国などなのです。また、クリム・ハン国は、後に紹介するオスマン朝の庇護《ひご》を受けながら、十八世紀末まで存続しました。

61 スーダンの黒人王国

ガーナ王国とマリ王国

エジプトの南、ナイル川の上流に、スーダンという国家があります。スーダンといえば、現在はこの国をさすのですが、歴史的には、もっと広い領域をさしていました。スーダンの西にチャド、ニジェール、マリといった国々がありますが、これらの国々の領域もまたスーダンとよばれていたのです。現在のスーダンと区別するために、この地を西スーダンとよぶことにしましょう。サハラ砂漠の南のステップ地帯のことです。

イスラーム勢力が北アフリカに進出したとき、サハラ砂漠を越えたセネガル川上流域を中心に、ガーナ王国が存在していました。それは、イスラーム世界では、「黄金の国ガーナ」として知られていましたが、詳しい記録はありません。十一世紀になると記録があらわれます。国王はムスリムではないのですが、首都にムスリム商人の居住区があったことが知られています。しかし、第51話でお話ししたムラービト朝は、ガーナ王国に遠征軍を送って、これを滅ぼしてしまいました。一〇七六年のことです。

そのころ、ガーナ王国の西では、マリ王国が成立していたようです。国王がムスリムであったことが知られています。マリ王国は、やがて、ニジェール川中流域に進出し、十四世紀には、西スーダンを広く支配する大きな王国に成長し、サハラ砂漠の北のムスリム商人との交易で栄えました。

マリ王国と取り引きしていたムスリム商人は、イスラーム世界の西部（マグリブ）の商人です。彼らは、マグリブ産の織物などの商品とともに、サハラ砂漠でとれる岩塩を仕入れてニジェール川流域の都市へ運び、交換に主として金を得てもどってきました。マリの商人はまた、その塩をもって西スーダンの南の熱帯雨林地帯に行って、交換に金を得ていました。塩はこの地方一帯では貴重品だったのです。黒人ムスリム商人が、このころからアフリカで活躍しはじめたのです。

十四世紀はじめのマリ王国の王に、ムーサという人がいました。王のことをマンサといいますので、マンサ・ムーサとして知られています。彼は敬虔《けいけん》なムスリムで、メッカ巡礼を果たしています。そのときマムルーク朝治下のエジプトを経由してメッカまで行ったのですが、カイロで持参した金を大量に散財したので、カイロの物価が急騰したことが記録されています。西スーダンも、この時代から、イスラーム世界の一部となったことを示す象徴的な出来事でした。

ニジェール川流域とモロッコ

ニジェール川中流域の東部にガオという都市がありますが、ここを中心にソンガイ王国があり、マリ王国に臣従していました。十五世紀の中ごろ、マリ王国に代わって、このソンガイ王国が西スーダンの覇者となりました。ソンガイ王国は、しだいに厳格なイスラーム法を施行する王朝となっていきました。そして、トゥンブクツが、この地方でのイスラームの学問の中心として発展していきました。

ニジェール川流域と、今日のスーダンの間にチャド湖がありますが、そのチャド湖周辺に、カネムやボルヌというイスラーム化した王国がありました。十六世紀にはオスマン帝国が北アフリカに進出してくるのですが、ボルヌ王国は、オスマン帝国と取り引きして、騎馬隊や鉄砲隊を組織していました。

マリ王国やソンガイ王国と商業で強く結びついていたモロッコでは、厳格なイスラーム国家であったムワッヒド朝が十二世紀末には衰え、アトラス山脈を越えたサハラ砂漠の遊牧民であるベルベル人のゼナータ族がマリーン朝をおこして、支配者となりました。その後、同族のワッタース家がワッタース朝をおこしましたが、十六世紀の中ごろ、預言者ムハンマドの子孫が君主となる王朝が成立します。ムハンマドの子孫はシャリーフとよばれますので、この王朝は、シャリーフ政権とよばれ、家系は途中で変わるのですが、現在までつづいています。

さて、モロッコのシャリーフ政権は、一五九一年に、ソンガイ王国に遠征軍を送って、これを滅ぼしてしまいました。その後は、ニジェール川流域はモロッコの支配下に入ります。モロッコの支配は長つづきせず、西スーダン一帯で、小規模のイスラーム王朝が興亡をくり返しました。

スーダンのイスラーム化

現在のスーダンは、前二千年紀から独自の文明をつくってきた地です。四、五世紀ごろからはこの地にキリスト教が浸透してきて、いくつかのキリスト教王国ができました。イスラーム勢力がエジプトを征服した七世紀のあとも、長らくこの地はキリスト教徒の地でした。

十二、十三世紀、エジプトを支配したアイユーブ朝とマムルーク朝は、スーダンに遠征軍を送ってキリスト教王国を臣属させます。やがて十六世紀には、ナイル川流域にフンジュ、その西側にダールフールという二つのムスリム王朝が成立し、スーダンにイスラームが深く浸透していくことになります。そして、エジプトからスーダンに北上し、そこから西に向かって西スーダンに到る交易路が発達し、ムスリム商人が行き来するようになりました。イスラーム世界は、アフリカの黒人社会を含むようになっていきました。

62 イブン・バットゥータと旅

イブン・バットゥータ

イブン・バットゥータという人の旅を紹介しましょう。彼は一三〇四年に、さきに述べたマリーン朝時代のモロッコに生まれました。二十一歳のとき、モロッコからの巡礼団にくわわってメッカ巡礼を目指して、陸路エジプトに行きます。マムルーク朝時代のカイロなどを見学したあと、ナイル川中流に上り、そこから東にメッカを目指しましたが、おりから巡礼路の治安が悪化してアラビアにはいけません。そこでカイロにもどり、マムルーク朝支配下のシリアをめぐって、そのあとダマスカスからの巡礼団に交じって巡礼を果たします。それから、イル・ハン朝治下のイラクとイランをめぐり、またバグダードからの巡礼団とともにメッカに巡礼しました。

彼は、数年メッカに留まり、一三三〇年に、アラビアの南部のイエメンにいき、そこから東アフリカの港市国家を歴訪しました。その後南アラビアに帰って、またそこから海路でペルシア湾に入り、アラビアを横断して、またメッカ巡礼を果たします。そしてまた、エジプトなどを経てアナトリア（現在のトルコ）をめぐります。ここはすでに、トルコ人がいくつもの小君侯国をつくっていました。彼はそのまま足を延ばして、ローマ帝国（ビザンツ帝国）の首都コンスタンティノープルを訪れ、向きを東にとってキプチャック草原と中央アジアをめぐります。イスラム化したモンゴル勢力の支配下を旅したことになります。

一三三三年、イブン・バットゥータはインドにいたりました。インドは、デリー・スルタン朝の一つ、トゥグルク朝が支配しています。彼は、インドのスルタンに法官として八年間仕えました。その後、マルディヴ諸島に行きますが、ここにもムスリムのスルタンがいて、そのもとで法官となります。その地で政争に巻きこまれた彼は、海路インドの東海岸を経てベンガルの港市にたどり着きます。そこから海路でスマトラに行き、さらにそこから、モンゴル勢力の元朝が支配していた中国へと向かいました。南シナ海に面した港市である泉州《せんしゅう》に着いたのですが、そこにはムスリム商人の居住区があります。泉州から、今日の北京の前身である大都にでかけ、泉州にもどって、またスマトラにもどります。スマトラから、海路、南インドを経て、アラビアのオマーン地方にわたり、ペルシア湾に入って、イラン、イラク、シリア、エジプトをまわって、一三四九年のメッカ巡礼に参加しました。

その年、彼はまたエジプトに行くのですが、そこから船に乗って地中海を西に向かい、故郷のモロッコに帰りました。しかし、彼の旅は終わりません。マリーン朝も対岸のアンダルスで、しばしばキリスト教の十字軍と戦っていたのですが、彼もまた戦うためにアンダルスにわたり、グラナダの街を訪れます。その後モロッコにもどって、モロッコの南部をまわり、さらに西スーダンのマリ王国を訪れました。彼は、当時のイスラーム世界のほぼ全領域を、まわって歩いたのです。

旅のネットワーク

イブン・バットゥータは、何度もメッカに巡礼しています。ムスリムにとってメッカ巡礼は、健康やお金の問題が許せば、一生に一度はおこなうべきことと、イスラーム法によって定められています。イブン・バットゥータのように、メッカから数千キロも離れた場所からメッカに巡礼に行くためには、何ヵ月も、あるいは何年もかかります。イスラーム世界は、いつでも、メッカに向かって人々が移動している社会である、といっても過言ではありません。巡礼者はまとまって巡礼団を組んでいますから、旅は比較的安全なものになります。そして、イスラーム世界の各地の政権担当者は、メッカに向かう巡礼団を丁寧にあつかい、保護します。イスラーム世界の為政者にとって、ムスリムが巡礼のために旅するのは当たり前のことで、支配下の人々を土地に縛りつけようなどとは考えもしなかったのです。イスラーム世界は、巡礼という行事を通して、流動性の高い社会を、一貫して、維持してきました。

巡礼への旅は、メッカへの巡礼だけが目的であったのではありません。イブン・バットゥータは、メッカに滞在して、多くの学者や知識人と知りあい、個人的な人脈を豊かにしました。彼は、マーリク派という法学派の学者であったのですが、学者としての彼は、旅を通して研鑽《けんさん》を積み、インドやマルディヴ諸島で、法官として職を得ることもできました。彼はまた、第43話でお話しした、神秘主義教団のネットワークを大いに利用しています。ある街で、ある教団の修道場に泊まり、つぎの街の高名な修道士を紹介してもらう、という形で、旅をつづけることができたのです。

第45話でお話ししたように、マドラサ（学院）で学ぶ知識人（ウラマー）は、旅を重ねて勉強しました。神秘主義者もまた、旅を重ねて修行したのです。イスラーム世界の内外を結ぶ海の道と陸の道は、商品を運ぶ商人だけの道ではありません。商売のために、学ぶために、修行するために、そして巡礼を目的として、さまざまな人々が移動していました。そして、旅人は、第44話で紹介したワクフの制度に支えられた公共施設を利用し、イブン・バットゥータのように、ときには旅の途中で、ある街に何年も滞在することもできたのです。

63 ティムールとその後継者

モンゴルの解体

ここで話をまた「モンゴル」にもどしましょう。モンゴルを率いていたのはチンギス・ハンの子孫なのですが、当然のことながら、子孫は多数います。長男と次男、三男という差別は騎馬遊牧民にはありませんから、彼らはみな平等の権利をもっています。誰がハンになってもよいわけです。ですから、ハン位をめぐって争いが絶えません。モンゴルの時代は、モンゴルの支配のもとで、ユーラシアが広くまとまった時代なのですが、同時に、モンゴル内部の戦いも絶えない時代でもありました。

とくに争いが激しかったのが、現在の中国の新疆省から中央アジアのオアシス地帯でした。ここは、一三一〇年ごろから、チンギス・ハンの次男のチャガタイ系の一人のハンのもとにまとまりました。このハンのもとにまとまった勢力をチャガタイ族とよぶことがあります。しかし、一三四〇年代になると、チャガタイ族は東西の二つに分かれてしまいます。東の勢力は、騎馬遊牧民としての誇りを堅持しつづけました。一方西の勢力は、イスラーム文明を受け入れて、華やかな都市生活を好みました。しかしじきに、政治的統一は失われ、武将たちが争いはじめます。

チャガタイ族が分裂するすこし前の、一三三六年に、イランを支配していたイル・ハン国のハンが死にました。彼には直系の後継者がなく、イル・ハン国は、イラクやアゼルバイジャンを支配するジャラーイル朝やイラン南部を支配するムザッファル朝などに分裂してしまいました。モンゴルは、単なる内紛ではなく、解体しはじめていたのです。

ティムールの登場

一三三六年、ティムールはチャガタイ族の武将の子として生まれました。彼は、一三七〇年に、チャガタイ族の西部の統一に成功します。その二年前の一三六八年には、中国で明《みん》朝が興り、モンゴル勢力をモンゴル高原に追いやってしまいました。モンゴル勢力は、落日を迎えていたのです。ティムールは、チンギス・ハンの子孫の一人を名目的なハンとして、モンゴルの再興を目指します。

ティムールは、イル・ハン国の旧領のイランやイラク、アゼルバイジャンの王朝を臣属させていきました。そして、一三九五年に、キプチャック・ハンに決定的な打撃を与え、九八年にはインドに遠征してトゥグルク朝治下のデリーを略奪しました。一四〇〇年にはシリアに進出してダマスカスを破壊し、一四〇二年に、今日のトルコの首都アンカラの郊外の戦いでオスマン朝軍を撃破してスルタンを捕らえ、西方でのモンゴルの再興を果たしました。一四〇五年、中国の明朝と戦うべく東方遠征を試みたのですが、その途中で死去しました。

ティムールは、多くの都市を破壊しましたが、一方で、中央アジアのサマルカンドなどの都市の繁栄をもたらしました。彼は中央アジアのオアシス地帯で、集約農業に必要な灌《かん》漑《がい》施設を整備し、高度な農業が背後にあってはじめて可能な都市の繁栄をもたらしたのです。

ティムール朝

ティムールが一代で築きあげた、広大な領域をもつ王朝をティムール朝とよびます。彼なきあとは、彼の子孫が継いだのですが、子孫は一人ではないため、つねに継承争いがありました。三代目の君主シャー・ルフは、アフガニスタンのヘラートを根拠地にして、ライバルを押さえて、王朝の全権を掌握しました。ヘラートは、いまでは小さな都市なのですが、彼の時代は、世界でも有数の大都市に発展しています。そして、多くの文人、学者がヘラートに集まり、ここは一大学芸センターとなりました。シャー・ルフの子で第四代の君主はウルグ・ベクといいますが、彼はサマルカンドを根拠地にしました。彼はそこに立派な天文台を建設して、精緻《せいち》な天文観測に基づく暦を作成したことで有名です。

ウルグ・ベク没後、しばらく君主位をめぐって争いがつづき、やがて第七代が統一しますが、彼は新興のアク・コユンル朝に敗れて、以後王朝は、サマルカンドを拠点とする政権、ヘラートを拠点とする政権などに分裂していきます。王朝の最期に、君主位をめぐる争いに敗れたバーブルが、インドに進出してムガル朝を興すことになります。

ティムール朝の中核は、チャガタイ族でした。彼らの言語をチャガタイ・トルコ語とよびます。この時代から、チャガタイ・トルコ語が文語として成立します。インドを征服したバーブルは、このチャガタイ・トルコ語で、見事な自伝を著しています。今日の中央アジアのウズベク語などは、チャガタイ・トルコ語の直系の子孫なのです。

また、ティムール朝の時代、ナクシュバンディー教団という神秘主義教団が中央アジアで成立しました。この教団は、ティムール朝の君侯たちから膨大なワクフを贈られて大きな勢力となり、政治をも左右しました。教団は後には、中央アジアだけではなく、ウイグル自治区やインド、さらには東南アジアまで広まっていき、イスラーム世界の最大の教団の一つとなります。

64 中央アジアの新勢力

ウズベク人

チャガタイ・ハン国がティムールに敗れて解体しはじめた十四世紀末に、キプチャック草原の東部（現在のカザフスタン）で、チンギス・ハンの長子ジュチの子孫であるアブル・ハイルを中心に、騎馬遊牧民がまとまりをもちました。まとまった人々を、ウズベク族とよびます。彼らは、アブル・ハイルが死ぬと四散してしまったのですが、彼の孫のシャイバーニー・ハンのもとでまたまとまり、南下してオアシス地帯に進出しました。彼は、一五〇〇年に、ティムール朝からサマルカンドを奪い、新たな王朝を興します。その王朝をシャイバーン朝とよびます。しかし、シャイバーニー・ハンは、おりから勃興してきたイランのサファヴィー朝に敗れて戦死してしまいました。サマルカンドは、サファヴィー朝の支援を受けたティムール家のバーブルの支配下に入りますが、やがてシャイバーン朝は態勢を立てなおして、中央アジアのオアシス地帯を確保しました。

シャイバーン朝は、ブハラを首都としました。ブハラは古い町ですが、この時代からサマルカンドを凌《しの》ぐ、中央アジア最大の都市として繁栄します。ここは、中国、インド、ロシアを結ぶ国際交易路の結節点となり、また多くのマドラサが建設されて、イスラームの学術の中心の一つとなりました。スンナ派を擁護していたシャイバーン朝は、南隣のイランがシーア派を国教とするサファヴィー朝の支配下にあったため、対抗上、オスマン朝と友好関係を保ちました。そのためには、ブハラからキプチャック草原を経て黒海の北岸からイスタンブルに行く道は、交易だけではなく、政治的にも重要でした。

十六世紀の末になるとシャイバーン朝の王家の血筋が絶えて、王朝は、ジャーン朝、そしてマンギット朝と交代しますが、いずれもブハラを首都としたため、まとめて、ブハラ・ハン国とよばれています。

さて、かつてチンギス・ハンの西征の際に敗れたのはフワーリズム朝でした。アラル海に注ぐアム川の下流域がフワーリズムです。シャイバーニー・ハンが戦死したあと、ウズベク族は一時期混乱に見舞われましたが、彼らの一部は、一五一二年に、フワーリズムで、ジュチの子孫を戴《いただ》いてまとまりました。このハン国は、ヒヴァという都市を首都としたので、ヒヴァ・ハン国とよばれています。オアシス地帯の東端に、フェルガーナ盆地がありますす。現在のキルギス共和国の真ん中にあるのですが、キルギスタンは盆地のまわりの山岳地帯だけで、それに囲まれた盆地そのものは、ウズベキスタン共和国に属しています。この地に定着したウズベク族は、チンギス・ハンの子孫と称する人物のもとにまとまって、ブハラ・ハン国から分かれて新しい国家をつくりました。一七〇九年ごろのことで、このハン国はコーカンド・ハン国とよばれています。

ウズベク族の三つのハン国の領域には、ペルシア語系の言語を母語とする人々と、トルコ語系の言語を母語とする人々がいましたが、騎馬遊牧民であったウズベク族も彼らとしだいに同化して、現在のウズベク人の原型が形成されていきました。

カザフ族

アブル・ハイルのもとでウズベク族がまとまったとき、彼らに敗れた騎馬遊牧民がいました。彼らも、ジュチの子孫を戴いて、集団となって草原の東部に逃れました。彼らは、カザフ族とよばれました。やがて、シャイバーニー・ハンに率いられてウズベク族が南下すると、カザフ族はキプチャック草原にもどってきて、そこに残っていた騎馬遊牧民も吸収して大勢力となります。彼らは、現在のカザフ人の直接の祖先で、彼らの名にちなんで、キプチャック草原の東部はカザフスタンとよばれるようになったのです。

カザフ族はやがて、東部の大ジュズ、中部の中ジュズ、西部の小ジュズに分かれて、それぞれがまとまりを維持しました。しかし、十七世紀後半には、現在の新疆に勃興した、チベット仏教を受け入れたジュンガル・ハン国に圧迫されて、ロシアの保護を受けるようになります。

ウイグル人

チャガタイ・ハン国が東西に分裂したとき、東の勢力はチャガタイの子孫を戴いて、騎馬遊牧民としての伝統を維持しました。彼らの間にはイスラームはあまり浸透していません。彼らのハン国をモグーリスタン・ハン国といいます。このハン国は、現在の中国の新疆省と、キプチャック草原の東端部を支配していました。十六世紀になると、モグーリスタン・ハン国は、ウズベク族やカザフ族に追われて、新疆省の南部、今日のウイグル自治区を支配するだけの勢力となります。

ウイグル自治区は、タクラマカン砂漠にオアシス都市が点在する地域です。九、十世紀ごろから、この地の住民はトルコ化しましたが、仏教の伝統が強く、イスラームはその西部にすこし浸透しただけでした。しかし、十六世紀ごろから、ナクシュバンディー教団がここで勢力を伸ばしていきます。教団の指導者をホジャといいますが、ホジャたちは、ハンよりも権威をもつようになります。このようにしてイスラーム化したこの地の人々が現在のウイグル人の祖先なのです。

65 バーブルとムガル帝国

バーブルのインド征服

ティムール朝の君侯の一人であったバーブルは、ウズベク族のシャイバーン朝との争いに敗れてサマルカンド支配を放棄し、アフガニスタンのカーブルに退きました。彼の目は、今度はインドを向いています。インドは、アフガン系の人々の王朝であるロディー朝がデリー周辺を支配していましたが、ベンガル地方やカシュミール地方、あるいはグジャラート地方などにはムスリムが支配するべつの王朝がいくつもあり、また、インド北西部には、ラージプートとよばれるヒンドゥー教徒の小君主国が多数ありました。

一五二六年、バーブルはロディー朝の軍を撃破して、デリーを占領しました。そして翌年には、ラージプートの連合軍を破り、インドの北部の支配を確保して、デリーに居つくことになりました。バーブルが興した王朝を、ムガル帝国とよびます。ムガルとは、「モンゴル」のことに他なりません。バーブルが率いた軍の主力は、チャガタイ・トルコ語を母語とする人々なのですが、意識の上では彼らは「モンゴル」であり、また他人もそう見ていたのです。

バーブルのインド支配は短く、彼は一五三〇年に死にます。死後、後継者の地位をめぐって、彼の息子たちが争います。モンゴルには、長子が後継者になるという決まりがないからです。フマイユーンという名の息子が後継者となったのですが、その兄弟たちは彼に敵意を露《あら》わにして、帝国の統治は不安定のままでした。そのうちにフマイユーンはカーブルに追いやられ、デリーには、十五年間、アフガニスタン系のスール朝が成立しました。一五五五年、フマイユーンはデリーに帰還しましたが、翌年には死んでしまいました。

アクバル大帝

フマイユーンのあとの後継者争いを勝ちぬいたのは、アクバルでした。十三歳で即位した彼は、五十年間帝位にありました。彼の時代に、ムガル帝国は巨大な勢力となります。彼は、インド各地で自立していたムスリムの王朝を併合し、ラージプート諸侯を臣従させて、デカン高原とその南をのぞく全インドを統治しました。アクバルはムスリムだったのですが、ヒンドゥー教徒のラージプートには大幅な自治を認め、その娘を何人も后《きさき》に迎えました。

彼は、家臣にマンサブという位階を与えます。マンサブは数字で表現され、多いほど高位の位階です。官僚や武人たちは、一〇のマンサブから出発して、功績を挙げるとそれが増えて、最高五〇〇〇マンサブまであがる、という制度です。マンサブの数値に応じて税収のある土地が給付され、同時にそれに応じて騎兵をそなえる義務をともないます。マンサブは一代限りのものでした。

インド人はさまざまな宗教を受け入れていました。イスラームのスンナ派とシーア派、ヒンドゥー教、仏教、ジャイナ教、キリスト教、ユダヤ教などの学者がアクバルのもとに集まり、宗教論争を繰りひろげていました。彼は、これらの宗教を融合した理念的な「神への信仰」を夢見ていたようです。アクバルの目は、イスラームだけに注がれていたわけではなかったようです。

アクバルの死後、息子のジャハーンギールが継ぎました。アクバルの治世の後半とジャハーンギールの二二年の治世は、帝国の絶頂期でした。十六世紀後半から十七世紀のはじめの時代です。そのころ、アメリカ大陸産の銀が大量に世界に流通しましたが、インドにもそれが流入して、帝国の経済は活気を帯びていました。帝国の支配層は、中央アジアやイラン出身者が多かったので、それらの地との人やものの動きはさかんでした。帝国の公用語はペルシア語で、ムガル朝の第五代スルタンのシャー・ジャハーンがその妻の墓廟《ぼびょう》として建てた有名なタージ・マハールに代表されるように、イラン風の建築やイラン風の細密画がインドでも流行しました。

アウラングゼーブ

シャー・ジャハーンの晩年にはじまった後継者争いは悲惨でした。最終的に勝ち残ったのはアウラングゼーブで、父シャー・ジャハーンを幽閉して帝位に昇ります。そしてライバルの兄弟たちをつぎつぎに屠《ほふ》っていきました。一方で、アウラングゼーブは、敬虔なスンナ派のムスリムでした。彼の生活は、コーランの教えに忠実に生きようとするもので、清貧に甘んじていました。しかし、彼は皇帝です。彼は、宮廷から非イスラーム的なものを排除していきました。アクバルの時代の、多様な宗教に寛容な精神は失われました。アウラングゼーブの統治は五〇年もつづくのですが、その中ごろに、非ムスリムにジズヤを復活します。ジズヤとは、イスラーム法に定められた税金で、非ムスリムだけが課税される人頭税のことです。当然のことながら、この課税は、非ムスリムには不人気でした。そして帝国の人口は、非ムスリムが圧倒的に多数派だったのです。彼の時代はまた、家臣のマンサブに応じて給付する土地が不足してきました。家臣たちは、経済的にも不満を募らせました。

アウラングゼーブの治世の後半は、帝国の各地で反乱が起き、その対応に追われる時代となりました。ムガル帝国は、彼の時代から、解体へと向かいはじめたのです。

66 サファヴィー教団の国家

アゼルバイジャンとサファヴィー教団

現在のイランの東北部を、アゼルバイジャン地方といいます。この地方と、現在のトルコの東部は、騎馬遊牧民にとって最適な牧地がある地方と、何回か説明してきました。西アジアを征服したモンゴル勢力のイル・ハン朝がここを根拠地にしていました。イル・ハン朝の権威が衰えると、この地は、イラクを本拠地にした、ジャラーイル朝の領土に組みこまれましたが、一三八〇年ごろ、トルコ系の言語を母語とする、この地の騎馬遊牧民はまとまってカラ・コユンルとよばれる王朝をつくります。わが国では、黒羊朝《こくようちょう》ともよばれています。イル・ハン国と同様に、タブリーズが中心都市でした。カラ・コユンル朝は、一時期、ティムールに敗れてタブリーズを占拠されてしまいますが、すぐにそれを奪回して、独立を維持しました。

アゼルバイジャンにカラ・コユンル朝が興ったころ、現在のトルコの東部では、アク・コユンル朝が興りました。わが国では、白羊朝《はくようちょう》ともよばれます。やはり、トルコ語系の言語を母語とする騎馬遊牧民の王朝です。一四五三年から二五年間ほど、この王朝の君主であったウズン・ハサンという人物は、カラ・コユンル朝を併合して、イラン・イラクを支配する大きな勢力を築きました。

カラ・コユンル朝やアク・コユンル朝が覇を競っていたころ、アゼルバイジャンのアルダビールという街を中心にサファヴィー教団とよばれる神秘主義教団がありました。教団は、十五世紀の中ごろ、騎馬遊牧民の戦士を組織して、戦う教団となります。彼らを組織する際、シーア派の十二イマーム派の教団であることを明確にしました。また、教団の戦士はターバンに赤い印をつけていたため、キジルバシ（赤い頭）とよばれました。当然のことながら、戦う教団は、アゼルバイジャンを支配していたアク・コユンル朝とぶつかり、何度も敗れます。しかし、イスマーイールという教団教主は、戦士を巧みに統御してアク・コユンル朝からタブリーズを奪います。一五〇一年のことで、この年をもって、サファヴィー教団の国家であるサファヴィー朝が誕生したとみなされます。

シャー・アッバース

サファヴィー朝の初代の君主（シャー）となったイスマーイールは、アク・コユンル朝の旧領を吸収し、さらには、おりから中央アジアのオアシス地帯やホラサーン地方に南下してきたウズベク族のシャイバーニー・ハンを破って、ホラサーンをふくむイラン全土とイラクなどを支配する王朝を建設しました。しかし彼は、一五一四年に、オスマン朝の軍に大敗してしまいます。シャー・イスマーイールの治世の後半と、彼につづく三代のシャーのサファヴィー朝は、軍事的にはオスマン朝に押されつづけ、苦難の道を歩みました。しかしその間、十二イマーム派の教義が整えられ、サファヴィー朝の支配領域内では、サファヴィー教団以外の神秘主義教団は姿を消して、イランの住民のシーア派化が進展していきました。

一五八八年に即位したシャー・アッバースは、四〇年ほどの治世の間に、王朝の態勢を立てなおしました。彼は、グルジア人などを登用してシャー直属の近衛《このえ》部隊を創設し、騎馬遊牧民の伝統を保持していたキジルバシの横暴を抑えました。そして、その軍をもってオスマン朝やシャイバーン朝と戦い、創設期の領土をほぼ回復しました。彼はまた、国内の交通路を整備し、交易を奨励しました。また、当時のイランの特産は絹織物でしたので、絹の取引を独占して国庫を富ませました。彼の治世の後半が、サファヴィー朝の黄金時代となりました。

イスファハーンは世界の半分

シャー・アッバースは、イスファハーンという都市を王朝の拠点としました。彼も、騎馬遊牧民の伝統を好んだ人物でしたから、テント生活を愛し、イラン各地を動いていました。したがって、イスファハーンに巨大な王宮を営むことはなかったのです。その代わりに、街の郊外に広大な庭園を設けました。夏は涼しい高原でテント生活を楽しむシャー・アッバースは、冬になるとイスファハーンの庭園の四阿《あずまや》で過ごすのです。庭園の外側に、シャーの広場という、二階建ての回廊で囲まれた広場を設け、シャーがイスファハーンにいるときには、そこが見せ物や閲兵式などの会場になります。広場のまわりには、壮麗なモスクなどが建てられ、広場からアーケードがあるバザール（市場）が旧市街地に向かってつづいています。

イスファハーンは、紀元前からの古い都市で、旧市街がシャー・アッバースの時代より前からありましたが、彼の時代に新市街地もつくられ、都市として大発展しました。街の住民は、ペルシア語を母語とする人々が中心です。サファヴィー朝は、トルコ語を母語とする騎馬遊牧民の軍事力と、ペルシア語を母語とする人々の教養によって支えられていた王朝で、その意味では、セルジューク朝以来の、イスラーム世界東部の伝統にのっとった王朝でした。しかし、街には、グルジア語を話す人、アルメニア人、ユダヤ人など多様な人々がいて、また、イギリス人やフランス人など西ヨーロッパの国々の人も若干ながらいました。彼らヨーロッパ人は、繁栄する街を見て、「イスファハーンは世界の半分」と表現しました。

67 オスマン帝国はバルカン半島へ

オスマン朝の誕生

話をまた、十一世紀まで遡りましょう。第54話で、この時代に、アナトリアにトルコ系の人々が大挙して移住していったことを述べました。アナトリアのトルコ化がはじまったのです。ルーム・セルジューク朝のもとで、アナトリアは着実にトルコ化していきました。先住のギリシア語を母語とするキリスト教徒が死に絶えたわけではありません。彼らも、しだいにイスラームを受け入れ、トルコ語を母語とするようになっていったのです。十三世紀のモンゴルの時代に、ルーム・セルジューク朝はイル・ハン国に臣従し、十四世紀初頭には滅んでしまいましたが、モンゴルの支配を嫌ったトルコ人は、アナトリアの西部に進出して、そこもトルコ化していきました。アナトリアのトルコ人は、小さな君侯国をいくつもつくって、キリスト教徒の小君侯国を含めて、たがいに戦ったり和したりしました。そのような小君侯国の一つとして、一三〇〇年ごろ、アナトリア西部にオスマンという君侯を戴くオスマン朝が成立していたのです。そして、オスマンの息子オルハンが、一三二六年に、ブルサという都市を征服して、そこを拠点に、国家としての体裁を整えていきました。

バルカンの十字軍

そのころ、アナトリアやバルカン半島のキリスト教徒の盟主ともいうべき存在は、ローマ帝国（ビザンツ帝国）の皇帝でした。そのローマ帝国で皇帝位をめぐる争いがあって、一方の当事者はオスマン朝のオルハンに娘を嫁がせ、オルハンの援助を期待しました。オルハンはそれに応《こた》えて舅《しゅうと》をローマ皇帝にすることに成功し、バルカン半島の一角に砦《とりで》をもらいました。オスマン朝は、アナトリア西部からバルカン半島へ進出したのです。ローマ皇帝は、名目的には偉かったのですが、実質的な力はありません。バルカン半島の小君侯国は、急速にオスマン朝に吸収されていきました。オスマン朝はもう、帝国とよぶのにふさわしい規模をそなえるようになりました。

抵抗は、むろん、ありました。一三八九年の、コッソヴォ平原でのセルビア王が率いる軍との戦いが熾烈《しれつ》でした。戦いはオスマン帝国の勝ちとなりましたが、ときのスルタン・ムラト一世は戦場で受けた傷が原因となって戦後すぐに死去してしまいました。その後を継いだのはバヤジット一世です。彼は、キリスト教徒のセルビア人の軍団も組織して戦いつづけます。一方、バルカン半島のキリスト教徒の君侯や、イギリス、フランス、ドイツなどの騎士も加わって、反オスマン帝国十字軍が結成されました。一三九六年、十字軍とオスマン帝国軍は、ドナウ川の河畔のニコポリスで激突しました。そして勝利は、バヤジットの手に落ちたのです。その結果、オスマン帝国の領土は、ドナウ川に達することになりました。しかし、バヤジットは、一四〇二年に、アンカラの戦いでティムールに負けて捕らわれてしまい、翌年には死んでしまいます。オスマン帝国は、一時期、解体の危機に瀕《ひん》しました。

ローマ帝国の滅亡

オスマン帝国は、およそ一〇年間の空位時代を経て、再び統一を回復して、バルカン半島とアナトリアの旧領を回復しました。そして、一四五三年、メフメット二世の指揮で、ローマ帝国の首都コンスタンティノープルを征服しました。三三〇年に、第二のローマとして、帝国の首都となって以来、この都市はキリスト教の中心でした。十五世紀には帝国とは名ばかりで、コンスタンティノープルの周辺だけを支配する、実質的には小君侯国の一つになっていたとはいえ、この都市の喪失とローマ帝国の滅亡は、キリスト教徒にとっては大変な出来事でした。四、五世紀にはキリスト教世界には五つの最有力の教会がありました。そのうちのエジプトのアレクサンドリア教会、シリアのエルサレム教会とアンティオキア教会は、七世紀にイスラーム世界に組みこまれ、そして、十五世紀に、コンスタンティノープル教会も組みこまれたのです。残るはローマ教会だけになりました。今日、ローマ教会がキリスト教の中心であるかのようにみなされるのは、このような事情によるのです。

トルコ人は、コンスタンティノープルを、イスタンブルとよんでいました。イスタンブルは、いまやオスマン朝の首都に生まれ変わりました。かつては一〇〇万人に近い人口を誇っていたこの街は、征服されたときには数万人規模に縮小していました。オスマン帝国は、征服後ただちに街の再建に着手し、やがて七〇万人の人口を擁するヨーロッパ最大の都市に成長していきます。

オスマン帝国は、その後も領土の拡張をつづけていきます。バルカン半島を完全に制圧し、アナトリアの東部もまた征服します。そして十六世紀にはいると、一五一四年にサファヴィー朝のシャー・イスマーイールを破ってアゼルバイジャンやイラクを領土とし、一五一七年にはマムルーク朝を滅ぼしてシリアとエジプトを併合しました。さらに北に転じて、スレイマン一世の時代の一五二六年にはハンガリー王を破って、ハンガリーを保護国としました。オスマン帝国は、最盛時のローマ帝国にも匹敵する巨大な帝国として成長してきたのです。

68 火器を装備した歩兵部隊

大砲と鉄砲

わが国では一五七五年、長篠《ながしの》の合戦で織田信長《おだのぶなが》の鉄砲隊が武田勝頼《たけだかつより》の騎馬軍団を打ち破ったことはあまりにも有名です。鉄砲は、それに先立つ三二年前の一五四三年に、ポルトガル人によって種子島《たねがしま》に伝来したことになっています。したがって、わが国では、鉄砲はヨーロッパから伝来したのだから、ヨーロッパが鉄砲などの火器の技術も優れていたのだ、と考えてしまいがちです。たしかに、ポルトガル人が鉄砲を日本にもってきましたが、ポルトガル製の鉄砲をもってきたとは限りません。近年では、ルーム銃、すなわちオスマン帝国製の鉄砲をポルトガル人はもってきたのではないかと、考えられています。

十三世紀に日本を攻めてきたモンゴル軍は、火薬を用いていました。火薬は、それ以前から中国で使われていたのですが、武器としてそれを有効に使いだしたのは、モンゴル勢力がはじめだったと考えられます。鉄の筒のなかで火薬を爆発させて、砲丸をとばす技術はどこで開発されたのかよく分かりません。しかし、そのような武器、すなわち大砲を有効に使った最初の例は、オスマン帝国によるコンスタンティノープルの征服でした。オスマン帝国は、大砲をつくる技術を売りこんできたハンガリー人技師を高給で雇って何門もの大砲をつくり、それで厚い城壁を破壊して、征服したのです。一四五三年のことですから、長篠の合戦の一〇〇年以上も前の話です。

オスマン帝国のセリム一世が、イランのサファヴィー朝のイスマーイールを破った戦いを、チャルディラーンの戦いといいます。サファヴィー朝軍の主力は、それまで連戦連勝の不敗を誇っていたキジルバシの騎馬軍団です。一方のオスマン朝軍の主力も騎馬隊でしたが、鉄砲を装備した歩兵部隊も強力でした。大砲をより小型化して、一人で扱えるように改良した武器が鉄砲に他なりません。戦いの結果は鉄砲隊の活躍で、オスマン朝軍がサファヴィー朝の騎馬隊を撃破したのです。この戦いは、一五一四年のことですから、長篠の合戦の六一年前のことです。

一五二六年、ティムール朝の君侯であったバーブルはインドへ攻めこみ、ロディー朝の軍とパーニパットで戦いました。バーブルの軍の主力も騎馬隊でしたが、大砲隊も鉄砲隊もそなえ、それらの連携で、数の上ではるかにまさる敵の騎馬隊を撃破しました。これも、長篠の合戦の五〇年ほど前の話です。ちなみに、オスマン帝国の鉄砲隊に敗れたサファヴィー朝でも、アッバース一世は火器を装備した新軍を編制しています。イスラーム世界では、十五世紀に大砲がつかわれはじめ、十六世紀には、強力な鉄砲隊が組織されたのです。この時代、西ヨーロッパの王侯には、大規模な鉄砲隊をそなえる力はありません。

イエニ・チェリ軍団

オスマン帝国の歩兵部隊は、イエニ・チェリ軍団として知られています。帝国は、十四世紀末ごろから、人材開発の制度を整えました。バルカン半島のキリスト教徒の少年を徴発して、ムスリムに改宗させたうえで、スルタン直属の学校で鍛えます。一種のマムルーク（奴隷出身軍人）ですが、奴隷として購入するのではなく、領内から徴発するところに特色があります。少年たちは、学校を卒業すると、自由身分ではありますが「スルタンの奴隷」とよばれ、能力に応じて文官や武官に登用されます。文官は、立身出世すれば宰相にまでなりました。武官は、主としてイエニ・チェリ部隊に配属されて、立身出世すれば将軍になりました。このイエニ・チェリが、歩兵の大砲隊、鉄砲隊、橋梁《きょうりょう》などを建設する工兵部隊、軍楽隊などのスルタンの近衛部隊を構成しました。チャルディラーンの戦いのころは、イエニ・チェリ部隊は、一万名をこえる規模でした。オスマン帝国の戦力の主力は、六万騎と称される騎馬隊でしたが、近衛部隊は、まさに近代陸軍のはしりでした。

オスマン帝国の海軍

オスマン帝国は、一五一七年にシリア・エジプトを征服しましたが、エジプトとイスタンブルを海路で結ぶ東地中海は、ヴェネツィアや十字軍の騎士団などが制海権を握っていました。帝国は、イタリア人技師や領内のギリシア人技師を雇い、大艦隊を組織して、一五二二年には、ロードス島から十字軍の聖ヨハネ騎士団を追放してしまいます。そのころ、地中海の西部では、スペインの海軍と、チュニジアを拠点にしたムスリムの海軍が競っていましたが、ムスリム海軍の総督バルバロスはイスタンブルにおもむいてオスマン帝国に帰順し、帝国の海軍総督になります。一五三八年、バルバロス率いるオスマン海軍は、ヴェネツィアやスペインなどの連合艦隊をプレヴェザの海戦で大破して、帝国は東地中海の制海権を握りました。これらの海戦でも、それぞれの側で、火器が戦力の中心でした。

一五七一年に、オスマン海軍は、レパント沖の海戦でスペインなどのキリスト教徒連合艦隊に一敗地にまみれました。この出来事は、ヨーロッパの歴史家は世界史的事件と評価しますが、実際には、オスマン海軍は翌年には再建され、一五七四年にはチュニジアを征服してしまいます。強力な火器を装備したオスマン海軍は、地中海を制圧していたのです。

69 トルコ語とペルシア語の世界

一六〇〇年のイスラーム世界

一六〇〇年という年を例にとって、西から順次、言語の問題を絡めながら、イスラーム世界をあらためて眺めてみましょう。イベリア半島では、イスラーム勢力はすっかり追放されていました。その対岸のモロッコでは、第61話でお話ししたシャリーフ（預言者ムハンマドの子孫）の政権がありました。この地は、ベルベル人が多いのですが、ベルベル人の言語は文章語にはならず、知識人はアラビア語で読み書きをしています。西スーダンでは、ハウサ語系の言語をつかう人々の間にイスラームが広がっていましたが、ハウサ語も文章語としては未成立で、アラビア語が知識人の間に浸透していきました。スーダンでは、ナイル川流域にフンジュ、その西側にダールフールという二つの王国があり、アラビア語が広まりはじめていました。

北の、地中海沿岸のアフリカでは、今日のアルジェリアからエジプトまで、オスマン帝国の領土となっていました。また、シリアやイラクなど、今日の東アラブ諸国の領域もオスマン帝国の領土で、アラビア半島の大部分もオスマン帝国の強い政治的影響下にありました。そして、アナトリア（今日のトルコ）とバルカン半島は、オスマン帝国の領土です。この帝国の領域内にいた人々と、その言語については、後に述べます。

今日のイランとアフガニスタンの西部などはサファヴィー朝の領土でした。そしてアフガニスタン東部から、インド北部やバングラデシュはムガル朝の領土です。中央アジアには、第64話でお話ししたブハラ・ハン国などがありました。これらの地域では、文章語としてペルシア語が広くつかわれていましたが、他の言葉もあります。そのこともまた後で述べましょう。

インド洋をとりまく世界と東南アジア島嶼部には、第58話でお話しした多数の港市国家がありました。そのなかで、アフリカの東海岸地帯では、スワヒリ語が文章語として成立しはじめ、また東南アジアではマレー語が文章語として成立しはじめていました。

この時代のイスラーム世界は、多様な言語を用いる人々によって構成されていたのですが、マドラサで学ぶウラマー（知識人）にとっては、アラビア語が必要でした。アラビア語を習得していれば、イスラーム世界のどこでもウラマーとして通用したのです。しかし、行政用語や文学作品の言葉は、ときとともにしだいに多様化していき、一六〇〇年にいたったのです。

オスマン・トルコ語

かつてのローマ帝国にも匹敵する規模のオスマン帝国は、その領内にさまざまな人たちを抱えていました。そして、長い伝統をもつ文章語がいくつもありました。キリスト教徒は、聖書の翻訳や教会での儀礼を通して、いくつかの文章語を発展させてきています。中心はギリシア語ですが、アルメニア教会ではアルメニア語、グルジア教会ではグルジア語、シリア教会ではシリア語がつかわれていました。また、今日アラブ諸国とよばれている国々の大部分が、この時代はオスマン朝の領土でした。その地の住民は、文章語はもとより、日常語もアラビア語でした。これらの言語以外に、なかば文章語になっていたセルビア語、アルバニア語、ブルガリア語、ルーマニア語などもあります。十九世紀から二十世紀になると、このような言語が民族意識の基礎になって、アルメニア人、セルビア人、アラブ人などの民族意識が形成されていきますが、この時代は、明確な民族意識はありません。しかし、その原型みたいなものは、言語を通して存在していました。

このように多様な言語がつかわれていた帝国ですが、オスマン帝国の行政は、トルコ語でなされていました。このトルコ語を、オスマン・トルコ語とよびます。イスラームの中心言語であるアラビア語を用いる地域でも、地方行政はアラビア語でなされましたが、皇帝との往復文書などはオスマン・トルコ語がつかわれていたのです。

ペルシア語世界の多言語

第40話で、九、十世紀ごろから、近代ペルシア語が成立し、広い世界の共通語となったことを述べました。その後も何度か、トルコ系の人々の政権のもとで、イラン人文官がペルシア語で行政にあたってきたことを述べました。ペルシア語は、イラン、中央アジア、ヴォルガ川流域、インドなどで、文学用語、行政用語、商業用語としてつかわれてきました。

しかし、この世界の住民の日常語は、ペルシア語だけではありません。トルコ語が広範につかわれていました。そして、中央アジアやヴォルガ川流域のトルコ系の人々は、トルコ語を文章語に発展させていきました。第63話で述べたように、それは、チャガタイ族の言葉からはじまったため、チャガタイ・トルコ語とよばれています。チャガタイ・トルコ語は、詩を中心とする優れた文学作品を生み出していきました。

一方インドでは、ペルシア語に影響されて、ヒンディー語をアラビア文字で書く文章語が生まれました。これをウルドゥー語といいます。現在のパキスタンの国語です。このように、一六〇〇年の段階で、今日のイスラーム世界の主要な言語は、その姿をあらわしていたのです。

70 華麗なミニアチュール

偶像を拒否したイスラームの伝統

イスラームが発展した中東地域は、前三千年紀から文明が発達していたところです。文明の要素の一つに、造形美術があります。建築や彫刻、絵画などのことです。中東は、前三千年紀から、造形美術を発達させてきた地域なのです。古代メソポタミアやエジプトの彫刻や絵画は、今日、世界の博物館を飾る重要な美術品です。また、ヘレニズム時代のギリシア風の美術品も、多くは中東地域のものでした。ところが、美術品の多くは、神々の像です。ユダヤ教やキリスト教にとっては、異教の神々が造形されているのです。第7話でお話ししたように、ローマ帝国でキリスト教が国教となった四世紀以後、それらの美術品は、無価値のものとして棄てられてしまいました。

キリスト教世界では、建築は、教会建築として、以前からの建築技術を受けついだ建造物は建てられましたが、神々の像をあらわした彫刻と絵画は見捨てられました。十四、五世紀のイタリアのルネサンスまでは、わずかに、イエス・キリストとその母マリアの像が彫刻や絵画であらわされただけです。

イスラームは、キリスト教の伝統を受けつぎました。彫刻や絵画で、神々や人物を表現するのは、神ではない偶像を崇拝する行為として嫌ったのです。イスラームの時代の中東では、キリスト教の時代よりもさらに広範囲で、また徹底して、彫刻と絵画は嫌われました。若干の例外はありますが、中東における彫刻と絵画という造形美術の伝統は、イスラームの時代に、ほとんど途絶えてしまいました。そして、後で述べるように、絵画はミニアチュール（細密画）として、イスラーム世界で新たに登場しますが、彫刻は今日にいたるまで再生することはないのです。

書道とミニアチュール

イスラーム世界では、九世紀ごろから、中国の製紙法を導入して紙が大量に生産されるようになり、本が多数つくられるようになりました。ところが印刷術はありません。本は一冊一冊、そのたびに書き写されるのです。このように手書きの本を写本といいます。手書きですから、きれいに書くことが肝要です。そこで、さまざまな書法があらわれて、書道が発達しました。また、単に美筆で書くだけではなく、きれいに本を装丁する技術も開発されました。イスラーム世界では、本の装丁と書道が、美術の重要な分野でした。

そして、十三世紀ごろから、本の飾りとして、挿絵があらわれるようになります。絵画が、本の挿絵として再生したのです。モンゴルの時代になると、中国との文物の交流が一挙にさかんになりました。イスラーム世界からさまざまな技術や学問が中国にもたらされましたが、中国からイスラーム世界には、絵画の技術と製陶技術がもたらされました。オスマン帝国の首都であったイスタンブルに、かつてのスルタンの宮殿が改装されたトプカプ・サライ博物館があります。そこに、宮廷画家が練習する教材として、絵画を集めたアルバムが残されています。そこには、中国絵画が多数収められているのです。それは、モンゴルの時代やその後に、中国から中央アジアにもたらされた絵画が、数世紀後にオスマン皇帝の所有物となったものです。これを見ると、ミニアチュールは、中国絵画の技法を受け入れて、大きく発展したことがわかります。

ミニアチュールは、しかし、極彩色で非常に緻密な絵画として、中国絵画から離れて発展していきました。オスマン朝やサファヴィー朝、ムガル朝などで、主としてペルシア語やオスマン・トルコ語の本の挿絵として、ミニアチュールは大量に作製され、有名な画家が輩出しました。しかし、イスラームの中心的な言語であるアラビア語の本には、ほとんど挿絵はありません。イスラーム世界の人々は、言語によって、挿絵を入れてよい本といけない本を使いわけていたのです。

イスラーム陶器・工芸品

イスラーム世界では、古代以来の技法の陶器製作がおこなわれていましたが、イスラーム時代の特色として、ラスター陶器とよばれる陶器がつくられるようになりました。そこに幾何学紋様や、アラビア文字を装飾化した装飾文字（アラベスク）で絵付けがなされるのですが、人物や花鳥風月の絵付けがすくないことが特徴としてあげられます。モンゴル時代以降になると、中国の技法が取りいれられて製陶技術そのものが高度化するとともに、人物や動植物を描いた絵付けも見られるようになりました。また、サファヴィー朝やオスマン帝国では、中国明朝の青磁の影響で、青を基調とした色彩の陶器も大量に生産されました。

イスラーム世界の陶器の製作技術は、明らかに中国などの東アジアより劣り、高温を必要とする磁器はほとんどつくられることはありません。しかし、ガラス器製作技術は世界の最先端にあった中東地域の伝統を受けついでいました。また金銀細工や銅製品の製作技術も、イスラーム世界が世界の最先端にあったのです。木工、象牙細工をふくめて、これらの工芸品は、幾何学紋様やアラベスクで装飾されています。織物としては絨毯《じゅうたん》が伝統的な芸術品で、特にサファヴィー朝時代のイランで最高級の絨毯がつくられました。

71 アーチとドームの建築美

イスタンブルの景観

オスマン帝国の帝都イスタンブルを散策してみましょう。この街は第二のローマとよばれていたコンスタンティノープルを引きついでいます。街のあちこちに、ローマ帝国（ビザンツ帝国）時代の建造物が残っていますが、そのなかでひときわ目につくのが、アヤソフィヤとよばれている博物館です。石造りで、巨大なドームをもつこの建造物は、六世紀にキリスト教の教会として建てられました。ローマ帝国の建築技術の精髄を集めた見事な建物です。特に、ドームの大きさには目を見張らされます。オスマン帝国がこの街を征服すると、この巨大な建物に、ミナレットとよばれる塔をつけたして、モスクとして改装しました。そして現在では、博物館として、観光客が自由に出入りできるようになっているのです。

オスマン帝国は、ローマ帝国に負けていません。アヤソフィヤと同規模のドームをもつモスクを、つぎからつぎへと建てていったのです。それらはみな、細身の美しいミナレットをもっていますから、ローマ帝国の時代よりはいっそう華やかになりました。そして、

さまざまな時代のモスクが溶けこむイスタンブルの街並み（トルコ）

モスクに付随して、マドラサ（学院）や病院、墓廟など、さまざまな公共施設を建てています。それらの建物はみな、小規模ながらも、ドームをもっています。大小のドームがいくつもある複合的な建物群が、イスタンブルの街を飾っています。

　街のはずれに、三方を海に囲まれる形で、トプカプ・サライ博物館があります。ここは、かつてはオスマン帝国の皇帝の宮廷でした。ローマ帝国に匹敵する規模の帝国の宮廷ですが、巨大な建造物はありません。巨大な建物は、誰でも利用できるモスクなどに限られ、宮廷では大きさよりも、居心地の良さが選ばれているのです。繊細で美麗な四阿《あずまや》ふうの建物がいくつか建っています。庭園にテントを張ったり、簡便な四阿を建てて暮らしていた騎馬遊牧民の君侯の伝統が、ここにも生きています。

街のなかには、かつてはキャラバン・サライ（隊商宿）や公衆浴場であった建物も多く残されています。いずれも小さなドームをもった華麗な建造物です。それらのいくつかは、いまは喫茶店になっていて、私たちを楽しませてくれます。

伝統の継承と発展

イスタンブルをふくむ中東地域は、前何千年という時代から、高度な技術を駆使した建造物をつくってきた地域です。なにしろ、前二千数百年という昔に、あのピラミッドを造ったのですから。そして、石を巧みに積み上げて、アーチやドームをつくってきました。その技術は、ローマとペルシアではすこしちがうようです。その二つの技術の流れを受けついだのが、中東のイスラーム建築です。イスラームは、前回の話で述べたように、造形美術のうち彫刻の伝統はいっさい受けつがず、絵画の伝統もミニアチュールをつくるまでは無視してきました。しかし、建築の伝統は、しっかりと受けついだのです。

イスラームは、伝統を受けついだだけではありません。建造物を美しく飾る技術は、独自のものを発展させました。空に向かってすっくと立つミナレットは、モスクの場合はその上から礼拝の時間を告げるという実用性も帯びていましたが、建物の外観を飾る役割も果たしました。しかし、おおむね、建物の外壁を飾ることは少なく、建物の内側を飾ります。建物の素材である石に陰刻を施して、あるいは漆喰《しっくい》を塗って、そこに陰刻を施して、紋様をつくります。十二世紀ごろからは、イスラーム世界東部では、鮮やかな色染め付けがなされたタイルが建物に貼られて、いっそう華やかになりました。地域と時代によって特徴をもちながら、細部にまで気を配った造形美と、陰刻やタイルの紋様美を合わせもつ建造物が、イスラーム世界各地にみられるのです。

アーチの技術はまた、橋にも使われていました。数百年前につくられ、いまでも使われているアーチを連ねた石造りの橋が、イスラーム世界では多く見られます。この技術は、モンゴルの時代に中国に伝わり、やがて日本にも伝わって、江戸時代につくられた日本の石橋の技術的な基礎となっています。

中庭が中心の建物

モスクにしてもマドラサにしても、中東のイスラーム世界の公共建造物は、中庭を中心にしてその廻《まわ》りにドームやアーチの主室や回廊をめぐらすのが基本設計です。それとおなじ設計が一般の民家にも見られます。第46話でお話ししたように、住宅も中庭を中心にして、その廻りに部屋を配するのです。このような中庭を中心とする建物の設計は、中東地域では古くから見られます。それは決してイスラーム文明の独自の設計なのではないのですが、イスラームは、それを徹底したところに独自性があります。

しかし、一方で、イスラーム世界は広いのです。イスタンブルのトプカプ・サライでは、四方を開け放した四阿ふうの建物が中心です。アナトリアなどではこのような設計の住宅も少なくありません。モスクなどは中庭形式をとって、住宅は別な精神で設計するのも、イスラーム世界のそれぞれの地域の独自性なのです。私たちは、イスラーム世界の各地で、歴史的な建造物の数々に出合う楽しみをもっていることになります。

72 海の武装勢力

あこがれのインディア

西ヨーロッパは、ゲルマン系の民族の支配のもとで、地方の領主や騎士が半ば自立しながら王にも仕えるという、分権的な社会をつくっていました。経済の基礎となる農業はきわめて粗放で、経済力の弱い社会でしたが、十二世紀ごろから、イタリアの港市が地中海貿易で繁栄するようになり、内陸部でも中小の都市ができて、商業が多少活性化してきました。イタリアの港市の商人などにとって、東方の物産は貴重品でした。十三世紀のモンゴルの時代に、イタリア商人はその東方へ直接出かけるようになりました。マルコ・ポーロという商人がいたかどうか確かではないのですが、彼の名に託して、東方の情報が整理されました。しかしその後は、東へ向かう道は、マムルーク朝やオスマン帝国によって阻まれ、ヨーロッパの商人が東方へ商用におもむくことはなくなりました。彼らは、イスラーム世界の彼方《かなた》にある世界を、漠然とインディア（インド）とよんでいました。インディアとは、今日のインドのことではなく、インドや東南アジア、そして中国や日本をふくむ、交易圏のことだったのです。

東シナ海、南シナ海、インド洋を結ぶ海域世界は、第58話で述べたように、大小の港市国家があって、活発な交易がなされていました。モンゴルの勢力をモンゴル高原に追いやった明朝の永楽帝《えいらくてい》の時代はこの海の交易圏に積極的に乗りだしていきました。十五世紀の前半のことです。鄭和《ていわ》という名のムスリムが大艦隊を率いて、七回にわたって無数の港市国家を訪れたのです。その航跡は、東アフリカにまでおよんでいます。鄭和の艦隊が根拠地にしたマラッカという港市は、その後も海域全体の中心的な港市の一つとして、繁栄していました。

ポルトガルの海の十字軍

第50話でお話しした、アンダルス（イベリア半島）に押し寄せてきた十字軍の一部は、十三世紀にポルトガルという国をつくりました。しかし、十字軍ですから、征服活動をそこでやめたわけではありません。まだアンダルスに残っていたイスラーム勢力との戦いは他の十字軍の戦士にまかせて、ポルトガルの戦士は海へ進出していきます。アフリカ大陸の大西洋沿岸の港市を襲っては、そこにいるムスリム商人と戦い、勢力範囲をしだいに南へと拡大していきます。そして一四八八年には、アフリカの南端の喜望峰《きぼうほう》へ到達しました。途中から、ムスリム商人がいる港市はなくなったのですが、インディアを目指していたのです。

喜望峰を廻って北上すれば、またムスリム商人がいる港市が点在しています。インド洋貿易をおこなっていたムスリムの船乗りは、天文観測をして方位をたしかめ、アフリカの東海岸からインドに直行する技術をもっていました。そのような船乗りを雇って、ポルトガル人は一四九八年には、今日のインドにまでやってきました。

あこがれのインディアの一部を知ったポルトガル人は、武装した船乗りたちです。なにしろ、戦うことが仕事の十字軍の戦士なのですから。彼らはさっそく、東アフリカや南アラビアの港市を襲って、略奪します。そして、インド洋貿易を統制しようとしました。そのころ、オスマン帝国がマムルーク朝を滅ぼして、エジプトを併合し、紅海を支配しました。インド洋で暴れ回るポルトガル船を駆逐するのは、オスマン帝国の義務となりました。しかし、地中海では圧倒的に強かったオスマン海軍は、インド洋という大洋では、船足の速いポルトガル船をなかなか拿捕《だほ》できません。十六世紀の最初の三〇年ほどは、ポルトガルのために、インド洋からエジプトなどのイスラーム世界の中心部に、商品がこなくなってしまいました。

アメリカ銀で繁栄する海域世界

ポルトガルは、マラッカを征服し、さらには日本にまできて、東シナ海、南シナ海、インド洋に拠点を築きます。しかし、この広い海域世界の交易を統制するには、ポルトガルはあまりに小さな国でした。ムスリム商人は、ポルトガルの武装した船から逃れる術《すべ》を獲得してしまいます。結局ポルトガルは、繁栄する海域世界の交易に、強引に参加したに過ぎません。ポルトガルは、この世界で売れる商品を生産していませんから、彼らは、この海域世界内での交易の、かなり小さな部分を獲得しただけでした。

ポルトガルに対抗したスペインは、アメリカ大陸を征服してしまいました。彼らはそこで、銀を獲得しました。十六世紀の後半は、スペインが獲得したアメリカ産の銀が世界に流通した時代となります。その銀は、ヨーロッパにもたらされて、貨幣価値の暴落という価格革命を引きおこしましたが、アジアで売れる商品がないヨーロッパは、その銀でアジアの物産を購入したのです。スペインはまた、メキシコからマニラにいたる海路で、アメリカ産の銀を海域世界にもたらしました。そしておりから、日本もまた銀を大量に生産しはじめたのです。アメリカと日本の銀が、海域世界の交易を大幅に活性化させました。そして、ムスリム商人だけではなく、日本や琉球《りゅうきゅう》の商人もふくめて、またイギリスなどヨーロッパ諸国からやってきた商人をふくめて、十六世紀後半から十七世紀前半に、東シナ海、南シナ海、インド洋という海域世界は空前の活況を呈しました。

V

革新のイスラーム

イスラームは、民衆の宗教となってから、南アジア、東南アジア、アフリカなどにも広がりましたが、イスラームが勃興《ぼっこう》し、発展した中核は中東地域でした。その中東は、前四千年紀から、世界に先駆けて都市文明を発展させてきた地域で、長い間、経済力の点でも、文明の成熟度という点でも、世界の最先端地域でした。しかし、十世紀ごろからは、中国の江南を中心とする「米と発酵食品」の文化圏が大発展して、経済力などの点で中東を上回るようになりました。そして、十四、五世紀に、中東で大きな悲劇がはじまります。黒《こく》死病《しびょう》（ペスト）の蔓延《まんえん》です。中東各地の人口は激減し、経済力は衰え、社会の活力は失われたのです。

同時期、ヨーロッパでも黒死病が流行して、人口が激減したのですが、十六世紀にはヨーロッパの人口は回復し、むしろ増加に転じて、社会は活性化していきました。一方、中東地域では、その後もくり返し、天候不順による飢餓と流行病の蔓延がおこり、人口はなかなか回復しません。もちろん、オスマン帝国の首都イスタンブルや、サファヴィー朝の首都イスファハーンのように繁栄する都市もあったのですが、全体としての中東地域は、世界の最先端にあるというわけにはいかなくなったのです。

十七世紀のイスラーム世界には、インドのムガル帝国、イランのサファヴィー朝、西アジア・バルカン半島・北アフリカを広く支配したオスマン帝国という三つの大国がありました。いずれも、大砲や鉄砲を装備した強力な軍隊をもつ国で、同時代のスペインやフランス、イギリスなどよりは、経済力や軍事力の点で、はるかにまさっていたのです。しかし、十八世紀になると、サファヴィー朝は滅んでイランは混乱し、ムガル朝は解体して地方政権が並び立ち、オスマン朝の中央政府も統制力を極端に弱めました。イスラーム世界の帝国は落日を迎えていたのです。しかし、一方で、政治的な混乱の中で、今日のイスラーム運動に通じる新しいイスラームの動きが、十八世紀のアラビアにあらわれてきました。

十八世紀は、それまで世界史の上では大きな役割を果たすことがなかった西ヨーロッパ諸国とロシアが、急速に発展してきた時代です。ロシアは、十六世紀にすでに、イスラーム世界の一部であるヴォルガ川流域を征服して、自国の領土に組み込んでいました。そして、十八世紀から十九世紀後半にかけて、中央アジアの草原地帯やオアシス地帯を植民地にしていきました。イギリスは、十八世紀の後半から十九世紀にかけて、それまでムスリムが支配していたインド亜大陸を植民地にしてしまったのです。オランダも、十八世紀後半から現在のインドネシアを植民地にしていき、二十世紀の初頭にオランダ領東インドをつくりあげました。そこは、ムスリムが多数生活していた地域です。フランスもまた、マグリブを植民地にしていきました。十八世紀後半から二十世紀前半という時代は、西ヨーロッパ諸国とロシアが、イスラーム世界を侵し、そこを徐々に植民地にしていく過程でした。

イスラーム世界内部でも、さまざまな動きがありました。エジプトは、十九世紀に、スーダンを植民地にして、一人前の近代国家になろうと努力しました。しかし、結局は、イギリスの植民地になってしまったのです。西スーダンでは、新たなイスラーム運動が、いくつかの王国をつくり、スーダンでも独立国家をつくったのですが、それらはみな、イギリスとフランスによって潰《つぶ》されてしまいました。オスマン帝国では、何度も改革の試みがなされたのですが、あまり成功しません。二十世紀の初頭に、日本がロシアと戦って勝利したという、衝撃的な出来事がありました。イスラーム世界の知識人は、日本が憲法をもつ立憲君主制であったから、勝利したのだと考えました。イスラーム世界で、憲法制定を求める動きが活発化しました。しかし、反対派の力が強く、なかなか政治改革は進みません。オスマン帝国では、スルタン専制から、青年トルコ人たちによる立憲政内閣の統治へと代わりましたが、バルカン半島の民族独立をめぐる混乱の中で、第一次世界大戦を迎えてしまいました。

十八世紀から二十世紀初頭までを近代と考えましょう。現代に直結する時代です。私たちは、高等学校で「世界史」を勉強します。その「世界史」では、近代は、西欧の発展を中心に描かれています。そして、イスラーム世界は、ほとんど無視されているのです。つまり、近代のイスラーム世界について、ほとんど何も教えられないままに「世界史」教育は終了してしまいます。しかし、現在の地球上に、イスラーム世界は厳然として存在しているのですから、現代に直結する時代である近代にも、イスラーム世界は存在していたのです。しかもそれは、大きく動いていました。その動きが、現在のイスラーム世界のありようを大きく規定しています。第V部は、近代のイスラーム世界の、苦悩に満ちた動きを描きます。

73 市場としてのヨーロッパの成長

ペストと人口減少

話はまた、十四世紀後半に遡《さかのぼ》ります。この時代、ヨーロッパでは黒死病（ペスト）が猛威をふるい、人口が大幅に減少してしまいましたが、ペストの被害は中東のイスラーム世界でも酷《ひど》かったのです。十四世紀後半は、エジプトはマムルーク朝の時代です。エジプトではこのときから十八世紀ごろまで、くり返し、ペストなどの流行病が蔓延して、人口は減少し、すこし回復するとまた減少するという状況でした。流行病の蔓延は、天候不順による飢餓が先行しています。エジプトなどでは、農業は自給自足のためではなく、商品生産として営まれていました。天候不順が予測されると、穀物商人は穀物を買い占めて値上がりを待ちます。天候不順に加えて、このような商人の営みもあって、貧乏人は飢えてしまいます。飢えた貧乏人は、スルタンに強訴してパンの値段を下げさせたり、あるいはときには暴力をふるって穀物商人を襲ったりします。このような民衆暴動が、くり返しおこりました。

人口減少に見舞われたヨーロッパでは、十六世紀は天候が順調で、人口を増加させていきました。一方、エジプトなどでは、人口はなかなか回復しません。そして、一五一七年には、エジプトはオスマン帝国によって征服されてしまいました。帝国は、エジプトから、多くのものを奪って、イスタンブルに運んでしまいました。金銀財宝だけではありません。学者や知識人、職人や芸人などの人材をエジプトからイスタンブルに移したのです。その結果、イスタンブルは繁栄するのですが、エジプトの知的、文化的水準は大幅に低下してしまいました。中東地域の社会では、十四世紀後半以降、全体として、人口が減少し、以後それほど回復しない状態となりました。

西ヨーロッパの発展と奴隷貿易

西ヨーロッパ諸国が、南シナ海やインド洋の海域世界の貿易活動に参加したのは、十六世紀のことでした。そして、アメリカ大陸のアステカ帝国やインカ帝国を滅ぼして、アメリカから銀を得ました。その結果、十六世紀のヨーロッパは、発展していったのです。十七世紀のヨーロッパは、アメリカの西インド諸島で、サトウキビの栽培をはじめるなど、発展の基礎をつくった時代です。西インド諸島では、その地の住民は、疫病などのためにほぼ全滅していて、労働力はありません。その地の開発を試みたヨーロッパの人々は、労働力としてアフリカから奴隷を連れてきました。アフリカの、戦乱が激しい地で奴隷とされた人々が、港市に売られてきて、それをヨーロッパの商人が買って、アメリカに連れていったのです。戦争などで奴隷を獲得した人のことはほとんどわかっていません。その奴隷を港市まで運んでいたのは、大部分が、アフリカのムスリム商人でした。その奴隷をまた購入したのがヨーロッパの商人です。奴隷貿易という不幸な交易を、アフリカで、ムスリム商人とヨーロッパの商人が共同でしていたのです。

アフリカで奴隷を購入するために、ヨーロッパの商人は、インドの綿製品などを用いましたが、同時に、鉄や細工物などヨーロッパの工業製品も用いました。その結果、ヨーロッパの産業が、すこしずつ、発展していきました。そして、十八世紀には、北アメリカやブラジルなどを開発するためにいっそう多数の奴隷を必要とするようになりました。また、アメリカで栽培植物として開発されたジャガイモなどがヨーロッパでも栽培されるようになって、ヨーロッパの人口は増加し、経済発展していきます。

新たな市場ヨーロッパ

シリアに、アレッポという都市があります。港市ではありませんが、物産の集散地で、アレッポに集まった商品の一部は、陸路で地中海岸に運ばれて、ヨーロッパに向かいます。アレッポに集まる商品は、その近郊の物産だけではありません。遠くイランからも、特産の生糸や絹織物がここに運ばれて取り引きされていました。また、インド洋からユーフラテス川を遡って運ばれた東方の物産も、アレッポに集まり、四方へ販売されたのです。十七世紀には、イギリスやフランスなどの商人もこの街に集まり、領事館もできました。それ以前は、このころから、ヨーロッパは、市場として価値あるものになっていったのです。十七世紀には、エジプトのアレクサンドリアで、イタリア商人が取り引きしていましたが、十七世紀には、イタリア商人を経由せずに、イギリスやフランスの商人が、アレッポで仕入れにあたっていたのです。

トルコに、イズミルという都市があります。この街は、十七世紀後半から十八世紀に、対西ヨーロッパ向けの港市として発展していきます。中東の対西ヨーロッパ向けの貿易は、徐々に、アレッポからイズミルに中心を移していきます。このころ、イランの生糸生産が、蚕の流行病のために壊滅したことも、その原因の一つでしたが、対西ヨーロッパ向けの交易を担ったギリシア人商人がイズミルを拠点としたことも、変化の一要因でした。そして、イズミルの後背地では、小麦や綿花などの西ヨーロッパ向けの商品の生産がさかんとなり、そのような商品生産を担う豪農が誕生していきました。ヨーロッパの経済的発展は、微妙に、中東に影響を与えはじめていきました。

74
落日の三帝国

サファヴィー朝の滅亡と混乱のイラン

十七世紀は、今日のアラブ諸国の大半とアナトリア、バルカンを押さえたオスマン帝国が、イランではサファヴィー朝が、インドではムガル帝国が、それぞれ栄えていた時代でした。しかし、十八世紀には、それら三つのイスラーム国家は、落日を迎えていました。

サファヴィー朝は、世紀はじめに、今日のアフガニスタンの地を失います。そして、サファヴィー朝の勢力が衰えたことを見て取ったアフガニスタンのアフガン人は、イランに侵攻してきました。一七二二年、彼らはサファヴィー朝の首都イスファハーンを陥《おと》してしまいます。イラン全土は混乱に見舞われ、それを見たロシアやオスマン帝国もサファヴィー朝の領土を目指して軍を派遣します。もはや、サファヴィー朝の支配は名ばかりの状態となってしまいました。そのとき、オスマン帝国の軍を退け、アフガン人の勢力を破ったのが、トルコ系のアフシャール族出身のナーディルという武将でした。やがて、彼のまわりの人々はナーディル自身をシャー（王）に選びました。一七三六年のことです。ナーディルの興した王朝をアフシャール朝といいます。

ナーディル・シャーは、即位後すぐに、インドに遠征してムガル朝の首都デリーを占領してしまいます。彼の軍はインドから引き揚げたのですが、後に述べるようにムガル朝は解体をはやめます。アフシャール朝は、ナーディル・シャー一代で事実上滅び、その後は、彼の武将たちが、アフガニスタンにドゥラーニー朝を、そしてイランにザンド朝とカージャール朝をつくります。ザンド朝も、カージャール朝もトルコ系の人々が中心の王朝です。やがて一七九四年に、カージャール朝がザンド朝を倒して、イランを統一支配します。十八世紀のイランは、まさに動乱の時代でした。

解体するムガル帝国

第65話で、アウラングゼーブの治世の後半は、帝国の各地で反乱が起き、その対応に追われる時代となった、と述べました。そのアウラングゼーブは十八世紀の初頭一七〇七年に死にました。彼の死後、皇帝位はめまぐるしく変わり、勢力争いは激しくなる一方です。そのうちに、地方で独立する動きが出てきました。その最初として、一七二四年に、南インドのハイデラバードという都市を中心として、ムガル朝の宰相が独立国家をつくります。この国家は、イギリスの植民地であった時代も、インド最大の藩王国として生き残ることになります。また、アワドの総督やベンガルの総督も事実上独立していきました。そして、さきに述べた、イランのアフシャール朝のナーディル・シャーが、一七三九年にデリーを強奪したことは、帝国の解体の速度をはやめました。

　また、アウラングゼーブの生前から、中央インドでは、ヒンドゥー教徒のマラータ同盟がムガル帝国と対抗していました。そして、インドの北西部では、シク教徒の教団が帝国の支配から脱却する動きをみせていました。政治的に分裂していくインドで、一七六五年には、イギリスの東インド会社がベンガル地方を支配してしまいました。ムガル帝国は、かろうじて命脈は保っていたのですが、イギリスの勢力もふくめて、十八世紀のインドは、ムスリムや非ムスリムのいくつもの政権が並存し、たがいに争う時代となったのです。

求心力を失うオスマン帝国

　十八世紀にはいる直前の一六九九年、オスマン帝国は、オーストリアやロシアなどのヨーロッパ諸国の神聖同盟と、カルロヴィッツ条約を締結しました。これは、一六八三年に、オスマン帝国がオーストリアの首都ウィーンを包囲して、惨めにも撤退したことに端を発する戦争の終結を意味しましたが、オスマン帝国にとっては、敗戦を認めたことに他ならなかったのです。帝国は、この条約で、ハンガリーをオーストリアに譲りました。無敵を誇っていた帝国陸軍は敗れ、帝国ははじめて領土を敵に譲ったのです。

　十八世紀に入って、オスマン帝国の中央部では、チューリップ時代とよばれる華やかな宮廷文化が花開きました。チューリップは、トルコやイランで人々に愛好されていた花です。その花のあでやかさゆえに命名された時代ですが、帝国の武力は確実に低下していました。この時代、帝国は混乱に乗じてイランに出兵するのですが、ナーディル・シャーに一蹴《いっしゅう》されて、一時期はイラクを失ってしまいます。帝国の武力の根幹であったイエニ・チェリも、特権階層化して、世襲が当たり前となり、戦闘力を失っていきます。地方では、中央から派遣された官僚が支配する体制が崩れはじめ、おりから台頭しはじめた豪農（アーヤーン）が、徴税請負人となって地方政治を左右するようになっていきます。そして、帝国領であったエジプトやシリアでは、それぞれの地の勢力が、帝都から派遣される総督を無視して、地方政治の覇権をめぐって争うようになりました。オスマン帝国の中央の求心力は、確実に低下していったのです。そして、一七七四年には、ロシアとの戦いに敗れて、帝国に臣従していたクリミヤ半島のクリム・ハン国を、ロシアに譲ってしまいました。オスマン帝国は、ゆっくりですが、解体への道をたどりはじめました。

75 再びアラビアでイスラームが

イランのシーア派の改革

イランを支配していたサファヴィー朝は、シーア派の中の十二イマーム派の神秘主義教団が建設した国家でした。サファヴィー朝の支配時代に、十二イマーム派は、イランの主流派となっていきましたが、同朝が支配していたアフガニスタンでは、スンナ派の勢力が強いままでした。サファヴィー朝末期からアフシャール朝にかけての混乱の中で、アフガニスタンはイランとは袂《たもと》を分かち、スンナ派の世界に留《とど》まることになります。アフシャール朝のナーディル・シャーも、スンナ派をイランに復活しようとしました。サファヴィー朝の権威とともにあった十二イマーム派は、政治的保護を失ってしまったのです。そこで、十二イマーム派の内部で、路線争いがはじまります。その結果、法学を学んだ法学者たちが、法学の知識をもとに政治にも参加しようとする学派が勝利をおさめます。十二イマーム派は、神秘主義教団ではなく、法学者を中心とする組織に生まれ変わりました。十二イマーム派の法学派は、ジャーファル派とよばれていますが、第33話でお話ししたスンナ派の四大法学派と、方法論の上ではきわめて近いものです。法学者たちは、その後のイラン社会で大きな影響力をもちつづけて、一九七九年のイラン革命で政権を奪取することになります。

アラビアのワッハーブ派

イランの思想界で大きな変化があった十八世紀前半に、イランに留学していたアラビアの若き学徒がいました。その名を、アブドゥル・ワッハーブ家のムハンマドといいました。彼の父は、ハンバル派というスンナ派の厳格な法学派の学者でしたが、彼自身もイランやイラクで法学を学び、故郷のアラビアのアヤイナという街に帰ってきました。当時のアラビアは、オスマン帝国の領域ということになってはいましたが、帝国の支配はほとんど及んではいません。そして、イスラーム世界の他の地方と同様に、聖者崇拝がさかんでした。アラビアの、ハンバル派の法学者の間には、聖者崇拝や、聖者廟《びょう》への参詣《さんけい》は、イスラームの精神に反するとする考えがあったのですが、アヤイナに帰ったムハンマドは、聖者崇拝や聖者廟への参詣をより厳しく批判し、一七四〇年ごろから賛同者を得て、聖者廟を破壊する活動をはじめました。この活動には批判者も多く、結局彼は故郷を追われて、中部アラビアのダルイーヤという街の豪族、サウード家のムハンマドという人物の保護を受けることになります。

サウード家のムハンマドと、アブドゥル・ワッハーブ家のムハンマドは、手を携えて、聖者崇拝を否定し、イスラーム法の遵守を呼びかけるイスラーム運動を展開していきます。これをワッハーブ運動とよびます。二人のムハンマドの提携は、一七四五年のことですが、その後何度かの危機を乗り越えて、ワッハーブ運動はアラビアを席巻《せっけん》していきます。やがて、二人のムハンマドは死にますが、その後継者たちによって運動はさらに大きくなり、運動を鎮圧するためにオスマン帝国はアラビアに軍を派遣しましたが、世紀末の一七九九年にこれを撃退してしまいます。そして、一八〇二年には、シーア派の聖地であるイラクのカルバラーを攻略して、預言者ムハンマドの孫、シーア派の第三代イマームであるフサインの墓廟を破壊しました。十八世紀のアラビアは、イスラーム改革運動に燃えあがったのでした。

神秘主義教団の改革

ワッハーブ運動の敵は、イスラーム世界で大きな力をもっていた神秘主義教団でした。教団については、第43話をはじめとして、何度かお話ししてきましたが、聖者崇拝を軸にしながら、民衆を緩やかに束ねる組織です。教団の幹部は、マドラサでイスラーム法を学んだウラマーも少なくないのですが、彼らは、ウラマーとしての立場と教団の指導者としての立場を使い分け、教団の儀礼では、イスラーム法が語られることはきわめて少なかったのです。民衆は、何かにつけてウラマーに法的な問題について意見を求めるのですが、一方で、教団が主宰する儀礼に加わって、一晩踊り明かしたり、聖者の聖誕祭を楽しむなどのことをしていました。十一、十二世紀以後のイスラーム世界では、イスラーム法に基づく秩序と、神秘主義教団のネットワークに基づく秩序が、民衆の生活を保障していたのです。

ワッハーブ運動は、イスラーム的な生活の中から、神秘主義教団の儀礼をのぞき、イスラーム法だけに基づくことをめざしていました。この運動の盛り上がりを受けて、アラビアの神秘主義教団も改革を迫られました。教団の集まりの中で、コーランをきちんと朗唱し、イスラーム法について勉強する機会をもつようになったのです。従来の神秘主義教団に対して、これらの新しい教団を、新神秘主義教団とよぶことがあります。

ワッハーブ派の運動は、アラビア半島中央部のナジュド地方を中心とし、その北方から西方に広がる傾向をもっていました。それに対して、新神秘主義教団の活動は、アラビア半島南部のイエメンでさかんになりました。十八世紀は、イスラーム世界は政治的には落日を迎えていましたが、現在のイスラームにつながる新しい動きが、イスラーム発祥の地アラビアでおこった時代でもあったのです。

76 ロシアの南下

ヨーロッパ近代とイスラーム世界

十五世紀の末から十六世紀のはじめに、ヨーロッパの一部であるポルトガルがインド洋や南シナ海に進出し、スペインがアメリカ大陸からさらに太平洋にまで進出しました。このときから、ヨーロッパを中心に世界が一体化していくのだ、とする歴史観があります。たしかに、アメリカ大陸と太平洋が、ユーラシアやアフリカと結びつけられたのはこの時代からで、それを主導したのはスペイン人などのヨーロッパ人であったことは事実です。しかし、この時代はまだ、ヨーロッパは、政治の面でも経済の面でも、世界の中心ではありません。世界の経済は、東シナ海や南シナ海、そしてインド洋をとりまく海域世界を中心としていて、生産力の面では、中国南部を中心とする米と発酵食品の世界が圧倒的な先進性をもっていました。ヨーロッパ諸国は、大西洋経由と太平洋経由で、この豊かな海域世界の交易に参加したのであって、しかもその比重は非常に小さかったのです。スペインの艦隊は、地中海では、オスマン帝国の艦隊に敗れることが多く、地中海から紅海を経てインド洋にいたる道は、ヨーロッパ人には開放されていなかったのです。

ヨーロッパ諸国が、経済的に発展し、世界でそれなりの地位をしめるのは、十八世紀にはいってからです。そして、その世紀の後半から、ヨーロッパはイスラーム世界を支配しはじめていきます。そして、イスラーム世界に対するヨーロッパの支配が最終的に確立するのは、二十世紀になってからのことになります。しかし、それに先んじて、イスラーム世界の一部は、新興のロシアと清《しん》に侵されてしまいました。

ロシアと清による草原地帯の分割

第60話でお話ししたように、ロシアは十六世紀に、キプチャック・ハン国の後継国家であり、またムスリムの国家であった、ヴォルガ川流域のカザン・ハン国やアストラハン・ハン国を滅ぼして、その領土を併合してしまいました。また同世紀末には、シベリア西部にあったシビル・ハン国というムスリム国家も滅ぼして、ロシアは広大な領土をもつ大国になったのです。そのころのロシアは、ヨーロッパの一国というよりは、キプチャック・ハン国の後継者として、草原地帯の西部に覇を唱えた新興国家と考えるべきでしょう。そして、ロシアの繁栄は、西ヨーロッパ諸国との交易よりも、第64話でお話しした、草原地帯のカザフ族や中央アジアのウズベク族との交易に依拠していました。その交易を担ったのはロシアの商人とともに、ロシアに征服されたカザンやアストラハンのムスリム商人でした。この二つの都市の商人たちは、中央アジアを経由して、インドや中国とも取り引きしていました。

十七世紀後半になると、第64話で述べたように、騎馬遊牧民であったカザフ族が、現在の中国の新疆省の北部に勃興した騎馬遊牧民のジュンガル・ハン国に押され、十八世紀にはロシアに保護を求めるようになりました。そのジュンガル・ハン国は、中国を征服した満州族の清と戦って、一七五五年に滅びてしまいます。そして清は、一七五八年にジュンガル・ハン国に服属していたタリム盆地を征服して、かつてのジュンガル・ハン国の領域を新疆とよんで、領土に組みこみました。タリム盆地の住民はムスリムで、第64話で述べたように、イスラームのナクシュバンディー教団のホジャたちが政治の実権を握っていました。現在の新疆省のウイグル自治区という、イスラーム世界の一部は、清の版図に組みこまれてしまったのです。カザフ族は、政治的にロシアに服属するようになり、ロシアと清が中央アジアの草原地帯とタリム盆地をわけあうことになりました。

ロシアのさらなる南下

十八世紀のロシアは、西ヨーロッパとの結びつきを強めながら、一方で南に勢力を拡大することをめざし、カザフ族への支配を強め、カザフ草原への農民の入植をすすめていきました。カザフ族も抵抗するのですが、騎馬遊牧民の軍事力はもはや火器を装備したロシア陸軍にかなわない時代となっていました。また、イランの情勢が混乱している隙に、アルメニアやグルジアなど、カフカスへの侵入を企てていました。そして、十九世紀に入ってグルジアを併合し、カージャール朝の時代のイランと戦い、一八二八年の条約で、イランからアルメニアとアゼルバイジャン地方の北半分をうばってしまいます。また、それに先立つ一七八三年には、クリミヤ半島のクリム・ハン国を保護国とし、やがて併合してしまいました。

十八世紀から十九世紀前半の、中央アジアのウズベク族の、ブハラ・ハン国などの三ハン国は、ロシアとの貿易で栄え、都市も発展し、経済は活況を呈していました。ロシアにとって、この時代までは、これらを征服することは叶《かな》わぬ夢でした。しかし、一八六四年、クリミヤ戦争で敗れたロシア陸軍は、その屈辱をはらすために、コーカンド・ハン国を攻めてきました。ハン国は、果敢に戦いましたが、ブハラ・ハン国は応援せず傍観していました。勝利をおさめたロシアは、トルキスタン省を設けて、カザフ草原をロシアに併合し、つづいてブハラ・ハン国とヒヴァ・ハン国を保護国とし、さらにコーカンド・ハン国を併合して、中央アジアを植民地としたのです。

77 英領インドと蘭領東インド

東インド会社

第72話でお話ししたように、ヨーロッパの人々にとってインディア（インド）とは、今日のインドのことではなく、インド洋や南シナ海・東シナ海の豊かな交易世界のことでした。十六世紀後半から、スペインとポルトガルに加えて、イギリスやオランダ、フランスなどもこの交易世界に参加してきました。そして、一六〇〇年にイギリスが、〇二年にオランダが、〇四年にフランスが「東インド会社」を設立しました。「東インド」とは、右記の海域世界を意味し、「会社」とは、国王から独占権を得た組織のことです。独占とは、それぞれのヨーロッパ諸国で、「会社」だけがこの海域世界で交易ができる、という意味です。海域世界全体では、ムスリム商人や中国商人、そして、日本や琉球の商人も盛大に交易を行っていたのですが、ヨーロッパ諸国は、国家ごとに、「東インド会社」を通じて、交易に参加してきたのです。

十七世紀前半は、各国の東インド会社は、今日のインドネシア産の香料とインド産の胡《こ》椒《しょう》をヨーロッパに輸入することが、主な仕事でした。しかし、輸出する商品はありません。

ヨーロッパは、工業は未発達でした。ヨーロッパの商人は、アメリカ産や日本産の銀を手に入れて、その銀をインドにもっていって胡椒を手に入れ、またインドで仕入れた綿布をもって、現在のインドネシアで香料を手に入れていました。日本産の銀を手に入れるためには、中国の絹や東南アジアの物産を日本にもっていく必要がありました。このように、インディアの海域世界で多角的に交易をして、ヨーロッパの会社は、ヨーロッパに胡椒と香料をもたらしたのです。

イギリス東インド会社のインド支配

ヨーロッパ諸国の東インド会社の中で、圧倒的な優位を誇っていたのはオランダの会社でした。イギリスやフランスは、オランダに圧倒されて、香料の産地である現在のインドネシアから撤退を余儀なくされました。インドは、ムガル帝国のもとで政治的に安定していて、ヨーロッパのどの国にも通商を許していました。各国の東インド会社は、インド各地に商館を設けて、対インド貿易を推進しました。ところが、十八世紀になると、すでに述べたように、ムガル帝国は分裂していきます。各地の地方政権の内紛に、イギリスとフランスの会社は介入し、またたがいに戦いました。この時代、ヨーロッパ諸国の軍事力は、強力になっていました。インドの地方政権内部で相争っている勢力は、その軍事力を利用しようとしたのですが、ライバルを倒すとかえってイギリスやフランスの傀儡《かいらい》政権になってしまいました。イギリスは結局、フランスを圧倒して、ベンガルの地方政権をのっとってしまいます。形の上では、ムガル皇帝の臣下として、「会社」が、一七六五年から、ベンガルの支配者になったのです。当時のイギリスは、人口六〇〇万人程度の国です。ベンガルは、その倍以上の人口があり、しかも、平均的には、当時は貧しかったイギリス人よりは豊かな人々が住んでいました。そのベンガルを支配したことで、イギリスは産業革命を達成して、豊かな国家に発展していくことになります。

イギリスの東インド会社は、その後、十八世紀の後半から十九世紀の前半にかけて、インドの地方政権をつぎつぎに破り、インド各地を直接支配下におくか、藩王国を設けて間接的に支配していきました。一八五七年、東インド会社に雇われていたインド人兵士が反乱を起こすと、インド各地のさまざまな勢力もこれに呼応して、大反乱になりました。しかし、反乱は統制を欠き、会社は結局この反乱を鎮圧しますが、これを機に翌年、イギリスはムガル皇帝を廃し、また東インド会社を解散して、イギリスという国家が植民地としてのインドを支配する体制をつくりました。そして、七七年にはイギリス国王（当時は女王）を皇帝とするインド帝国をつくります。ムスリムが国土の大半を支配していたインドは、イギリスの植民地になってしまいました。

オランダ領東インド

現在のインドネシアで、交易網を確立していたオランダの東インド会社は、日本とも通商関係を維持して、十七世紀は貿易会社として活動していました。しかし、十八世紀になると、南シナ海や東シナ海の交易は下火となり、かつての活況はなくなりました。オランダの東インド会社は方針を転換して、ジャワ島にあったいくつかのスルタン国の内紛につけこみ、それらを保護下において、ジャワ島を植民地にしていきました。十八世紀末に、ナポレオンがオランダを征服したことを契機に、オランダの東インド会社は解散させられ、ジャワ島はイギリスの支配下に入りましたが、ナポレオンの没落とともにオランダはジャワ島の支配権を回復しました。そのとき以来、オランダは、国家の植民地として、ジャワ島を支配します。そして、現在のインドネシアの領域にあったスルタン国などをつぎつぎに保護下において、最後まで抵抗して独立を保っていたアチェ・スルタン国を二十世紀の初頭に併合して、オランダ領東インドをつくりました。そして、保護下においたスルタン国の内紛につけこんで、それらを滅ぼして、直接支配地を広げていきます。ムスリムはここでも、ヨーロッパの勢力の支配下に入りました。

78 国民国家建設をめざしたエジプト

マムルークとナポレオン

一五一七年に、オスマン帝国はマムルーク朝を滅ぼして、エジプトを併合しました。しかし、エジプトの支配は、マムルークに一任したのです。以後、エジプトには、大臣クラスの総督や最高法官など若干の官僚が首都から送られてきましたが、カフカス地方から売られてきた奴隷が、エジプトで教育を受けて、マムルーク騎士となって、エジプトの支配権を握っていたのです。十八世紀は、マムルーク同士の争いに勝ちぬいた有力なマムルークが、実質的なエジプトの支配者になる状況になっていました。

一七九八年のことです。フランス革命の後、急速に勢力を伸ばした将軍ナポレオン・ボナパルトが、フランス軍四万人を率いてエジプトに侵攻してきたのです。ナポレオンは、エジプトの民衆に対して、真のムスリムが、暴虐なトルコ人の支配から解放しにきた、と説いたのです。暴虐なトルコ人とはマ・ムルークのことで、真のムスリムとは、唯一神の信者としてのフランス人のことです。フランス軍は、マムルークの勢力を破って、カイロを占領してしまいました。

フランス軍をエジプトに運んできたフランス海軍はイギリス海軍に敗れて、フランス軍は本国との連絡を絶たれてしまいます。そして、オスマン帝国も軍をエジプトに派遣し、またマムルークも態勢を立て直して、フランス軍を攻めました。ナポレオンは、本国に帰って、やがてフランスの皇帝となるのですが、エジプトに残されたフランス軍は降伏してしまいます。その後、オスマン帝国はエジプトの直接支配を試み、イギリスはマムルークの一つの勢力を支援しました。エジプトの混迷はまだまだつづきます。

ムハンマド・アリーの登場

混乱からエジプトを救ったのは、カイロの民衆でした。彼らは、ウラマー（イスラーム的知識人）に率いられて、たびたびフランス軍に抵抗していました。そして彼らは、フランス軍降伏後のエジプトの支配を、オスマン帝国から派遣されてきた総督でもなく、マムルークでもなく、ムハンマド・アリーという人物に託しました。彼は、オスマン帝国の志願兵部隊の隊長だったのです。カイロの民衆の支持を得た彼は、一八〇五年に、エジプトのウラマーに選ばれたという形でエジプトの支配者となり、オスマン皇帝は彼をエジプト総督に任命しました。

ムハンマド・アリーは、マムルークたちのもっていたイクター（封土）を没収して、財政的基盤を整えます。そして一八一一年に、オスマン皇帝の命を受けて、アラビアのワッハーブ運動を鎮圧すべく出兵するとき、マムルークの将軍たちを宴会に招いて、皆殺しにしてしまいました。エジプトのマムルークは、このときをもってこの世からいなくなりました。ムハンマド・アリーの軍隊は、ワッハーブ運動を押さえこみ、さらに二二年には今日のスーダンを征服し、二五年から二七年にかけて、ギリシアの独立運動を鎮圧するために今日のギリシアにも出兵しました。その見返りとして、ムハンマド・アリーは、オスマン皇帝に対してシリアの領有を要求し、それが容《い》れられないと、三一年から三三年まで、皇帝と戦い、シリアとクレタ島の支配権を獲得しました。

ムハンマド・アリーは、エジプトの農民を徴発して、軍隊を組織したのです。そして、軍隊を維持するために、士官や技術者養成のための西欧的な教育制度を導入し、造船所や兵器工場を建設しました。また、財政的基盤として、農民に綿花を栽培させて、それを独占的に販売したのです。日本の明治政府に五〇年ほど先んじてムハンマド・アリーが採った富国強兵策によって、エジプト社会は激変しました。いうならば、近代的な「国民国家」が誕生したのです。エジプト民衆は、近代的な教育を受け、徴兵されて軍隊の経験も積むという「国民」になりました。しかし、支配層はムハンマド・アリーの側近で、彼らはトルコ語を母語とする人々でした。その意味では、奇妙な「国民国家」でした。

エジプトの挫折《ざせつ》

ムハンマド・アリーは、一八三九年から四〇年に、エジプトの独立をめざして再びオスマン帝国と戦いました。しかし、この戦いでは、イギリスなどの干渉を受けて、ムハンマド・アリーは屈服しました。彼は、エジプトの総督職を世襲することを認められましたが、エジプトとスーダン以外の支配地を皇帝に返還し、さらに、軍隊の規模と、それを支える兵器産業の規模を制限されたのです。ムハンマド・アリーは、オスマン帝国の枠内での自治国エジプトに満足しなければならなくなりました。

エジプトはその後も、ムハンマド・アリーの後継者によって、近代化を進めていきます。電信が全国に張り巡らされ、鉄道も設置されていきました。そしてなによりも、一八六九年に、地中海と紅海を結ぶスエズ運河を開通させました。しかし、これらのインフラ整備のために国家財政は破綻《はたん》し、七六年には、それを英・仏両国によって管理されてしまいます。これに反発した陸軍のオラービー・パシャが内閣を一新するのですが、イギリスが干渉して、一八八二年以降は、エジプトはイギリスの軍事支配下に入ってしまいました。

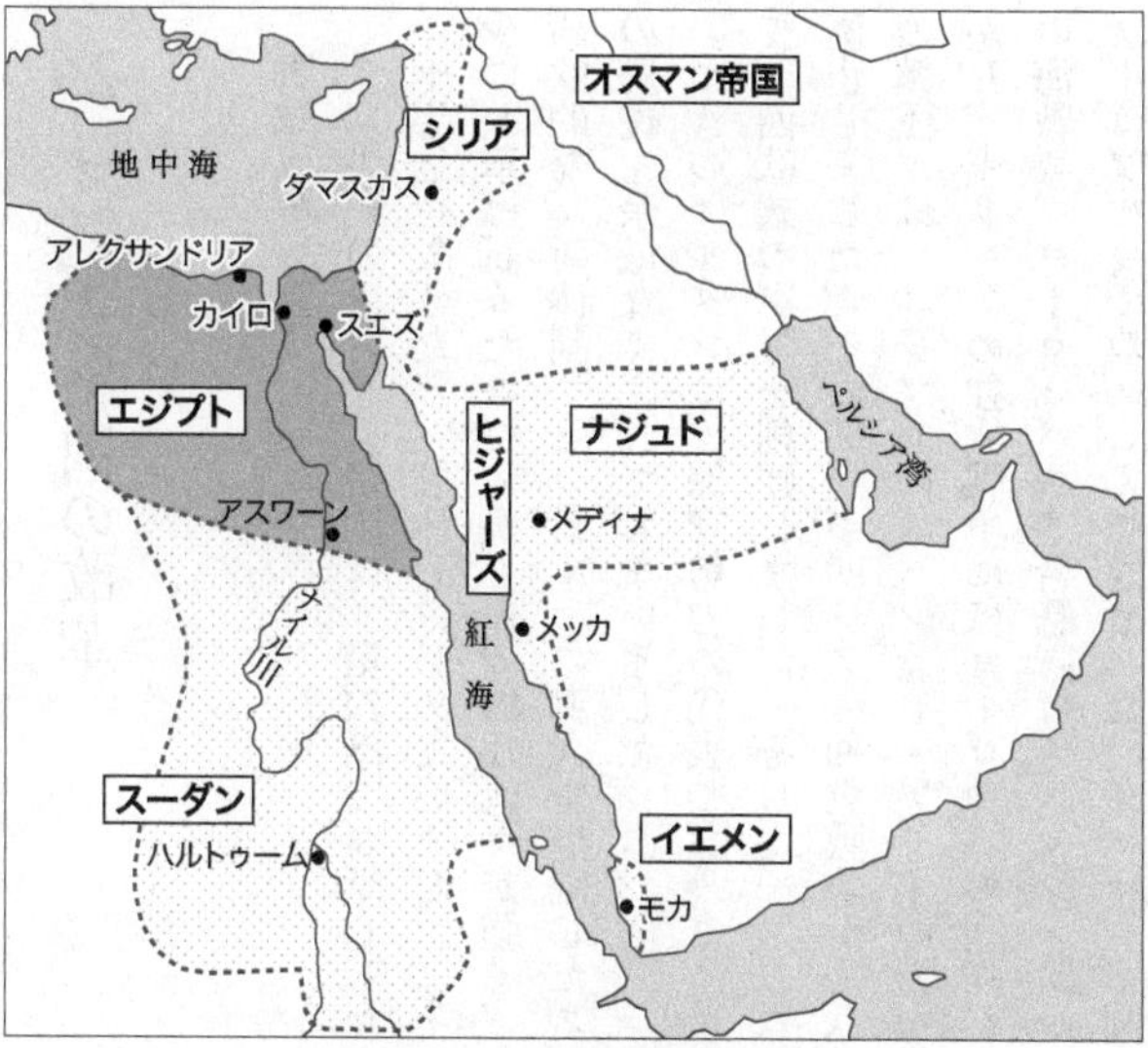

ムハンマド・アリーの支配領域（1840年）

79 オスマン帝国の改革

軍政改革

十八世紀のオスマン帝国は、第74話でお話ししたように、ロシアとの戦いに敗れてクリミヤ半島を失うなど、解体しはじめていました。その間、西欧の砲術を導入するなど、多少の改革は試みたのですが、保守的な人々が強く、うまくいきません。十八世紀の末に、西欧的な「新体制」と「新軍」の導入を提唱したスルタンは、一八〇七年に、スルタン位の廃位を余儀なくされてしまいました。

つぎのスルタンは、保守勢力の代表であったイェニ・チェリ軍団の力を弱める努力をして、西欧式の軍隊を創建しました。そして一八二六年には、イェニ・チェリ軍団をついに廃止しました。その間、ギリシアの独立戦争が一八二一年からはじまっていましたが、その鎮圧には、エジプトのムハンマド・アリーの力を借りなければならない状況でした。しかし、ギリシアの独立戦争にはヨーロッパの列強がギリシアの味方として参戦し、二七年の海戦で、ヨーロッパの連合艦隊はオスマン・エジプト艦隊を破り、その後ロシア軍がアナトリアにまで攻めこんできました。オスマン帝国は屈服して、二九年にギリシアの独立を認めます。そしてその後に、オスマン帝国の西欧式の軍隊も、エジプトのムハンマド・アリーの軍に敗れました。また、一八三〇年にはフランスが、名目的にはオスマン帝国の領土であったアルジェリアを征服してしまいます。これに対して、現地では、アブディル・カーディルという人物を中心に、一六年間にわたって激しく武力抵抗するのですが、オスマン帝国はなにもできません。オスマン帝国にとって、軍隊の再建は焦眉の課題でした。

タンジマート

一八三九年に新しいスルタンが即位しました。彼はまだ年少で、政治の実権はムスタファ・レシト・パシャという外務大臣が握っていましたが、彼は「ギュルハネ勅令」とよばれるものをスルタンの名で発布しました。この勅令は、スルタンの専制を廃して、法に基づく政治と、ムスリムや非ムスリムを問わずにすべての国民の平等の権利を宣言したものです。いうならば、西欧的な国家になることを宣言したことになります。この勅令に沿って、さまざまな行政改革が試みられましたが、現実には旧勢力の抵抗があって、改革は遅々として進みません。バルカン半島のキリスト教徒は、彼らの政治的権利を認める改革が進まないことに反発しました。一方で、勅令は、オスマン帝国の市場に進出しようとしていたヨーロッパ諸国の資本家の要求に応《こた》えていたので、ヨーロッパの資本が着実に進出してきました。

　オスマン帝国領であったシリアのエルサレムは、キリスト教にとって最高の聖地の一つですが、この地の管理権を、カトリック教徒の保護を名目に、フランスのナポレオン三世が要求していました。それに対抗して、ロシアも、ギリシア正教徒の保護を名目に、エルサレムの管理権を要求しました。さて、一八五〇年にブルガリアに反乱がおこると、ロシアが露骨に干渉してきました。そして、エルサレムの管理とオスマン帝国内のギリシア正教徒の保護を名目として、一八五三年にロシアはオスマン帝国に宣戦布告をします。ロシアの露骨な南下政策に反発して、イギリス、フランスなどがオスマン帝国の味方として参戦し、クリミヤ戦争となりました。この戦いにオスマン帝国は勝ったのですが、和平条約の際、それまでオスマン帝国の保護国であったモルダヴィアとワラキアが連合公国として事実上独立してしまいました。

　帝国は、一八五六年に、新たな改革の勅令を出して、また一連の改革に乗り出しました。しかし、技術と人材の不足が、改革を進展させません。一八三九年からはじまった、必ずしも全面的に成功したとはいえない一連の改革を、タンジマート（恩恵的改革）とよびます。オスマン帝国が、西欧的な近代国家に生まれ変わろうとした苦闘といえましょう。

オスマン主義

タンジマートは、教育の面では、大きな成果をあげました。エジプトでムハンマド・アリーが近代教育制度を導入しました。イスラーム世界では、イスラーム的知識人（ウラマー）養成のための教育機関（マドラサ）は古くからあったのですが、ムハンマド・アリーの試みは、新たなタイプの知識人養成の最初のものでした。そして、タンジマートによって、オスマン帝国でも、西欧的な知識に基づく知識人が育ってきました。彼らは、高度技術を必要とする近代陸軍や海軍、そして鉄道や電信などの産業の担い手なのですが、同時に、活字印刷という新技術による新聞や雑誌によって、国家、自由、平等などの新しい思想を広げる役割も担いました。彼らの思想の主流は、民族や宗教の差を超えて、オスマン帝国という国家の国民として、国家を強くしようとするものでした。このような主張を、オスマン主義とよんでいます。

当時のスルタンは、このような思想よりも、自らの政治的主導権を大事にしました。オスマン主義者たちは、スルタンの専制を廃して、法に基づく統治を求めます。両者の対立はやがてスルタンの廃位と憲法の制定をもたらすことになります。

80 スーダンのイスラーム運動

ソコト帝国

第61話で、西スーダンに黒人ムスリムの王国が興亡したことをお話ししました。十八世紀には、チャド湖周辺にボルヌ王国が健在でしたが、ニジェール川流域には大きな王国はありません。ハウサ語を使う人々が小さな政治勢力をつくったり、モロッコと結んだアラブ・ベルベルの血をひく商人が、奴隷貿易をおこなったり、神秘主義教団を指導したりしていました。また、ムスリムに交じって、多くの非ムスリムもいました。

フルベ族という、牛を飼う遊牧民がいました。彼らは、十五世紀ごろから、アフリカの西端のセネガル川流域から出て、十八世紀には、西スーダン一帯に広がっていました。西スーダンでは、他のさまざまな生業をもつ多くの民族と入り交じって、草原でもっぱら牛を飼養しながら、移動していたのです。彼らは、イスラームについての学識を深め、西スーダンのムスリムは堕落しているとみなしました。そして、堕落したムスリムや非ムスリムに対して、ジハード（聖戦）をおこない、十八世紀後半にセネガル川流域を征服していきました。

十九世紀になると、彼らの中から、ウスマン・ダン・フォディオという人物が現れました。彼は、イスラームに関する何冊もの本を著した学者でしたが、同時に軍事指導者でもありました。彼が率いるフルベ族は、ハウサ語を使用する人々と戦い、ニジェール川中流域に進出していきます。また、ボルヌ王国も一時期、征服してしまいました。一八〇四年に彼らがつくった国家を、ソコト帝国とよびます。ウスマン・ダン・フォディオは、何人もの王を臣下に従えたより高位の君主だったのです。

フランスとイギリスの植民地へ

セネガル川流域は、第51話でお話しした、ムラービト朝をつくったイスラーム運動がはじまった地でした。そこでは、神秘主義教団を中心に、イスラーム運動が繰りかえしおこなわれてきました。ソコト帝国をつくったフルベ族の運動もまた、ここから出発しました。十九世紀になると、第75話でお話しした、アラビアではじまった新しい神秘主義教団の動きが、この地に波及してきます。エル・ハジ・ウマルという人物がその中心でした。彼はメッカに巡礼し、その動きを受け止めてきました。彼は、一八五四年に、人々にジハードを呼びかけ、セネガル川流域に新しい国家をつくります。そのころ、この地方には、フランスが拠点を築いて奴隷貿易をおこなっていました。エル・ハジ・ウマルの軍はフランス軍に敗れ、セネガルを出て、ニジェール川流域に進出して、ソコト帝国の一部を征服することになります。

そのころ、ニジェール川上流域では、ジュラとよばれるムスリム商人の集団からサモリという人物があらわれ、王国を建設します。十九世紀の西スーダンは、さまざまなイスラーム運動の結果として、多くの王国が建設された時代なのでした。この動きを押さえこんだのがフランスとイギリスでした。一八八〇年からの二十数年は、ヨーロッパ諸国が競って、アフリカを武力で制圧し、分割していった時代です。アフリカの各地の王たちを武力で威圧して、保護下においていくというのが、ヨーロッパ諸国の共通の政策でした。むろん、抵抗する王は武力で抹殺してしまいます。西スーダンでは、フランスとイギリスが、ソコト帝国を構成していた王国などを、つぎつぎに保護下においていきます。エル・ハジ・ウマルの後を継いだ彼の息子や、王国を建設したサモリは、抵抗したのですが、敗れてしまいます。一九〇三年をもって、西スーダンは、フランスとイギリスの植民地として分割されてしまいました。

スーダンのマフディー

今日のスーダンという国家の領域には、第61話でお話ししたように、十六世紀には、それまであったキリスト教徒の王国に代わって、ナイル川流域にフンジュ、その西側にダールフールという二つのムスリム王朝が成立しました。その二つの王国は、十九世紀前半に、エジプトのムハンマド・アリーによって滅ぼされてしまいます。スーダンは、エジプトの植民地になったのです。そのスーダンに、ムハンマド・アフマドという人物があらわれます。彼も、アラビアではじまった新しい神秘主義教団の動きをうけて、既存の教団のありかたを激しく批判し、支持者を得ていました。彼は、自らがマフディーであることを宣言しました。マフディーとは、イエス・キリストのキリストとおなじ意味のアラビア語で、救世主をさしています。救世主がいまや現実にいるのだ、と彼は主張したわけです。

一八八一年、彼を支持するスーダンの人々は、エジプトに対して武器を取って立ちあがりました。そのエジプトは翌年、イギリスの軍事支配下に入ってしまいます。イギリスは、スーダンに、中国の太平天国《たいへいてんごく》との戦いで勇名を馳《は》せたゴードン将軍率いる部隊を派遣しましたが、将軍はマフディー軍に敗れて戦死してしまいます。マフディーは、この戦いの直後に死にますが、彼のあとを、カリフという称号で継いだ人物のもとで、スーダンの人々は、イギリス・エジプト軍と戦い、一八九八年まで政権を維持しましたが、結局スーダンもまたイギリスの植民地となりました。

81 汽車と汽船時代のメッカ巡礼

メッカ巡礼

イスラームの教義は、イスラーム法によって体系づけられています。イスラーム法については第33話で詳しく述べましたが、それは、一〇年を超えるような勉学を経て、はじめてその概要を知るウラマー（イスラーム的知識人）になれるという、複雑な体系をもっています。誰でもが、簡単に、イスラームの教義を修得できるわけではないのです。そこで、ムスリムが最低限信じなければならない六つの信条と、最低限しなければならない五つの行いが、簡単明瞭《めいりょう》に示されています。その信条と行いを六信五行《ろくしんごぎょう》といいます。

最低限しなければならない五つの行いの一つとして、メッカへの巡礼があります。他の四つの行いである、信仰告白、礼拝、断食、喜捨はすべてのムスリムがしなくてはならない義務なのですが、巡礼は、「可能ならば」という条件付きの義務です。アラビアのメッカから数千キロも離れたところに住むムスリムにとっては、巡礼は、金銭的にも、肉体的にも、大変なことです。そこで、「可能ならば」という条件がついているのですが、巡礼は、多くのムスリムの夢でした。そして、第62話でお話ししたように、巡礼への旅は、イスラーム世界の流動性を保証するものとして機能してきました。十八世紀以前には、巡礼は、帆船と、ラクダなどの乗用動物か徒歩にたよっていました。東南アジア、西スーダンなどからの巡礼は、それこそ、数年がかりの旅だったのです。

十九世紀は、今日までつづく、交通・通信革命がはじまった世紀です。交通の面では、帆船に代わって、汽船の時代となります。船は大型化し、速度を増し、大量の船客を、予定の日に、目的地に運ぶようになりました。汽車もまた、陸路で汽船とおなじ役割を果たします。これらの新しい交通手段は、ヨーロッパ諸国が発明・発展させたものですが、イスラーム世界のメッカへの巡礼者もまた、汽車と汽船を大いに利用します。

スエズ運河の開通

一八六九年、地中海と紅海を結ぶスエズ運河が開通しました。高校の世界史の教科書などでは、フランス人レセップスという人物がスエズ運河の開削者のように書いてあります。たしかに、彼が発案し、彼が中心になって国際スエズ運河会社を設立したのですが、開削工事は、エジプトの国家的事業としておこなわれました。一〇年におよぶ難工事に従事したのは徴発されたエジプト農民で、劣悪な労働条件は一二万人の犠牲者を出しました。エジプト政府は結局、この工事などの経費を賄いきれずに財政難におちいり、やがてイギリスの実質的な植民地になってしまったのですが、インドを支配していたイギリスは、インドまでの航路が半分に縮まったため、大いに潤いました。

一方で、巡礼をめざす全世界のムスリムにとっても、汽船と汽車の発展、そしてスエズ運河の開通は画期的な出来事でした。中央アジアのムスリムは、カスピ海を汽船で横切り、カフカス地方を汽車で横断し、黒海から汽船に乗ってメッカの外港のジェッダまで直行することができました。マグリブからの巡礼者も、ジェッダまで汽船で直行します。東南アジアや南アジアからの巡礼者は、ヨーロッパと結ぶ汽船に便乗してジェッダまで直行しました。汽船の時代と、それに合わせたスエズ運河の開通は、メッカ巡礼のありようをかえ、そして、巡礼者の数を激増させました。

情報の結節点メッカ

巡礼の旅はもともと、イスラーム世界全体にわたっての、人、もの、情報の流通をさかんにする効果をもっていました。汽船と汽車の時代になると、メッカ巡礼の、その面での効果も高まりました。十九世紀から二十世紀前半は、インドはイギリスの植民地となり、今日のインドネシアはオランダの植民地になった時代です。そして、中央アジアはロシアの、西スーダンやスーダンはイギリスやフランスの植民地となります。また、マグリブのアルジェリアやチュニジアはフランスの植民地となってしまいます。しかし、ムスリムを支配した植民地の宗主国も、ムスリムのメッカ巡礼を禁止することはできません。それどころか、イスラーム世界に進出した汽船会社や鉄道会社にとって、メッカ巡礼者は、会社の利益のためには大事な客でした。ヨーロッパ資本の会社にとっては、巡礼がさかんになることは、利益の増大につながったのです。

メッカがあるアラビアでは、第75話でお話ししたように、十八世紀に新しいイスラーム運動がはじまっていました。ワッハーブ派がつくった王国は、エジプトのムハンマド・アリーの軍によって潰されてしまったのですが、ワッハーブ派の運動そのものは大きな影響力をもっていたのです。そして、それに対抗した新しい神秘主義教団の活動も活発でした。世界各地から巡礼にきた人々は、そのような新しいイスラームの動きを本国にもち帰りました。それが、西スーダンやスーダンでの動きとなったことはすでに述べましたが、インドネシアやインドでも、新しい動きははじまっていたのです。特に、新しい神秘主義教団は、ヨーロッパ諸国の植民地支配に対する、ムスリムの抵抗の拠点となる傾向が強かったのです。植民地宗主国にとって、全世界のムスリムが直接交流するメッカ巡礼は、厄介な問題でした。

82 『マナール』とジャディード

新しいタイプの知識人

ムハンマド・アリーがエジプトに導入した近代教育制度は、マドラサで学んだウラマーではない、新しいタイプの知識人を生み出しました。つづいて、オスマン帝国でも、タンジマートのもとで近代教育制度が整えられました。植民地下のインドでも、イギリスは、近代教育制度で、インド人を教育しはじめます。イスラーム世界で、西欧的な教育を受けた知識人が、すこしずつ増えていき、多くは官僚、軍人、医者などになるのですが、彼らの活躍の場はウラマーよりも広がり、社会的影響力もより強くなっていきます。その結果、二つの思想潮流が、イスラーム世界に生まれました。

一つは、「民族」を意識する思想です。この思想については、第85話や第89話などで述べることにします。もう一つは、西欧的近代を否定するのではなく、イスラームを見直すことによってイスラームのなかに近代的な要素をのみこんでしまおうとする思想潮流でした。十九世紀後半のイスラーム世界の知識人にとって、発展したヨーロッパ諸国に対して、イスラーム世界の政治的、軍事的、経済的遅れは、歴然としたものになっていました。西欧化することによってこの遅れを取りもどそうとする動きは、当然ながらありました。しかし、イスラーム世界がだめなのは、イスラームが堕落しているからで、イスラームを立て直すことによって、イスラーム世界を再建しようとする思想がでてきたのです。

雑誌『マナール』

十九世紀後半のエジプトにムハンマド・アブドフという人物がいました。彼は、伝統的なマドラサで学んだウラマーの一人です。カイロには、アズハル学院というマドラサがありました。第45話などでお話しした、世界最古の大学です。アブドフは、そこで教鞭《きょうべん》をとるかたわら、近代教育のための教師を養成する師範学校でも教鞭をとり、マドラサでの教育と近代教育の調和をめざします。政治的な理由によってエジプトを追われたこともあったのですが、帰国後は、アズハル学院の改革とエジプト国民教育の確立に努力しました。彼の基本的な立場は、イスラームの歴史のなかで導入された雑多なものを棄て、初期のイスラームにもどることによってイスラームは近代と調和できる、とするものでした。初期のムスリム社会を理想とみなす思想は現代のイスラーム運動に広く見られますが、それを、サラフィー主義といいます。アブドフの立場はまさにサラフィー主義のはしりでした。

十九世紀後半は、活字印刷が世界的に普及した時代でした。印刷術と紙の生産技術の発展に負うものです。イスラームもまた、活字印刷技術の成果としての新聞や雑誌に頼るようになりました。レバノン生まれの、近代教育の恩恵を受けた思想家であるラシード・リダーという人が、エジプトにきて『マナール（光の場）』というタイトルの雑誌を、一八九八年に発刊しました。アブドフは、この雑誌に多くの論文を寄稿しました。『マナール』は、主としてアラビア語の論文を掲載していたのですが、アラブ世界だけではなく、インドネシアやインドなどイスラーム世界で広く読まれていました。二十世紀の初頭にアブドフは死ぬのですが、彼の死後も、ラシード・リダーを中心にしたこの雑誌の論調は、イスラーム改革派の主張として、全イスラーム世界に大きな影響を与えました。

ムハンマド・アブドフやラシード・リダーに限らず、この時代、インドでも、シリアでも、イスラームを近代と調和させようとする多くのイスラーム改革思想家が活躍しました。西欧の技術を利用した新聞や雑誌は、イスラーム世界でも、思想を伝達する手段として、大いに活用されたのです。

ジャディード

十九世紀後半に、ロシア領となっていたカザンやクリミヤのムスリムもまた、教育改革に乗り出しました。中央アジアからヴォルガ川流域のムスリムにとっては、ブハラ・ハン国の首都ブハラにあったマドラサが学問の最高権威だったのですが、それに飽き足らない人々が、ロシア語や、近代科学にとっては必須《ひっす》の数学などを教える新方式の学校を設立したのです。新方式の学校設立の動きは、中央アジアにもすぐに波及します。このような、教育改革を中心とする改革派の人々をジャディード（新しい）とよびます。ジャディードたちは、新聞や雑誌を通して、彼らの思想を広める努力もしました。むろん、彼らに反対する勢力も強かったのです。ロシア政府は、ムスリムの動きは何であれ警戒していました。保守的なウラマーもまた反対勢力の牙城《がじょう》でした。しかし、ジャディードたちは、ときにはイスタンブルに留学して、オスマン帝国の新教育を受けた知識人たちと交わって知識を吸収しながら、イスラーム改革を進めていきました。

中央アジアのジャディードたちの動きは、イスラーム世界の一例で、イスラーム世界の各地で、教育改革を中心とする新しいイスラームを求める動きが、十九世紀末から二十世紀初頭に、広がっていきました。

83 日露戦争の衝撃

国家と憲法

十九世紀は、国家の生きのこり戦争の時代です。弱い国家は、強い国家によって容赦なく潰されて、植民地になってしまいます。このような状況をみて、十九世紀は帝国主義の時代、と歴史家は表現しています。弱い国を圧迫してその政治的権利を奪った諸国は、おおむね民主主義の国家です。民主主義とは、この時代では、一国の国民の意思を結集して、他国を圧迫する政治制度のことでした。君主の恣意《しい》による専制政治ではなく、憲法を定め、それに則《のっと》った政治をおこなうことが、強国になるための条件だと考えられました。

現在、北アフリカに、チュニジアという国があります。十九世紀の前半まで、この地はオスマン帝国の一部でした。しかし、帝国の支配は名目的で、現地の支配者が実質的には政権を握っていました。チュニジアの支配者は、近代国家をつくるべく努力しはじめます。そして、一八六〇年には憲法を発布して、それに則った政治をおこなうことを宣言します。しかし、近代化政策は膨大な出費をともない、チュニジア政府の財政は破綻し、国家財政はイギリス、フランス、イタリアによって管理されてしまいました。オスマン帝国がロシアと戦って敗れた後の一八七七年に、ヨーロッパの諸帝国はベルリンで、オスマン帝国の領土を植民地にするため、それぞれの縄張りを決めました。そのときチュニジアは、フランスの縄張りとされました。そして、フランスは、一八八一年に、チュニジアを保護国としてしまいました。

エジプトは、十九世紀の初頭以来、スーダンを征服するなどして、帝国建設をめざしました。しかし、第78話で述べたように、帝国の建設は挫折し、財政は破綻して、国家財政はイギリスとフランスに管理されてしまいました。エジプトの民衆は、アラビア語を母語とする人々ですが、政府の中枢は、トルコ語を母語とする人々によって握られていました。そして、イギリス人などが、エジプトの国家財政を管理してしまったのです。このような状況のなかで、エジプトはエジプト人の国家であるべきだ、とする運動がはじまります。「母国」「祖国」などの日本語に相当する言葉を、アラビア語で「ワタン」といいます。この運動は、エジプトというワタンをつくる運動でした。この運動を背景に、陸軍将校であったオラービー・パシャなどを中心にしたエジプト民族主義者は、一八八二年に政権を奪取して、憲法を制定しました。しかし、この運動は、結局イギリスの武力で潰されて、エジプトは、イギリスの実質的な植民地になってしまったのです。

オスマン帝国でも、ミドハト・パシャという官僚が憲法制定を試みます。彼を支持する勢力は、ときのスルタンを廃して、新たにアブデュル・ハミト二世をスルタンとして擁立して、一八七六年に憲法を発布し、翌年には議会を開設しました。しかし、おりからバルカン半島で独立運動がおき、ロシアがそれを支援して、露土《ろと》戦争がはじまりました。アブデュル・ハミト二世は、戦争を口実にして、憲法を停止し、議会も解散してしまいました。帝国は、戦争の結果、バルカン半島の領土をほぼ失ってしまいます。

日露戦争と立憲運動

中東の地域の人々にとって、日本はあまりにも遠い国でした。その日本は、一八六八年の明治維新以来、近代国家の建設に努めていました。近代国家とは、日本の場合も、憲法をもつ民主的な法治国家と、植民地をもつ帝国を意味していました。そして、一八八九年には憲法を発布し、翌年には総選挙もおこないました。また、一八九四年から翌年にかけての日清《にっしん》戦争の勝利によって、植民地をもつ帝国への道を確実に歩みはじめました。その日本が、一九〇四年からロシアと戦いました。この日露《にちろ》戦争の経過は、おりから発達していた電信網を利用して、中東地域にも素早く伝わります。日本軍の戦闘での勝利のたびに、イスラーム世界の人々は沸き立ちます。ヨーロッパ諸国の一つであるロシアに対して、東洋の国の一つである日本軍の善戦は、自らも東洋の一部だと意識しはじめた中東の人々を興奮させたのです。戦争がはじまるとさっそく、エジプトで、エジプトというワタンをつくろうとしていたムスタファ・カーミルという政治家が『昇る太陽』と題する日本紹介書を著し、ハーフィズ・イブラーヒームという詩人は「日本の乙女」という詩を発表しています。日本に対する関心は、一挙に盛りあがったのです。

日露戦争が日本の勝利に終わると、日本が憲法をもつ立憲君主国であることが戦勝をもたらしたのだ、とする見解が中東で広まります。イランでは、一九〇五年から、立憲運動が盛りあがり、翌年には憲法が発布され、議会も開設されました。しかし、その後は、政体をめぐる争いがつづき、イランに立憲制が根付くのはすこし遅れます。そのことはまた、第88話でお話しします。エジプトは、実質的にはイギリスの植民地でしたが、憲法はありました。そのエジプトでも、憲法改正運動が盛りあがっていきます。憲法停止の状態にあったオスマン帝国でも、憲法復活の運動が盛りあがっていきます。さらに、モロッコでも、憲法制定が議論されるようになりました。近代国家の建設をめざす動きが、中東のイスラーム世界のいたるところで、さかんになっていったのです。

84 混乱のバルカン半島

オスマン帝国のバルカン支配

多数の民族が入り交じるバルカン半島を、オスマン帝国は数百年にわたって統治していました。帝国は、現在のトルコ共和国の領土であるアナトリア（アナドル）とバルカン半島（ルメリー）の大部分を、直接統治していました。ルメリーとは、ローマの地という意味です。

かつてのローマ帝国領であったヨーロッパの西半分は、五世紀ごろからゲルマン系の人々が移住してきて、コンスタンティノープルに拠点を移したローマ帝国（ビザンツ帝国）から離れていきました。一方、バルカン半島はローマ帝国領に留まったのですが、その地にスラブ系の人々が移住してきました。セルビア人などがその例です。また、マジャール人やブルガール人など、トルコ系やそれに近い言語を用いる騎馬遊牧民も移ってきました。マジャール人は、現在のハンガリー人の祖先で、マジャール語は現在のハンガリーの国語です。ブルガール人は現在のブルガリア人の祖先ですが、ブルガリア語は、トルコ語系から、スラブ系の言語に変わっていきました。バルカン半島に移住してきた人々もキリスト教を受け入れていきましたが、それは、主として、コンスタンティノープルに総主教がいるギリシア正教でした。

第67話でお話ししたように、十四世紀以来、そのバルカン半島にオスマン帝国が進出して、そこを支配下におさめました。その結果、バルカン半島の住民でムスリムに改宗する人々も現れました。一九九一年からはじまったユーゴスラビアの内戦の際、ムスリム人とよばれた人々がその子孫です。一方で、キリスト教の信仰を保持した人々も多数いました。人口比では、バルカン半島では一貫して、キリスト教徒が多数派でした。帝国は、イスタンブルの、ギリシア正教の総主教の立場を保護し、バルカン半島やアナトリアのキリスト教の教会の管理を委《ゆだ》ねます。セルビア人は、セルビア教会を組織して、ギリシア正教からなかばわかれていたのですが、セルビア教会はまた、総主教の権威のもとに入りました。オスマン帝国のもとで、ギリシア正教の総主教の立場は、一段と高まったのです。

バルカン半島の帝国からの分離

十七世紀前半が、オスマン帝国にとって最盛期でした。世紀末に、ウィーンの攻撃に失敗した後、帝国はオーストリアやロシアの連合軍と戦い、敗れて、ハンガリーなどをヨーロッパ諸国に譲りました。帝国にとっては、最初の領土の割譲です。そのときから、帝国はヨーロッパ諸国に対して守勢にまわるようになりました。しかし、十八世紀は、なんとか、バルカン半島の領土は保持していました。

十九世紀になると、ヨーロッパで、一つの民族は一つの国家をつくるべきだとする民族主義が生まれました。その影響が、すこしずつ、バルカン半島の人々の心を捕らえていきました。また、ヨーロッパの人々は、自分たちの文明は、古代のギリシア文明に由来していると信じていました。古代ギリシア文明が栄えたアテナイなどがある地は、いまやムスリムのオスマン帝国の支配下にあります。そのことを不快に思うヨーロッパの知識人は少なくなかったのです。また民族主義が、ギリシアに住む人々にも影響を与え、彼らは、一八二〇年ごろから、独立のための秘密結社をつくり、武装蜂起《ほうき》しました。そして、ヨーロッパの知識人はギリシアの独立運動を支持し、ヨーロッパ諸国も、オスマン帝国に武力で圧力をかけました。その結果、一八二九年に、ギリシアは、帝国から分離して、独立することになりました。

ギリシアの独立は、バルカン半島の他の民族に大きな影響を与えます。バルカン半島では、民族意識は、キリスト教の宗派と強く結びついていました。セルビア人とは、ギリシア正教会系のセルビア教会の信者のことです。ブルガリア人とは、おなじくギリシア正教会系のブルガリア教会の信者のことです。クロアチア人とは、セルビア人とおなじ言語を用いる人々ですが、カトリックの信者です。バルカン半島での民族運動は、オスマン帝国から分離して独立することをめざしましたが、同時に、それぞれの教会が、イスタンブルにあるギリシア正教会の総主教の管理のもとから離れる運動でもありました。しかし、ムスリムも、キリスト教のさまざまな宗派の信者も入り交じって住んでいるため、一つの民族を中心とする国家の建設は容易ではありません。

一八五六年、クリミヤ戦争の後の和平条約の結果、現在のルーマニアは完全な自治が認められて、事実上オスマン帝国から分れていきました。しかし、ここは元来、大幅な自治が認められていた所で、ムスリムもほとんどいなく、帝国にとって大きな問題とはなりませんでした。ルメリーとして直轄統治していた地は、まだ、帝国領でした。

一八七六年、セルビア人がスルタンに対する反乱を起こし、ロシアに救援を求めると、翌年、ロシアはオスマン帝国に宣戦を布告して露土戦争がはじまりました。これを契機に、スルタンは憲法を停止したことは前に述べましたが、戦争はオスマン帝国の敗北で終結し、ルメリーの大半は、なかば自立してしまいました。バルカン半島の情勢はこれで落ち着いたわけではなく、この地の混乱が第一次世界大戦を招くことになります。

85 青年トルコ人革命と第一次世界大戦

青年トルコ人

憲法を停止したオスマン帝国のスルタン、アブデュル・ハミト二世は、パン・イスラーム主義を採用していました。アフガーニーという思想家がいましたが、彼は、イスラーム世界の諸国家が近代化し、かつイスラーム世界が政治的に一つにまとまることによってはじめて、ヨーロッパ諸国と張り合うことができる、と主張していました。彼の主張は広く受け入れられて、第82話でお話ししたエジプトのムハンマド・アブドフらに強い影響を与えています。アブデュル・ハミト二世は、この高名な思想家をイスタンブルに招いて、オスマン帝国を中心にしたイスラーム世界の統合を夢見たのです。しかし、露土戦争に敗れ、ルメリー（バルカン半島）の大半を喪失した皇帝の統治は、秘密警察を活用して帝国内の不満を抑圧し、ドイツと結んで、バグダード鉄道敷設などの多くの利権をドイツに与えることに終始しました。

バルカン半島で広まった民族主義は、オスマン帝国内のトルコ語を母語とする人々の間に、トルコ人という民族意識を芽生えさせていました。帝国の領土の縮小、国内政治でのスルタン専制などで危機感を覚えた民族主義者たちは、自らを「青年トルコ人」と称して、活動をはじめます。一八八九年に、彼らがつくった秘密政治組織を「統一と進歩のための委員会」といいますが、この組織は、弾圧によって何度も崩壊の危機にさらされながらも、仲間を着実に増やしていきました。

革命とバルカン戦争

一九〇八年、統一と進歩のための委員会は、憲法復活と議会の即時開催を求めて立ちあがりました。この動きを、軍部の若手将校が支持して、イスタンブルをめざして進軍をはじめました。軍部の支持を失ってはスルタンは何もできません。憲法の復活と議会の再開を約束し、総選挙の結果、青年トルコ人を中心とする内閣ができました。立憲国家としてオスマン帝国はスタートを切ることができたのです。

青年トルコ人の政府は、しかし、主義主張のうえで困難に直面します。イスラーム世界の団結を求めるパン・イスラーム主義を棄てるわけにはいきません。また、多民族を包摂しなければならないオスマン帝国としては、トルコ人の民族国家であることを強調するわけにもいきません。一方で、中央アジアのトルコ系民族にとっては、青年トルコ人の一部が主張していた、トルコ民族が一つにまとまろうとするパン・トルコ主義は魅力があり、帝国はそれを棄てることもできません。青年トルコ人の内閣は、結局、帝国内の多民族の協力を得ることができずに、独裁政権として機能していきました。

バルカン半島で自立した諸民族は、一九一二年に、オスマン帝国に宣戦布告して、第一次バルカン戦争がはじまりました。青年トルコ人の政府は、これに敗北して、イスタンブル周辺をのぞいて、ルメリーの領土のすべてを失ってしまいました。オスマン帝国から奪った領土をどう分けるかをめぐって、一九一三年には第二次バルカン戦争がはじまりました。このとき、青年トルコ人の軍人であったエンベル・パシャが率いる陸軍は善戦し、バルカン諸国は休戦を余儀なくされて、オスマン帝国は、ルメリーの、今日のトルコ共和国領である部分を確保しました。

第一次世界大戦

ボスニアにサライェヴォという都市があります。一九九一年からはじまった旧ユーゴスラビアの内戦で、この街を舞台に、ボスニア人、セルビア人、ムスリム人などが血みどろに戦い、街はすっかり破壊されてしまいました。その時点から八十年ほど遡る一九一四年には、ボスニアはオスマン帝国から分かれて、オーストリア帝国に併合されていました。そしてその年に、ボスニアもセルビアの一部だと主張する大セルビア主義者が、おりからサライェヴォを訪問していたオーストリアの皇太子夫妻を殺害してしまいました。オーストリアはセルビアに宣戦布告し、戦いがはじまりましたが、この戦いは多くの国々を巻きこみ、世界大戦になってしまいました。そしてオスマン帝国も、ドイツ・オーストリア・ブルガリアの同盟国側にたって参戦しました。

オスマン帝国では、第二次バルカン戦争で国民的英雄となったエンベル・パシャが、ドイツとの同盟を強引にすすめて、参戦に踏みきったのです。連合国側のイギリスは、実質的に支配していたエジプトをオスマン帝国から名実ともに切り離して独立国とし、植民地であったインドからインド軍をイラクに派遣しました。また、トルコ人であることを強調していた青年トルコ人内閣に反感をもつアラブ人を密《ひそ》かに味方につける努力をして、アラビアやシリア、イラクでの反乱に期待しました。一方オスマン帝国は、この戦いはイスラームのためのジハードであると宣言して、インドのムスリムによびかけてイギリスを牽制《けんせい》するように働きかけました。

イギリス・フランス連合軍は、マルマラ海の要所ガリポリを二度にわたって強襲しましたが、守備隊の司令官ケマル・パシャはこれを撃退しました。しかし、戦局はしだいに不利になり、一九一八年に不利な条件で休戦となり、エンベル・パシャら青年トルコ人の幹部は亡命しました。

Ⅵ 民族、国家、そしてイスラーム

オスマン帝国の旧領であったバルカン半島の混乱に端を発し、一九一四年にはじまった第一次世界大戦は、本質的には、ヨーロッパ諸国による「欧州大戦」でした。しかし、それに参戦したオスマン帝国は、敗戦国となって、瓦解《がかい》してしまいました。代わって、トルコ人の「国民国家」としてのトルコ共和国が誕生しましたが、オスマン帝国の領土であったアラブ地域は、イギリスとフランスによって分割されて、新たな植民地になってしまいました。イギリスは、国際連盟から委任されたという形式で支配したシリアの一角を、パレスチナと命名して、直接統治しました。そしてそこに、ヨーロッパで邪魔者扱いされていたユダヤ人を入植させました。ヨーロッパの問題を、中東のイスラーム世界に持ちこんだわけです。そして、それが、二十一世紀になっても解決されないパレスチナ問題の発端となりました。

第一次世界大戦は、結果として、ロシア帝国の滅亡を招き、代わってソ連が誕生しました。ロシアの植民地であった中央アジアやカフカスのムスリムは、その一部はソ連に期待して、社会主義国家のもとでの大幅な自治を求め、一部はソ連に抵抗して独立を夢見ました。しかし、ソ連は、それらの期待や夢を潰《つぶ》して、中央アジアとカフカスをいくつもの民族別「共和国」に編成して、社会主義化を強引に推しすすめていきました。

植民地には二つの型がありました。一つは、植民地をそれなりの国家として認めて、政府をおき、政府を通して宗主国が支配する形態です。もう一つは、宗主国が直接統治する形態です。そのうちの前者は、第二次世界大戦の前後に、つぎつぎと独立していきました。エジプト、シリア、レバノン、ヨルダン、チュニジア、モロッコなどの国々がそうです。旧宗主国は、それらの国々で、経済的利権を確保することには全力を傾けましたが、第二次世界大戦を勝ちぬくためには、遅かれ早かれ、政治的独立は認めざるを得なかったのです。しかし、直接統治していた植民地は、なかなか手放そうとはしません。

第二次世界大戦では、日本が、オランダ領東インドと、イギリスの植民地であったマレーのスルタン国やシンガポールを占領してしまいました。一時期、日本は、イスラーム世界の一部を支配する国になったのです。日本が降伏すると、オランダはふたたび東インドを直接支配しようとしました。しかし、独立を求める勢力がオランダと戦い、ついに独立を勝ち取りました。今日のインドネシアです。イギリスも、日本の降伏後ただちにマレーのスルタン国とシンガポールを支配しました。そして、やがてその独立を認めていくことになります。インドは、紆余《うよ》曲折の末、インドとパキスタンに分離独立しました。その後パキスタンで内戦があって、今日のパキスタンとバングラデシュにわかれました。

第二次世界大戦後は、ヨーロッパ諸国の力は極端に衰えました。その結果、イスラーム世界には、独立国がぞくぞくと誕生しました。イスラーム世界の大部分が、ヨーロッパ諸国の植民地であった時代は終わりました。しかし、独立したからといって、イスラーム世界が豊かになったわけではありません。圧倒的多数のムスリムは、貧しいまま今日にいたっています。貧しければ、よりよい社会の実現のための運動が人々の支持を得ることになります。一九六〇年代と七〇年代は、民族主義と社会主義が人々をとらえていました。その二つの主義が、多くのイスラーム諸国の国家建設の支えでした。しかし、八〇年代には、その二つは色褪《あ》せてきました。代わって、イスラーム運動が、人々の心をとらえるようになったのです。その間に、パレスチナをめぐる一連の中東戦争、アフガニスタン内戦、イラン・イラク戦争、湾岸戦争があり、イスラーム世界の政治は安定しません。そして、ムスリムを多数支配していたソ連が瓦解し、ムスリムが住民の多数派である、旧ソ連を構成していた共和国が名実ともに独立して、国家建設に取り組みはじめました。

イスラーム世界に、現在は植民地はなくなりました。現在の地球は、二〇〇ほどの「国民国家」によって分割されています。そしてイスラーム世界も、四〇を超える数の「国民国家」をかかえています。一九七三年に、日本はオイル・ショックに襲われました。石油の供給が不安定となり、価格が暴騰したのです。日本にとっては大変な災難でしたが、石油の生産国は、原油価格の暴騰によって潤いました。その結果、イスラーム世界の一部の国家は豊かになりました。しかし、それは例外で、イスラーム世界の大部分の国家は貧しいままです。

国家建設は、順調ではありません。現在、世界の人口は七〇億人あまりで、そのなかでムスリムは一〇数億人ほどです。これからの半世紀の間に、世界の人口は一〇〇億人を超え、そのなかでムスリムは三〇億人になると推定されています。貧しいイスラーム世界で、現在、人口が急増しているのです。多くの問題を抱えながら、イスラーム世界は、二十一世紀を迎えました。

86 世俗国家トルコ共和国

オスマン帝国の滅亡

第一次世界大戦に敗れたオスマン帝国は、存亡の危機にさらされました。戦勝国は、帝国の領土を容赦なく分割して支配しようとしていたのです。大戦末期に、連合国側にたって参戦したギリシアが、アナトリアのエーゲ海沿岸一帯は元来ギリシアの領土であるとして、一九一九年に、イズミルに侵攻してきました。戦勝国はギリシアの態度を支持し、二〇年にオスマン帝国にほんのわずかの領土を認めるだけの和平条約（セーブル条約）を押しつけました。このような動きに対して、大戦中のガリポリ攻防戦で英雄となったケマル・パシャを中心に「トルコ大国民議会の政府」が設立され、「トルコ国民軍」が組織されました。国民軍は二一年に、イズミルに進攻してギリシア軍をアナトリアから追放しました。そして、戦勝国との交渉を一本化する必要から、二二年にオスマン帝国のスルタンを廃位して、イスタンブルの政府を吸収しました。かつては、ローマ帝国にも匹敵する規模を誇ったオスマン帝国は滅び、新たに「トルコ人の国家」が誕生したことになります。

トルコ人の国民国家

ケマル・パシャの率いた政権は、なによりもまず、国土を確定する必要がありました。セーブル条約は、アナトリア東部にアルメニア人が独立国家をつくることを認めていました。アナトリア東部のさらに東のカフカス地方を支配していたロシアは、大戦中に革命が起きて、ロシア帝国は滅亡し、共産主義のソヴィエト連邦（ソ連）に変わろうとしていました。ケマルの政権は、ソ連をつくろうとしていた勢力と結んで、アルメニア人の独立国家建設の夢を潰してしまいます。そして、カフカス地方には二二年に、ソ連という連邦国家を構成する一つの共和国としてザカフカス共和国が誕生し、一方アナトリア東部は、アルメニア人の国ではなく、トルコ人の国家の一部となることになり、両者の国境が定まりました。

ケマルの政権は、二三年に、大戦中の連合国とローザンヌ条約を締結しました。この条約によって、イスタンブルの西方に広がる東部トラキアとアナトリアの領土が確定しました。これが、今日までつづく、トルコ共和国の領土となりました。またこの条約で、それまでオスマン帝国が押しつけられていた治外法権や関税の規制などの不平等な条項がすべて破棄され、トルコは完全な主権をもつ近代国家と認められました。そして、同年中に、トルコは共和国宣言を出して、ケマルが初代大統領に選出されました。

十九世紀以来の民族主義の理念では、一つの民族が一つの国家をつくるべきでした。トルコには、原則として、トルコ人以外はいてはいけないことになります。おなじころ、ギリシアもまた今日につづく領土が確定しました。ギリシアも、ギリシア人の「国民国家」をめざしました。そこで、「トルコ共和国」内にいたギリシア人をギリシアに移住させ、「ギリシア王国」内にいたトルコ人を、トルコに移住させるという「民族の交換」が、両国の合意のもとでなされました。ギリシア人とは、ギリシア正教の信者のことでした。またトルコ人とは、ムスリムのことでした。この時点で、トルコ国内には、ギリシア人国民、すなわち、ギリシア正教のキリスト教徒の国民は、原則としていなくなったのです。

アナトリアの東部には、ペルシア語系のクルド語を母語とする人々が多数います。彼らの一部は、自分たちはクルド人という民族なのだ、と考えました。そして、独立ないしは大幅な自治を要求したのです。しかし、トルコ政府は、クルド語はトルコ語の方言であって、彼らはトルコ人なのだと主張して、彼らの要求を拒否します。民族という意識に基づく「国民国家」とは、なかなか厄介なものなのです。そして、クルド人の問題は、二十一世紀を迎えた今日でも、片が付いていません。

世俗国家トルコ

オスマン帝国のスルタンは、十九世紀の中ごろから、イスラーム世界を精神的に束ねるカリフでもある、と主張していました。イスラームにとっての世界の中心であるアラビアのメッカの支配権をスルタンは保持していましたから、この主張は、インドや東南アジアのムスリムもふくめて、かなり広く受け入れられていました。一九二二年に、ケマルの政権が、オスマン家のスルタンを追放しましたが、オスマン家のある人物をカリフとして擁立しました。しかし、新生トルコ政府は、二四年に、カリフ制を廃止してしまいます。このことは、イスラーム世界に中心がなくなってしまったことを意味したのですが、同時に、トルコ共和国は、イスラーム世界の盟主であることを放棄したことも意味しました。そしてトルコ政府は、一連の改革によって、ウラマーや神秘主義教団の政治的影響力を削《そ》いでいきます。共和国の最初の憲法では、イスラームが国教と定められていたのですが、二八年にはこの条項を削除してしまいました。共和国は政治的にはイスラームとは関わらない、世俗国家であることを明らかにしたのです。また、教育改革の一環として、文字をアラビア文字からラテン文字にかえました。この措置もまた、イスラームから遠ざかる努力の表明でもありました。

87 独立を夢見たアラブ人

オスマン帝国のアラブ地域支配の終焉《しゅうえん》

一五一七年にマムルーク朝を滅ぼして、シリア・エジプトを征服したオスマン帝国は、その後もアラブ地域の支配領域を広めていきました。しかし、エジプトは十九世紀初頭から、ムハンマド・アリーのもとで実質的に帝国から分離し、アルジェリアは一八四二年に、フランスの直轄地になってしまい、チュニジアは一八八一年に、フランスの保護国となります。ちなみに、オスマン帝国からは独立していたモロッコも、一九一二年には、フランスの保護国となってしまいました。リビアは、サヌーシー教団という、新しい神秘主義教団が勢力を伸ばして、オスマン帝国からは事実上自立していたのですが、一九一二年に、イタリアの植民地となってしまいます。

アラビア半島は、名目的にはオスマン朝の支配下にありました。しかし、半島各地で、それぞれの勢力が自立している状態でした。ペルシア湾岸地帯やオマーンには、港市を支配する小君主が、自立していました。現在の湾岸諸国のもととなった君侯国ですが、これらは十九世紀末から二十世紀初頭にかけて、イギリスの保護国となっていきます。南アラビアのイエメンでは、伝統的にシーア派のなかのザイド派の勢力が強かったのですが、ザイド派のイマームが十九世紀末にはオスマン帝国の支配に抵抗するようになります。

帝国にとってアラビアでいちばん重要であったのは、メッカに他なりません。メッカには、預言者ムハンマドの子孫である名家がたくさんあります。その中の有力者をメッカ太守に任命するのが、オスマン帝国の方針でした。帝国は、一九〇八年に、人望のあったフサインという人物をメッカ太守に任命して、万全を期しました。

アラブの反乱

第一次世界大戦がはじまると、イギリスは、オスマン帝国に対するアラブの反乱を誘いました。その誘いに乗ったのが、メッカの太守フサインでした。「青年トルコ人」に対して、「トルコ人」の支配のもとにはいたくないと考えていた「アラブ人」は少なくありません。民族意識は、アラブ人のもとでも、着実に育っていたのです。この場合のアラブ人意識は、今日のそれとは違って、エジプトなど北アフリカの住民をふくんでいません。エジプトでは「エジプト国民(ワタン)」意識が、「アラブ人」意識より、はるかに強かったのです。トルコ人支配に対抗しようとした「アラブ人」とは、主としてシリアやイラクの住民でした。

イギリスは、フサインに対して、アラブ人の独立国家の樹立を約束しました。フサインは、一九一六年に、アラブの独立を宣言して、オスマン帝国との戦いをはじめました。そのころ、イギリスとフランスは、戦後にオスマン帝国領のアラブ地域を、両国で分割支配する協定を密《ひそ》かに結んでいました。一七年に、ロシアに革命が起きると、ロシアの革命政権は、この秘密協定を暴露してしまいました。シリアやイラクのアラブ人は激怒して、フサインの息子ファイサルが率いるアラブ軍に、大挙して参加してきました。ファイサルの軍は、オスマン帝国軍を追って、一八年に、シリアの主邑《しゅゆう》ダマスカスに入城しました。

アラブ地域の分割とサウジアラビアの建国

ファイサルは、大戦後の一九年に、大シリア国民会議を招集して、大シリア立憲王国を建設しようとしました。一方イギリスとフランスは、また密かに協定を結んで、シリアなどを分割支配しようとします。フランスは、シリアの北半分を保護下におくことを主張して、武力でファイサルをダマスカスから追ってしまいます。結局フランスは、新たにできた国際連盟から委任されたという形式をとって、シリアの北半分を、レバノンとシリアに分けて統治します。イギリスは、シリアの南半分を、ヨルダン渓谷の東（トランス・ヨルダン）とパレスチナに分けて統治し、またイラクも委任統治します。イギリスはやがて、アラブ人の不満を抑えるために、トランス・ヨルダンの王としてメッカのフサインの息子の一人であるアブドゥッラーを招き、ファイサルをイラクの王として招きました。アラブ

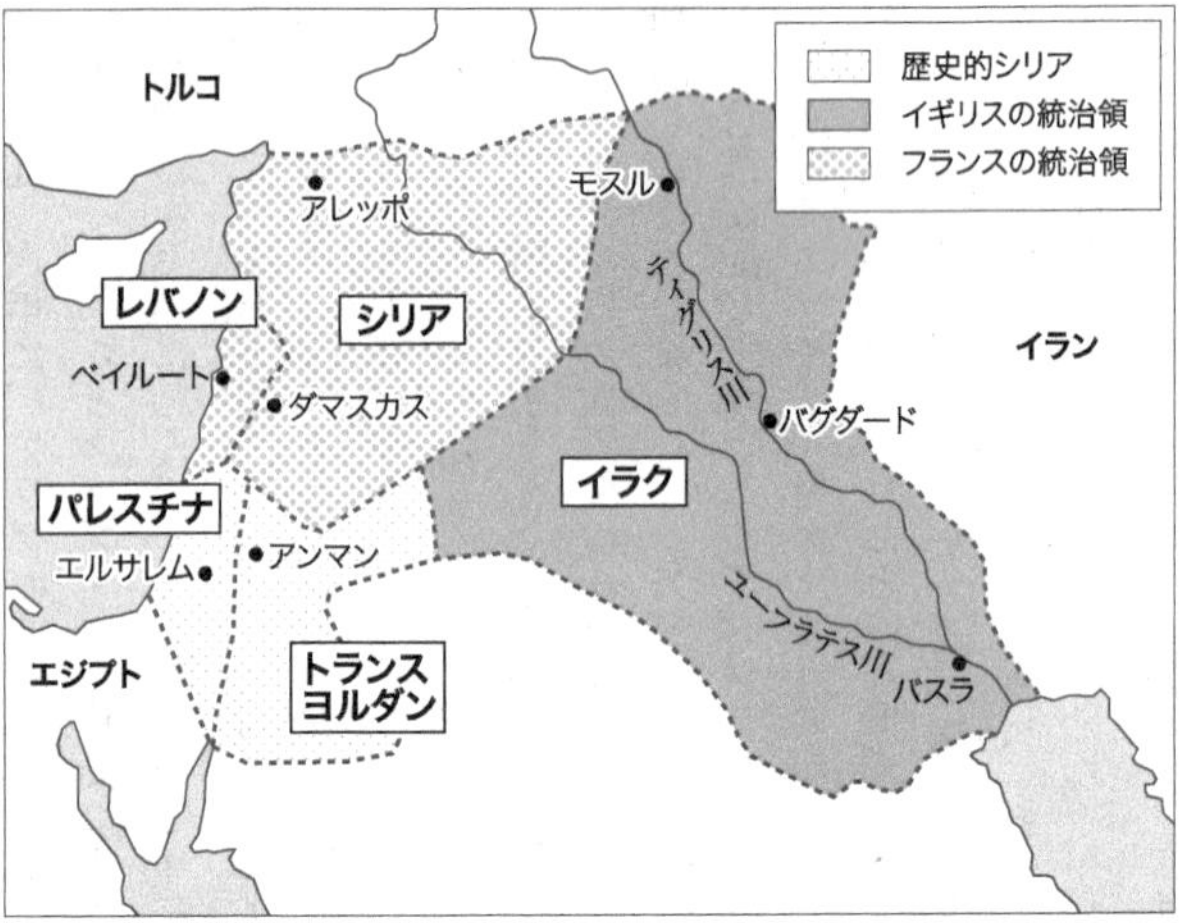

英仏によって分割支配されたアラブ地域

地域は結局、イラク、シリア、レバノン、トランス・ヨルダン、パレスチナという五つの地域に分割されて、そのそれぞれは主権をもたずにイギリスとフランスの委任統治下におかれることになってしまいました。そしてイギリスは、直轄統治地としたパレスチナに、ユダヤ人の入植を許し、今日のパレスチナ問題の原因をつくりだしていくことになります。

アラビア半島では、大戦後に、ワッハーブ派のサウード家の勢力が急速に伸びてきました。サウード家は、ムハンマド・アリーに敗れた後、しばらくしてリヤドを拠点に再興しましたが、ライバルに追われて滅亡の危機に瀕《ひん》しました。そのサウード家を再興したのが、アブドゥル・アズィーズ（イブン・サウード）という人物で、一九〇二年にリヤドを奪回し、二一年にはライバルを倒して中央アラビアを統一しました。二四年に、新生トルコ政府がカリフ制を廃止すると、メッカのフサインが自らがカリフであると宣言しましたが、これを機にサウード家はフサインと戦い、メッカを征服してしまいました。その後サウード家の政権は、三二年に、サウード家の王国（サウジアラビア）と称するようになり、現在にいたります。

88 再生するイラン

カージャール朝

第74話でお話ししたイランは、混乱の十八世紀のあと、十九世紀は、トルコ系の騎馬遊牧民であったカージャール族の政権のもとにまとまりました。しかし、イランは相変わらず多難です。カージャール朝は、ロシアと戦い、敗れ、一八二八年にトルコマンチャーイ条約を結んで、北西部のアゼルバイジャン地方のなかばをロシアに割譲して、今日の国境を確定しました。東方では、アフガニスタンに進出を試みたのですが、イギリスの干渉があって、結局、アフガニスタンの独立を認めて、今日にいたる国境を確定しました。今日のイランの領土の枠組みは、十九世紀のカージャール朝のもとで、ほぼ確定しました。

イランでは、サファヴィー朝以来、シーア派の十二イマーム派が優勢でした。その中にあって、自分こそ真理の門（バーブ）である、とする人物が現れました。十二イマーム派が期待していたイマームが再臨したのではないかと、多くの人々が期待しました。しかし、バーブを自称した人物は、イスラームの時代は終わり、新しい時代が訪れた、と主張したのです。バーブを支持する運動は、十二イマーム派のウラマーや、カージャール朝の権力によって潰され、一八五〇年にバーブは処刑されますが、この運動の流れは現在、イランを出てアメリカ合衆国などでバハーイー教として残っています。

一方で、カージャール朝イランは、近代教育制度をそれなりに整えていきます。そして、時代の波を受けて、イラン民族意識をもつ知識人も育っていきました。政府は、鉄道敷設、鉱山開発、銀行設立などの近代化のための投資を、外国人に利権として譲渡する方針で臨みました。この政策は、民族意識をもったイラン国民から激しい反発を買いました。一八九〇年に、タバコの栽培、製造、輸出の利権をイギリスの会社に譲渡することにしましたが、これに対して、全国規模で反対運動がまきおこりました。人々は、タバコを買ったり吸ったりすることをボイコットしました。タバコ・ボイコット運動とよばれるこの運動は、都市のバザール（商店街）の商人たちとともに、十二イマーム派のウラマーたちも中心的な役割を果たしました。政府は結局、タバコ利権の譲渡をあきらめたのですが、商人やウラマーの政治的発言力は高まりました。

立憲革命

第83話でお話ししたように、イランでも、日露戦争の衝撃を受けて、一九〇五年から、立憲運動が盛り上がりました。このとき、運動の中心になったのも、首都テヘランのバザールの商人やウラマーたちでした。運動は、翌年に、憲法の発布と国会の開設を勝ち取ったのですが、それを許可したシャー（国王）は、翌年に死去してしまいました。つぎのシャーになった人物は、〇八年に、武力を用いて強引に国会を解散し、憲法も停止してしまいました。この事態を受けてイラン全土で、反シャーの武装蜂起《ほうき》がはじまりました。イラン東北部の中心都市であるタブリーズでは、民衆が都市を占拠し、シャーが派遣した軍隊を寄せつけません。また、カスピ海沿岸にあるレシトという都市や、かつてのサファヴィー朝の首都であったイスファハーンで「国民軍」が組織されて、テヘランに向かいました。〇九年に、国民軍はテヘランに入城し、シャーを廃位し、新たに幼少のシャーを擁立して、立憲君主制のイランという「国民国家」をつくることになりました。この一連の過程を、立憲革命といいます。しかし、ロシアが武力干渉して、議会の機能を停止してしまいました。

パフレヴィー朝

一九一四年に、第一次世界大戦がはじまると、イランは中立を表明しましたが、ロシア軍は、オスマン帝国軍とイラン東北部を戦場にして戦いました。イギリス軍もまた、インド（今日のパキスタン）との国境付近で、勝手に作戦行動をおこないました。一七年に、ロシアで革命が起きると、革命政権はイランからの軍の撤退を表明して、一九年には完全に撤退しました。代わって、イギリス軍はイラン全土に進駐して、オスマン帝国軍と戦うロシアの革命政権に武力干渉しました。ロシアの革命政権の軍である赤軍《せきぐん》は、ともに、カスピ海南岸のイラン領（ギーラーン）反革命勢力とイギリスの干渉部隊と戦うために、に上陸すると、イギリス軍は敗れてしまいます。ギーラーンでは、ただちに、ギーラーン・ソヴィエト共和国の成立が宣言されました。つづいて、イランの北西部でもアゼルバイジャン共和国が、北東部でもホラサーン共和国の成立が宣言されました。

この事態にあわてたのがイギリスで、無能なテヘラン政府にかえて、ある政治家を選び、クーデタを起こさせました。このとき活躍したのが、イラン・コサック部隊を率いていたレザー・ハーンという軍人です。彼は、戒厳司令官となり、軍部を掌握すると、地方に成立していた共和国をつぎつぎと滅ぼし、イランを再統一しました。レザー・ハーンは、イギリスの後押しを受けて、地盤を固めていき、二五年には、カージャール朝を廃し、自ら国王（シャー）になりました。この王朝を、パフレヴィー朝とよびます。イランは、このパフレヴィー朝のもとで、近代化を本格的に進めていくことになりました。

89 中央アジアとカフカスの社会主義国家

ロシア革命とムスリム

ロシアは、十六世紀に、ヴォルガ川流域のムスリムたちを支配するようになりました。支配されたのは、今日のカザン自治共和国やバシキール自治共和国のムスリムたちの祖先でした。そして、第76話でお話ししたように、十九世紀を通してロシアは、カフカスと中央アジアを侵略していき、トルキスタンとカフカスを支配し、ブハラ・ハン国とヒヴァ・ハン国を保護国としました。カフカスのアゼルバイジャンでは、ムスリムが多数派でした。また、トルキスタンの住民の大多数はムスリムでした。ロシア帝国は、多数のムスリムを支配する帝国だったのです。

そのロシアに、第一次世界大戦中の一九一七年に、革命が起きました。ロシア革命のきっかけは、中央アジアのムスリムたちの大反乱でした。一六年に、ロシア皇帝は、中央アジアの「異族人」も前線の後方部隊として動員する勅令を発したのです。中央アジアのムスリムたちは、青年が大量に戦争に動員されることにも不満でしたが、誇り高き彼らが、戦いそのものではなく、後方での雑役に動員されることも大いに不満でした。ムスリムは、中央アジアに入植していたロシア人農民を襲い、ロシア人はまた報復としてムスリムを多数虐殺しました。この反乱を契機に、ロシアの中央でも厭戦《えんせん》気分が高まり、一七年の三月に革命が起きてロマノフ朝のロシア帝国は瓦解したのです。

革命後の五月に、旧ロシア帝国内のムスリムの代表が集まって会議を開きました。参加したのは、ヴォルガ川流域のカザンとバシキール、カフカスのアゼルバイジャン、中央アジアのトルキスタンの代表です。会議は、連邦制の共和国の建設を提言しました。しかし、革命後に成立した臨時政府は、この提言を無視しました。一七年の十一月に、ボリシェヴィキ（共産党）が臨時政府をたおす第二の革命を起こし、政権を掌握しましたが、ムスリムの提言には無関心でした。

バスマチ運動

第82話でお話しした中央アジアのジャディード（ムスリム改革主義者）たちは、一七年の十一月に、臨時ムスリム大会を開催して、トルキスタン自治政府の樹立を宣言しましたが、ボリシェヴィキ政権はそれを認めずに、武力でこれを潰してしまいました。これに反発したムスリムの一部は、反ソヴィエトの抵抗運動をはじめました。この運動には統一された指導部はなかったのですが、運動参加者はバスマチと総称されました。一方、ジャディードたちの一部は、ムスリムでありかつ共産党員であるという道を選択し、ロシアの保護下にあったブハラ・ハン国やヒヴァ・ハン国で革命を起こして、そこでソヴィエトを組織しました。彼らはまた、テュルク諸民族共産党とテュルク・ソヴィエト共和国をつくることを提案しました。テュルクとは、中央アジアの住民全体を意味していました。しかし、ボリシェヴィキの中央はこれらを承認せず、結局は武力で中央アジアの革命を推進して、ジャディードたちの夢は潰《つい》えていきます。

中央アジアでは結局、ボリシェヴィキ政権を支えた赤軍（ソヴィエト軍）の武力と、バスマチたちの抵抗運動の対決となりました。武力と組織力にまさる赤軍がバスマチたちを圧倒して、一九二四年ごろには、バスマチの抵抗運動はすべて潰されてしまいました。

民族別ソヴィエト共和国

ロシア革命は、労働者のソヴィエト（評議会）を中心に、国家をつくろうとしました。しかし、中央アジアの工業労働者は、大部分がロシア人で、現地のムスリムは農民や遊牧民で、労働者ではなかったのです。中央アジアの各地で組織されたソヴィエトは、そのために、ロシア人中心の機関となりました。革命政府はまた、民族別にソヴィエト共和国をつくり、その連邦として、ソヴィエト連邦をつくろうとしました。中央アジアでも、民族別に共和国をつくる作業がはじまりました。ムスリムのジャディードたちは、中央アジア全体で、テュルク人の共和国をつくることを夢見たのですが、テュルクという民族を、中央は認めません。あまり大きくまとまることは不都合だったのです。テュルクを分割して、ウズベク、カザフ、トルコマン、キルギス、タジクなどの民族をつくり、それにあわせて五つの共和国をつくることになりました。フェルガーナ盆地という、かつてコーカンド・ハン国があった地域があります。そこの盆地の住民はウズベク人と認定されました。周囲の山岳民はキルギス人と認定されました。この二つの民族別共和国は、国境が入り乱れ、飛び地があったりと、複雑に線引きされて、それぞれの領土が確定しました。このような例は無数にあって、一九二四年に、かなり強引に各共和国の領土が決まりました。

カフカス地方は、ロシア革命後の政権と、新たに建国したトルコ共和国との間で国境が確定して、一九二二年に、ザカフカス・ソヴィエト共和国が成立しました。やがて、この共和国も、アルメニア、グルジア、アゼルバイジャンという、三つの民族別共和国に編成替えとなります。そして、中央アジアとカフカスの、これらの共和国では、社会主義国家の建設が強引に進められていきました。

90 インドネシアとマレーシアの独立

日本のイスラーム世界への関心

第一次世界大戦後の混乱が一段落したあとのイスラーム世界を、ざっと眺めてみましょう。オスマン帝国解体後、トルコ共和国が成立し、またイランで新生パフレヴィー朝が成立して、それぞれ独立を維持していました。それ以外では、アフガニスタンとサウジアラビア王国とイエメンが独立を維持していました。しかし、他は、ヨーロッパ諸国の植民地のままか、あるいはアラブ諸国のように、新たにヨーロッパ諸国の保護国になってしまったかのいずれかでした。ロシア革命後のソ連も、実質的には、中央アジアなどを植民地として支配しつづけたのです。むろん、植民地となった地域のムスリムたちは、そのような状態に満足していたわけではありません。独立を求める運動も、イスラームの革新を求める運動も、各地で展開していました。しかし、植民地体制は簡単には崩れません。

二十世紀初頭の日露戦争で勝利した日本は、ムスリムたちの期待の星でした。その日本は、第一次世界大戦後、五大国の一つとみなされるようになりました。もちろん日本は、第83話でも指摘したように、当時の一人前の国家として、憲法をもつ立憲君主制の「国民国家」であり、同時に台湾や朝鮮半島などの植民地をもつ帝国でもありました。そして日本は、もっと多くの植民地を獲得しようとして、満州《まんしゅう》国を建国してそこを実質的に植民地にしていました。ロシア革命後のソ連に絶望したロシアのムスリムの一部は、満州を経て日本に移住し、日本政府の援助に期待しました。日本でもまた、「アジア」をまとめて日本がその盟主となり、欧米に対抗しようとする「大アジア主義」があらわれて、大川周明《おおかわしゅうめい》などはイスラーム世界やムスリムたちに興味を示しはじめていたのです。ロシアからの亡命タタール人ムスリムが中心となって、東京と神戸《こうべ》にモスクを建設したのも、そんな時代の雰囲気のなかでのことでした。日本は、満州を建国したあと、中国への侵略を本格化していましたが、やがて目を東南アジアへ向けていきます。そこには、今日のインドネシアとマレーシアがあります。そこの住民はムスリムです。

日本のインドネシア征服と独立

今日のインドネシアは、オランダの植民地でした。オランダは、一〇〇を超えるスルタン国などと保護条約を結んで、オランダ領東インドという植民地をつくっていきました。しかし、ときとともに、スルタン国などを取り潰して、直轄植民地を増やしました。オランダは、統治のための中級官僚などを養成するために、近代教育制度を植民地に導入していました。また、ムスリムたちも、伝統的なイスラーム教育制度を維持するとともに、近代教育制度も導入しはじめていました。このいずれかの近代教育制度のもとで学んだ知識人たちは、昔のスルタン国の復活ではなく、オランダ領東インドという地域の独立を模索しはじめたのです。そして、スカルノを中心にインドネシア国民党が結成され、ムルデカ（愛国）運動がおきました。オランダは、この運動を徹底して弾圧し、スカルノらを逮捕・拘禁してしまいました。

このような情勢のインドネシアに、一九四一年の末、日本軍が攻めこみ、オランダ軍を降伏させてしまいます。スカルノらは釈放されて、独立を夢見ましたが、日本軍は独立を許しません。四五年に、日本軍はアメリカ合衆国を中心とする連合国に降伏し、インドネシアに駐屯していた日本軍も降伏しました。スカルノらは独立を宣言したのですが、すぐにオランダ軍がやってきて、植民地支配をつづけようとします。スカルノらはオランダ軍と徹底して戦い、一九四八年にオランダに独立を認めさせました。ムスリムが人口の約九割をしめるインドネシアという独立国家が誕生したのです。

マレーシアの独立

イギリスは、現在のマレーシアとシンガポールを植民地にしていましたが、オランダとは異なり、保護国とした七つのスルタン国を取り潰さずに残しておきました。そのスルタン国の住民の多数派はマレー人で、ムスリムでした。一方、イギリスの直轄植民地となったシンガポールなどでは、中国やインドからの移民労働者が多数いました。彼らの大部分はムスリムではありません。日本軍は、四一年の末からマレーシア・シンガポールに進出して、イギリス軍を降伏させてしまいます。そして日本が降伏し、マレーシア・シンガポール駐屯の日本軍も降伏すると、ただちにイギリス軍がきて、植民地支配を継続します。日本軍の軍政下にあった時代、中国系の住民を中心とするマラヤ共産党が反日抵抗運動を展開していたのですが、もどってきたイギリス軍はこの運動を弾圧してしまいました。

四八年に、イギリスはシンガポールをのぞくマレーシアの独立を認めることになりますが、スルタン国とスルタンのいない州の連邦という形をとりました。その後シンガポールとボルネオ島のサバ、サラワクの二州が連邦に加わり、シンガポールがそこからまた分離するという過程を経て、今日のマレーシアという、ムスリムが人口の過半をしめる独立国家が成立しました。

91 パキスタンの成立とバングラデシュ

イギリス植民地下のインド人ムスリム

一八七七年に成立したイギリスの植民地としてのインド帝国は、直轄地と五五〇ほどの藩王国よりなっていました。藩王国とは、藩王という君主がいる王国ですが、その藩王はインド帝国の皇帝であるイギリス国王（女王）に忠誠を誓っている家臣なのです。最大の藩王国は、デカン高原のハイデラバードを首都とする藩王国で、第74話でお話ししたように、ムガル帝国の宰相だった人物がつくった王国です。したがって、藩王はムスリムです。この例のように、藩王の中には、ムスリムも少なくなかったのです。藩王国は、それぞれの伝統にしたがって、その領内を統治していたのですが、インド帝国の人口の過半は、直轄地に住んでいました。そこでは、イギリスが、近代教育制度を導入し、新しいタイプの知識人を養成していきます。もちろん、植民地としてのインド帝国を統治するために必要な中級・下級官僚や、イギリス資本の会社の中間管理職を確保するためでした。

インド人の多数派は、イギリス人がヒンドゥー教とよんだ宗教の信者です。ヒンドゥー教とは、インド人の宗教という意味で、シヴァ神の信者、ヴィシュヌ神の信者、シク教徒など、さまざまな信仰体系の総称です。インドを統治することになったイギリス人は、ヒンドゥー教という一つの宗教があると想定して、ヒンドゥー法によって彼らを統治しようとしました。そしてムスリムを、イスラーム法によって統治しようとしたのです。イギリス人がインドに導入した近代教育制度は、主として、ヒンドゥー教徒を対象にしていました。ムスリムは、近代教育制度や、その卒業生を受けいれる官僚や会社の管理職から、疎外されていきました。ムスリムたちも、独自に近代教育のための学校を設立して、時代に適合する努力をしました。しかし、ムスリムが支配者であった時代とは、ムスリムにとって大きく状況が変わってしまったのです。インド人ムスリムの一部は、オスマン帝国の皇帝が呼びかけたパン・イスラーム主義に賛同する運動を展開したり、オスマン皇帝をカリフと認める運動を展開したりしました。

インド独立運動とムスリム連盟

イギリスは、一八八五年に、インド人の「名士」を集めて、インド国民会議を設立しました。インド総督の諮問機関で、インド人の政治的要求を、ほんのすこしだけ認めようとするものでした。そして同年、この会議に集まったインド人を中心に、インド人の政治結社として国民会議派が結成されました。国民会議派は、インド人の自治や独立を要求していくことになります。イギリスは、国民会議派に対抗させるために、一九〇八年に、全インド・ムスリム連盟を結成させました。

第一次世界大戦後も、イギリスはインドの独立を認めようとはしません。しかし、すこしずつ、直轄地の州単位で、自治を認めていきます。一九三七年に各州の議会の選挙があったのですが、ムスリム連盟はこれに大敗し、国民会議派が多数派を占めて、各州の内閣を組織しました。ジンナーを中心とするムスリム連盟は、権力をなかば手中にした国民会議派に批判的な立場をとりました。そして、ムスリムの権利を確保するために、インド独立に際して、パキスタンというムスリムの独立国家を建設することを主張しはじめたのです。

パキスタンの成立とバングラデシュの分離

第二次大戦後、イギリスはようやくインドの独立を容認する政策を採ります。戦勝国になったとはいえ、イギリスにはもはやインドを支配する力は残っていなかったからです。しかしイギリスは、インドを一つの国家として独立させるのか、インドとパキスタンの二ヵ国を独立させるのかを、はっきりとは示しません。結局、血で血を洗う争いをともないながら、一九四七年に、パキスタンは、インドとは分離して、イギリス連邦内の自治国として独立しました。その領土は、今日のパキスタンとバングラデシュで、インドを中間において、東西二つの地域からなるという、不自然な国家でした。そして、インドに組みこまれた地域からムスリムが多数パキスタンに亡命し、パキスタンに組みこまれた地域からヒンドゥー教徒の多数がインドに亡命しました。カシュミール州は両者に分割されたのですが、国境の線引きは確定できずに今日にいたっています。そして、独立に際して、藩王国はすべて潰されてしまいました。

独立直後に、ムスリム連盟の強力な指導者であったジンナーは死亡し、パキスタンは政治的混乱に見舞われます。東パキスタン（バングラデシュ）では、選挙でムスリム連盟が大敗し、西パキスタンから距離をおく政権ができましたが、西の政府はこれを軍事力で潰して、東を軍政下においてしまいます。そして、五六年に、憲法を制定して、イギリス連邦から離れた共和国として、パキスタンが正式に成立しました。

その後も、東では独立をめざす動きが止まず、やがて七〇年から独立戦争がはじまりました。インドが、東の独立を支援してパキスタンに侵攻し、七二年にバングラデシュが独立しました。現在では、それぞれ人口一億人をこえ、ムスリムが圧倒的な多数派の国である、パキスタンとバングラデシュという国家が、成立したのです。

92 シオニズムとパレスチナ戦争

ヨーロッパでのシオニズムとパレスチナ

ヨーロッパという地域は、キリスト教の諸宗派の信者に加えて、ユダヤ教徒やムスリムが居住している空間です。しかし、この地のキリスト教徒には、ヨーロッパはキリスト教徒諸民族の居住空間であると主張して、ユダヤ教徒やムスリムを邪魔者扱いにする傾向がありました。「民族」という概念が強く意識される十九世紀になると、ユダヤ教徒は、ユダヤ人という民族であるとする考えが成立します。そして、たとえば、ポーランドはポーランド人の土地であって、そこにユダヤ人がいるのはけしからん、とする意識が表面化してきました。ロシアやその他の国でも、ユダヤ人を迫害する動きが激しくなります。

一つの民族は、一つの国家をつくるべきだ、と当時のヨーロッパの人々は考えていました。ユダヤ教徒のなかにも、自分はユダヤ人なのだ、と意識する人々が増えてきました。彼らは、ユダヤ人の国家をつくろうと考えました。ユダヤ教徒にとって心の故郷《ふるさと》であるシオンの丘を中心に、ユダヤ人の国家をつくる運動がはじまります。この運動をシオニズムといい、その運動の担い手をシオニストといいます。そして、第87話ですこしふれたように、イギリスは第一次世界大戦後、オスマン帝国からシリアの一部を奪い、委任統治という名目でそこを支配するようになると、パレスチナという地域を設定して、そこに、シオニストの入植を許したのです。第一次世界大戦を戦うのに際し、シオニストに協力を要請していたからです。

ドイツでのナチズムは、ユダヤ人を徹底的に排撃しました。そのようなヨーロッパでの動きがあって、パレスチナに多数のユダヤ人が入植してきました。しかし、パレスチナは無人の地ではありません。そこにいた住民を、イギリスはアラブ人と呼びました。アラブ人の多数はムスリムですが、キリスト教徒もすくなくありません。パレスチナのアラブ人にとって、入植してくるユダヤ人は困った存在です。両者の間に対立が芽生えます。ときには、武力衝突もありました。そして、アラブ人の間で、パレスチナを支配していたイギリスに対する抵抗運動がはじまります。イギリスはその運動を弾圧し、パレスチナのアラブ人の政治組織や軍事組織を潰してしまいます。一方、ユダヤ人は、イギリスの禁止にもかかわらず、秘密裏に政治組織と軍事組織を保存しました。

イスラエルの独立とパレスチナ戦争

第二次世界大戦前から大戦中にかけて、イラク、シリア、レバノン、トランス・ヨルダン、エジプトは、一応独立して自前の政府と軍隊をもつようになりました。大戦が終わった四五年に、右記の国々と、アラビア半島で独立を維持していたサウジアラビアとイエメンの七ヵ国は、アラブ連盟を結成して、各国の独立を保持するために協力しあうことと、まだ独立を達成していない地域の独立を援助することをきめました。独立を達成していない地域の一つは、イギリスが直接統治していたパレスチナでした。

世界大戦で戦勝国になったものの、すっかり疲弊してしまったイギリスは、パレスチナ問題の解決を放棄して、新たに結成された国際連合に問題を委ねてしまいました。国連は、パレスチナに、アラブ人の国家とユダヤ人の国家をつくることをきめて、領土の線引きをおこないました。この分割案は、アラブ人にとってはきわめて不利なもので、パレスチナのアラブ人は、この案の受け入れを拒否します。アラブ連盟もこの分割案に反対しました。この間、パレスチナでは、ユダヤ人とアラブ人の武力衝突がつづきましたが、秘密軍事組織を維持していたユダヤ人が圧倒的に強く、アラブ人は難民となってパレスチナから脱出します。

イギリスが委任統治を放棄した一九四八年五月十五日に、パレスチナのユダヤ人政治組織は、イスラエルの独立を宣言します。それに対して、イエメンを除くアラブ連盟加盟国はパレスチナに軍を送り、戦争がはじまりました。これをパレスチナ戦争（第一次中東戦争）といいます。結果は、人口わずか六五万人ほどのイスラエルの圧勝でした。休戦が成立した時点でイスラエルの占領地域は、国連の分割案よりはるかに広い地域でした。そして、イスラエルの占領地域から、大部分のアラブ人は難民となって亡命してしまったのです。トランス・ヨルダン軍は、ヨルダン川の西岸と東エルサレムを確保し、やがてそこを併合して国名をヨルダン・ハーシム王国に変えました。またガザ地区はエジプト軍が押さえて、統治しました。結局、パレスチナには、アラブ人の独立国家は成立しなかったのです。

休戦は成立したのですが、アラブ諸国は、イスラエルを国家として承認したわけではありません。アラブ人の地を勝手に奪っている政権で、いずれは抹殺しなければならないもの、ときめていました。パレスチナ戦争を通じて、アラブ人は、アラブ人としての強い連帯感をもつようになりました。第一次世界大戦の際のアラブ人独立運動は、オスマン帝国領内のアラブ人の問題だったのですが、いまや、エジプトやアラビア半島の住民も加えたアラブ人意識が成立したのです。一方イスラエルは、ユダヤ教の宗教国家ではなく、若干のアラブ人を国民としてふくめながらも、ユダヤ人と自覚する人々が中心の世俗国家として、国家建設に励むことになりました。

93 アラブ民族主義

エジプトの革命とスエズ戦争

パレスチナ戦争に敗北したエジプトは、イギリスとの同盟関係を破棄して真の独立をめざしました。しかし、イギリスは、インドへの生命線であったスエズ運河を確保すべく、運河地帯の駐留軍を強化しました。これに対してエジプトの民衆は抗議行動に立ちあがり、政情が急速に不安定になります。国王は首相をつぎつぎ更迭してことに対処しましたが、ついに青年将校たちが、五二年にクーデタをおこして、王制を廃止してエジプトを共和制の国家に変えてしまいました。これをエジプト革命とよんでいます。やがて、頭角をあらわしてきたのが、青年将校の一人であったナセルで、彼は首相となり、やがて大統領となって、エジプトとスーダンからイギリス軍を撤退させ、ソ連に接近するなどの積極的な外交で、エジプトのみならずアラブ世界全体の英雄となっていきます。

ナセルは、五六年に、スエズ運河の国有化を実行しました。これに反発したのがイギリスとフランスで、イスラエルと計って、エジプトに軍を送りました。これをスエズ戦争（第二次中東戦争）とよびます。ナセルは、アメリカ合衆国やソ連を味方につけて、外交の力で、イギリス軍とフランス軍を撤兵させます。シナイ半島を占領したイスラエル軍もしぶしぶ撤退しました。アラブ民族運動は、ナセルという指導者を英雄にして、燃えに燃えさかることになります。

そのころ、アルジェリアの独立戦争がはじまっていました。フランスは、チュニジア、アルジェリア、モロッコを植民地にしていました。そのうち、チュニジアとモロッコにはそれぞれ政府があって、それを保護国としてフランスが支配していたのですが、五六年に、両国の独立を承認しました。しかし、アルジェリアはフランスの一部だと主張して独立を許そうとはしません。そこで、民族解放戦線が結成されて、独立をめざす戦争がはじまっていました。このころ、イタリアの植民地であったリビア、エジプトとイギリスの合同植民地であったスーダンも独立を達成していて、あとは、アラビア半島の小さな君主国がイギリスの保護下にあったのと、南イエメンを除けば、アルジェリアがアラブ世界で最後の植民地でした。エジプトのナセルは、フランスの再三の要請を無視して、アルジェリア独立戦争を援助します。そして、アラブ連盟の最大の政治目標も、アルジェリア独立支援でした。六二年に、フランスはやっとあきらめて、アルジェリアの独立を認めます。アラブ民族運動の大きな成果でした。

六月戦争の敗北とアラブ民族主義の挫折《ざせつ》

アルジェリアが独立した六二年に、アラビア南部のイエメンで革命がおこりました。イエメンは、南部はイギリスの植民地なのですが、北部は、イスラームのシーア派のなかのザイド派のイマームが君主である国家でした。その北イエメンで、共和派の革命がおきたのです。しかし、イマーム支持勢力が巻きかえしを計り、サウジアラビアはイマーム派を支持し、エジプトのナセルは共和派を支持して、内戦がはじまりました。エジプトは大軍をイエメンに派遣します。アラブのなかで分裂して、戦いがはじまってしまいました。

六七年、アラブの分裂をみてとったイスラエルは、戦争を仕かけました。たった六日で、エジプトはガザ地区とシナイ半島を、ヨルダンはヨルダン川西岸と東エルサレムを、シリアはゴラン高原を失いました。この戦争を六月《ろくがつ》戦争（第三次中東戦争）といいます。かつてイギリスがパレスチナと名付けた地域はみな、イスラエルの領土か軍事占領下におかれることになってしまいました。アラブの指導者ナセルは、声望を一挙に失いました。アラブ民族主義は、行くべき道を見失ってしまったのです。

オイル・ショック

やがてナセルは死去し、サダトがエジプト大統領に就任しました。彼は、シリアと計って、七三年にイスラエルに戦争を仕かけました。この戦争は、十月《じゅうがつ》戦争（第四次中東戦争）とよばれます。この戦争では、エジプト軍は善戦し、戦争は長期化しました。この時期、ペルシア湾岸の、クウェート、バハレーン、カタール、アラブ首長国連邦は、イギリスの保護下から独立を達成していました。これらの国々と、サウジアラビア、イラクは、世界有数の産油国です。これらアラブの産油国は、この戦争のときに、イスラエルの友好国には石油を売らないことを宣言しました。そして、原油の価格が暴騰しました。日本も、イスラエルの友好国とみなされました。日本をはじめ、世界は、石油危機（オイル・ショック）に襲われました。アラブがまとまれば、世界経済は大きな影響を被《こうむ》ることが明らかとなったのです。

しかし、現実的な政治家サダトは、七七年から、アラブ諸国の反対を押し切って、イスラエルと和平交渉をはじめ、七九年には、和平条約を締結しました。その結果、シナイ半島はエジプトに返還されたのですが、ガザ地区などはイスラエルの軍事占領下にとどまり、軍事占領下のパレスチナのアラブ人や、難民となっていたパレスチナ人は、見捨てられてしまいました。彼らの政治組織として、パレスチナ解放機構（PLO）が成立していたのですが、その前途は容易ではありません。

94 イスラーム諸国の国家建設

新しい国家と多様な国民

十九世紀から二十世紀前半にかけてのイスラーム世界は、酷《ひど》い状態でした。その大部分が、遅かれ早かれ、植民地になってしまったのです。宗主国であるイギリス、フランス、オランダなどはみな、「民主主義」を標榜《ひょうぼう》している国家です。「民主主義」はたしかに、その国の「国民」にとっては良い政治制度かもしれません。しかし、「民主主義の国家」の大部分は、植民地を支配して繁栄していたのです。日本の大正時代は、大正デモクラシーとよばれ、それなりに議会制民主主義が存在した時代でした。しかし、この時期に日本は、台湾や朝鮮半島を植民地として支配していたことも忘れてはなりません。欧米や日本の「民主主義」は、ある意味では、植民地を支配してはじめて可能であった政治制度なのです。そして、イスラーム世界は、その「民主主義」に大いに苦しめられていたのです。

イスラーム世界では、一九四〇年代から植民地からの独立がはじまり、五〇年代には多くの国家が誕生しました。アフリカのイスラーム諸国も、六〇年代におおむね独立しました。そして、七〇年代初頭にアラビア半島の小君主国が独立して、植民地や保護国がほぼなくなりました。

国家には、国土と国民が必要です。現在のイスラーム諸国の国土は、おおむね、植民地時代の区分けに応じています。つまり、長い歴史の結果としての国土があるのではなく、十九世紀以来の植民地が、それぞれ独立して、国家となったのです。たとえば、インドネシアという国家が昔からあったのではありません。オランダ領東インドという政治的枠組みが、インドネシアという国家に衣替えをしたのです。イランやトルコのように独立を維持していた国家も、ヨーロッパ諸国との争いのなかで、国境が定められてきました。その意味で、現在のイスラーム諸国は、それぞれの地域の長く豊かな歴史を背景としながらも、みな新しく成立した「国家」とみなすことができます。

ヨーロッパで成立した政治学では、近代国家とは「国民」が集まってつくるものだ、とされています。この場合、「国民」は、民族としてのまとまりがあるもの、と考えられています。しかし、かつて植民地であった地域では、まず植民地があって、つぎにその枠組みで「国家」がつくられたのです。「国民」とは、「国家」が成立し、国土が確定した際に、その国土に住んでいた人々に他なりません。したがって、「国民」の間には、一つの民族としてのまとまりがない場合が多いのです。たとえば、インドネシアは、一〇〇をこえる「民族」からなっています。その全体を「インドネシア人」としてまとめようとしているのです。また、アラブ人のように、二〇をこえる国家にわかれてしまった場合もあります。

現在のイスラーム世界の国家は、「国民」をつくりだすことから出発しなければならなかったのです。

さまざまな政体

国家には、国家を代表する「元首」が必要です。現在のイスラーム世界の諸国の「元首」の称号は、じつに多様です。

世襲制の君主がいる国家があります。君主といっても、称号は、イスラーム世界の歴史の豊かさに応じて、マリク、スルタン、シャー、シャイフなど、さまざまなのです。かつてのイランにはシャーがいましたが、第96話でお話しするように、七九年に革命が起きて、シャーは追放され、大統領が元首となりました。アフガニスタンでも、七三年に革命が起きて、君主は追放されてしまいました。イラクにもいましたが、五八年に追放されてしまいました。エジプトの王も、五二年に追放されてしまいました。リビアは、イタリアからの独立後、サヌーシー教団の教主が君主でしたが、六九年に追放されました。イエメンの君主も六二年に追放されました。戦後のイスラーム世界は、まさに、君主を追放する革命の連続なのでした。

一方、現在でも、世襲の君主はいます。マレーシアは、スルタン国の連邦で、スルタンのなかから大統領が互選されます。アラビア半島では、サウジアラビア、オマーン、クウェート、バハレーン、カタールには世襲の君主がいて、アラブ首長国連邦は、世襲の首長の連邦国です。そして、ヨルダンとモロッコは、イスラームの預言者ムハンマドの子孫が国王となっています。

世襲の君主を革命によって追放した国も、また独立時から大統領が元首であった国も、私たちが普通に考えるような「民主的」な国家とは限りません。実質的に大統領が何度も再選されて、大統領の独裁国もすくなくないのです。そのような国では、大統領の交代は、革命となります。またシリアでは、長らく大統領を務めたアサドが死去すると、その息子が大統領に選出されました。革命が起こらずに、大統領が世襲となったのです。

現在のイスラーム世界の多くの国家は、元首のもとに権力が集中して、いわゆる「独裁国家」になっています。この事態を、「民主化」が遅れている後進国、ととらえていいでしょうか。「民主主義」の国々の植民地として苦しんできたのですから、ヨーロッパの「民主主義」とは異なった「民主主義」を求めている途上、と理解したいのですが。

95 石油・天然ガス資源

開発の失敗

　現在、私たち日本人は、きわめて豊かな生活をしています。着るものはたくさんあって、日によって着替えることもできます。食べるものは十分にあり、好き嫌いをいってもかまいません。狭いといっても、子供でも個室がもてる程度の住宅もあります。でも、こんな豊かな生活をしているのは、地球上の七〇億人あまりのうちの一〇数億人ほどでしょう。五〇億人ほどは、数着の衣類と、生きるのに必要な最低限の食糧と、一家で一、二部屋程度の住宅で生活する人々です。そして一〇億人ほどは、飢えています。イスラーム世界はどうでしょうか。一〇数億人の人口のうち、日本人なみの生活をしている人々は一割程度でしょう。さりとて、戦乱の最中にいる人々や難民をのぞけば飢えている人々もわずかです。圧倒的に多数の人々は、豊かでもなければ、飢えてもいない、最低限の生活をしている人々なのです。

　現在の地球上で豊かな生活をしている人々が多い国は、その大部分が、かつて植民地をもっていた国です。そして、植民地であった国々は、韓国、台湾、香港《ホンコン》、シンガポールなどの例外はありますが、いまでも貧しいのです。イスラーム世界の大部分は、かつて植民地でした。イスラーム世界の国々は、イスラーム世界であるから貧しいのではなく、かつて植民地であった他の国々と同様に貧しいのです。

イスラーム世界の国々も、第二次世界大戦後、あるいは六〇年代、七〇年代の独立後、経済開発に努めてきました。開発には、資本、技術、そして優秀な労働力が必要です。かつて植民地であった国々では、資本はあまりありません。技術力もたいしたことはありません。近代教育制度も整える努力をしましたが、まだ十分ではありません。つまり、優秀な労働力も十分ではないのです。開発に必要な三つの要素のいずれもが不足していました。五〇年代と六〇年代は、ソ連を中心とする社会主義圏が、計画経済のもとで、順調に経済発展しているかにみえていた時代でした。イスラーム諸国の多くも、社会主義的な計画経済を導入しました。しかし、計画経済のもとで、開発に成功した国は、イスラーム世界には一つもなかったのです。

石油の恩恵

イスラーム世界は、全体としては貧しいのですが、一部は、石油と天然ガスのために繁栄しています。十九世紀の末から、ロシアの植民地であったアゼルバイジャンのバクーを中心に、最初の石油産業の発展がみられました。そして、第一次世界大戦後は、イランや、アラビア半島の一部で油田が発見されて、その開発がはじまっています。第二次世界大戦後は、石油の需要は急増し、イラン、イラク、アラビア半島のペルシア湾岸地帯、リビア、アルジェリア、インドネシア、ナイジェリアといったイスラーム世界の特定の地域で油田がつぎつぎと発見されて、原油の生産が本格化していきました。

油田を開発して、地下から石油を採掘するには、資本と技術が必要です。欧米の石油会社がそれを提供しましたが、利益の大部分も、欧米の石油会社が奪いました。五一年に、イランでは、イギリス資本であった原油生産会社の国有化を発表し、利益をイラン国内に還流することを試みましたが、結局は、欧米の圧力に屈服してしまいました。しかし、劇的な変化が、七三年に起きました。第四次中東戦争の余波として、世界中がオイル・ショックに襲われたのが、その契機でした。石油の価格が、それまでの数倍に高騰したのです。そして、膨大な額に上る差額の大部分を、欧米の石油会社ではなく、産油国が獲得することに成功しました。石油の取引は、アメリカ合衆国のドルで決済されていましたから、産油国にドルが集中したのです。そして、つぎの第96話でお話しするイラン革命の際に、また原油の価格が倍に高騰しました。その後、価格の変動はありますが、毎年、産油国に膨大な額のドルが流れる事態には変化がありません。

産油国のなかで、サウジアラビア、クウェート、アラブ首長国連邦など、アラビア半島のペルシア湾岸に位置する国々は、人口規模が小さな国々です。これらの国々は、石油収入によって、国民一人あたりの平均で、世界有数の豊かな国になりました。人口規模の大きいイランやイラクなどでも、国民全体を豊かにするほどの収入はなかったのですが、経済開発を進める資金を得たことになりました。産油国の開発の進展は、その地に多数の労働力の需要を生みました。イスラーム世界の各地から、産油国に出稼ぎ労働者が駆けつけます。故郷をイスラエルに奪われてしまったパレスチナの難民もまた、多数が産油国で職を得ました。産油国ではない国にとって、出稼ぎ労働者の本国への送金が、貴重な外貨収入となりました。石油と、また現在では天然ガスがそれに加わりますが、イスラーム世界の国々を、多少なりとも潤し、人々の生活も向上しました。しかし、一般的な日本人並みに、あるいはそれ以上に豊かになった人もいましたが、貧しいままに取り残された人々も多数いたのです。その人々の不満が、社会を不安定にしていきます。

96 イラン・イスラーム革命

国王主導の白色革命

第88話でお話ししたように、第一次世界大戦後、イランは、パフレヴィー王朝のもとで再生しました。国王は、ドイツ人技師を多数雇用して、近代化政策を推しすすめます。第二次世界大戦がはじまると、ドイツの敵国となったイギリスとソ連は、イラン国王にドイツ人技師の追放をもとめますが、国王はそれを拒否しました。そこで、イギリスとソ連はイランに出兵して、国王を追放してしまいます。代わって、まだ幼かった国王の息子ムハンマド・レザーを王位につけました。

大戦がおわると、イギリス軍はすぐに撤退しましたが、ソ連軍はアゼルバイジャン地方に居すわって、なかなか撤兵しません。この時期、アゼルバイジャンやクルド人居住区では、自治政府を設立する動きがあって、ソ連はそれを後押ししていたのです。結局、アメリカの圧力もあって、ソ連は撤兵し、アゼルバイジャンやクルド地方も、中央政府の統制に服しました。

この時期、国王には政治の実権はなく、議会に基礎をおく政党政治がそれなりに有効に機能していました。その議会で、小党派を集めて国民戦線を組織したモサデクという政治家が頭角をあらわしてきます。彼の主導で、五一年に、議会は石油産業の国有化を宣言しました。イラン国民はこれを圧倒的に支持して、国王も国有化を承認して、モサデクを首相に任命せざるを得なくなります。その後、アメリカ合衆国などの石油資本は、イランの石油をボイコットして、国有化されたイランの石油は、ほとんど輸出できない状態となります。国王は、何度かモサデクを罷免しようとしたのですが、そのたびにイランの民衆はデモでモサデク支持を表明し、ついに、五三年には、国王は亡命してしまいます。しかし、その直後に、合衆国の後押しをうけた軍が介入して、デモ隊を蹴散《けち》らして、国王をイランに迎えいれました。

イランの石油は、この事件の後では、合衆国資本が中心となって開発がすすめられていきます。そして、国王は、軍を掌握し、政治の実権をにぎります。彼は、秘密警察を利用して、国民戦線や共産主義勢力を徹底的に弾圧し、独裁体制をかためていきました。そして六三年、国王は「白色革命」を宣言します。大地主から農地を取りあげて小作人に分配することや、農村での教育改革などが、その革命の主な内容でした。多少の反対はあったものの、国王主導のこの革命は、それなりに民衆の支持を得ました。石油からのある程度の収入を基礎に、「革命」は順調に進展しているかにみえました。そして、七三年の石油価格の暴騰以降は、豊かな石油収入に恵まれて、イランの経済発展はすすんでいきました。

十二イマーム派の聖職者

イランは、サファヴィー朝以来、イスラームのシーア派の十二イマーム派の勢力が強い地域です。第75話でお話ししましたが、十二イマーム派は、十八世紀に、法学者（ウラマー）を中心とする組織に生まれかわりました。イランではそれ以来、ウラマーは、一般の信徒の信仰上の指導者としての役割を果たすようになります。そして、ウラマーにも、高位のウラマーから低位のウラマーという階層ができました。イランの場合、ウラマーは、聖職者といってよい存在です。最高位のウラマーを、アヤトゥッラー・ウズマーといいます。彼が法解釈を示すと、民衆がそれを支持する、という構造ができてきました。そして、十九世紀のタバコ・ボイコット運動以来、イランのウラマーは政治に関与してきたのです。

最高位のウラマーの一人に、ホメイニーという人物がいました。彼は、六三年の、「白色革命」を宣言した国王の勅令に反対しました。そしてそれ以後も、国王の政治に反対しつづけてきました。国王は、彼を国外に追放してしまいました。

イスラーム革命

国王主導の経済開発は、イランの近代化に成功したかにみえていました。しかし、政治的には国王独裁で、民衆に自由はありません。また、経済的にも、潤った人々はけっして多数ではありません。土地を与えられたはずの農民も、自作自営農民として成功したのは

亡命先からテヘラン空港に帰国したホメイニー（1979年2月、イラン）

ごく限られた人だけで、大部分は、相変わらず貧しいままでした。テヘランなどの都市では、華やかな生活を送る一部の人々に対して、多くは、農村から出てきてスラムに住む貧民でした。民衆の政治的、経済的不満は鬱積《うっせき》していきます。

七八年、さまざまな不満に基づく反国王運動が、イラン全土で一挙に展開されるようになりました。国王は、秘密警察と軍をつかってこれを弾圧します。反国王の象徴であったホメイニーが、国外からこれらの運動を扇動しました。運動は、国王を追放して、ホメイニーを迎えることに焦点があってきます。そして、翌七九年の初頭、国王は国外に亡命し、ホメイニーが民衆の歓呼に迎えられて帰国しました。「革命」の成就でした。しかし、革命後、どのような政権ができるのかは不透明です。ホメイニーを中心とするウラマーたちは、革命を「イスラーム革命」と位置づけ、国民投票で圧倒的な支持を得て「イラン・イスラーム共和国」を成立させました。ウラマーたちを中心とする革命政権が、その後のイランをつくっていくことになりました。

97
民族主義運動からイスラーム運動へ

一九七九年

イスラーム世界の歴史で、西暦の一九七九年は、画期的な年でした。この年のはじめに、イランで革命がおきて、ついで「イラン・イスラーム共和国」が誕生したのです。革命は、歴史の上ではありふれた事態で、イスラーム世界でも、無数にありました。そしてすでに述べたように、一九五〇年代や六〇年代のイスラーム世界では、世襲君主を追放する「革命」が多くの国々でおきています。しかし、イランの革命は「イスラーム」を旗印にしていたのです。

また、一九七九年の十一月に、イスラーム暦で一四〇〇年というきりのよい年を迎えました。そのとき、サウジアラビアのメッカのカアバ神殿に、武装した人々が立て籠《こ》もるという、衝撃的な事件が起こりました。カアバ神殿とは、いうまでもなく、イスラームの象徴です。そしてメッカがあるサウジアラビアは、ワッハーブ派というイスラーム運動を母体として成立し、イスラーム法が憲法である、と規定している典型的なイスラーム国家なのです。そのサウジアラビアのイスラームを批判するイスラーム運動が、この事件の背景にありました。神殿立て籠もり事件は、結局は、サウジアラビア政府の武力で制圧されましたが、イスラーム世界になにか大きな動きが生じていることを、世界は感じました。

さらにこの年の十二月、ソ連軍が突如、アフガニスタンに侵攻しました。アフガニスタンに誕生して、すぐに潰されてしまった社会主義政権を復活させることが、ソ連の目的でした。アメリカ合衆国は、アフガニスタンは自由主義圏の国とみなしていました。そこで、ソ連軍のアフガニスタン侵攻に強く抗議し、翌八〇年のモスクワ・オリンピックをボイコットしてしまいました。日本も、この動きに追随しました。一方、イスラーム世界では、一部の人々は、ソ連軍のアフガニスタン侵攻を、イスラーム圏に対する無神論の共産主義勢力の侵略ととらえました。合衆国は、アフガニスタンの反ソ連のゲリラ部隊に、大いに武器援助しましたが、その武器を手にとって戦った戦士は、イスラーム運動のために戦う、という構図ができあがりました。一九七九年は、イスラームが、全世界を揺るがすものとして、目にみえてきた年なのでした。

第四次中東戦争後、エジプトのサダト大統領がイスラエルと和平条約を結んだのも、一九七九年でした。この年をもって、アラブ民族主義運動は、完全に挫折してしまったのです。そのサダト大統領は、八一年に、イスラーム運動の過激派の手で暗殺されてしまいます。世界の目は、「民族主義運動」ではなく「イスラーム運動」に、ますます注目するようになりました。

イスラーム運動の盛り上がり

イスラーム世界の国々のように、経済的に貧しい国々では、民衆は当然のことながら、現状に不満です。よりよい明日をめざす社会運動や政治運動が、民衆の支持を得るわけです。現状が悪いのは、一人ひとりのムスリムが、きちんとした信仰をもっていないからだ、と考えて、立派なムスリムになろうとする運動が、イスラーム運動です。そして、個々のムスリムだけではなく、ムスリム社会が全体として堕落しているから現状が悪いと考えて、それを直すために積極的に行動するのも、イスラーム運動です。

五〇年代や六〇年代では、「独立」と「国家建設」のために、「民族主義」と「社会主義」が、民衆の不満を吸収していました。エジプトでは、ムスリム同胞団というイスラーム運動の組織が、第二次世界大戦前から活動していました。一人ひとりがよきムスリムになるための運動と、そのためにたがいに助け合うための運動です。ムスリム同胞団は、第93話でお話ししたスエズ戦争の前に、スエズ運河地帯で反英活動を積極的に推進していました。イスラーム運動が政治化していたのです。ナセル大統領は、政治化したムスリム同胞団を警戒して、弾圧してしまいます。アラブ民族主義の担い手であったナセルにとっては、イスラーム運動は危険なものだったのです。

インドネシアでも、第二次世界大戦前から、ウラマーたちの組織であるナフダトゥル・ウラマや都市の知識人が中心のムハマディヤーなどのイスラーム運動の組織が地道に活動していました。独立後、これらの団体は政党を組織しましたが、民族運動の代表者であったスカルノ大統領は、これらのイスラーム運動とは距離をおいた政治をおこなっていました。イスラーム運動は、民族主義で国家建設をおこなおうとしていたイスラーム世界の多くの国家において、危険視されていたのです。

しかし、七九年ごろをさかいに、イスラーム諸国は、イスラームを尊重する国家であることを強調するようになっていきます。イスラーム運動が、着実に民衆の不満を吸収しはじめたからです。イスラーム運動は、多くの国々で、政府から干渉を受けずに、民衆を組織するようになっていきます。しかし、そのようなイスラーム運動に飽きたらず、テロなどの手段を用いて過激な行動にでる組織もまた、増えてきました。いずれにせよ、イスラーム世界で、民族主義の陰に隠れていたイスラームが、ふたたび大きな存在となってきたのです。

98 湾岸戦争とアラブの正義

イラン・イラク戦争

イラクは、五八年の、王制を打倒した共和制革命以降、しばらくは政情不安がつづきましたが、六八年にバアス党政権が誕生して以来、それなりに安定しました。そして、バアス党内の権力闘争を勝ちぬいて、七九年から、サッダム・フサインが大統領となっていました。イラン革命の直後のことでした。

イラクでは、住民の半数近くが、十二イマーム派のムスリムです。イランのイスラーム革命政権は、全イスラーム世界で、イスラーム革命が起こるべきだと考えていました。そして、仲間であるイラクの十二イマーム派のムスリムに積極的に働きかけて、革命の準備を援助しました。サッダム大統領は、この動きを徹底的に弾圧したのです。そして、八〇年九月、自国に不利であったイラン・イラクの国境線を改めることを名目として、国境線をこえて、イランに軍を侵攻させました。

戦況は、当初は圧倒的にイラクに傾いていました。イランでは、聖職者を中心とする勢力と、当時大統領であったバニサドルを中心とする勢力が権力闘争をしていて、イラク軍の侵攻に反撃する態勢がなかなか整いません。この勢力争いは、翌八一年に、聖職者側の勝利に終わり、イランの正規軍と、イスラーム革命の理念に燃えた義勇部隊が反撃に転じ、戦争は長期化しました。イラン革命の余波がおよぶのを恐れた湾岸の産油国はイラクに資金援助し、アメリカ合衆国はイラクに武器を売却しました。イランもイラクも、国民を総動員する本格的な戦争が、八八年までつづくことになりました。

湾岸危機から湾岸戦争へ

九〇年、イラクのサッダム・フサイン大統領は、隣国のクウェートを武力で制圧して、それを併合した、と宣言しました。オスマン帝国がこの地域を支配していた時代、クウェートは、イラクの一部であった、というのが名目でした。クウェートは、国土や人口の面では小国ですが、原油の大生産国です。イラクとクウェートの石油資源を合わせれば、世界最大級の原油生産国となります。この時期、石油の価格は安値で安定し、量も十分に供給され、オイル・ショックは昔の話になっていました。しかし、サッダム大統領が石油の供給を操れば、価格はどうなるかわかりません。一国が武力で他国を併合するという国際秩序を無視した行為に対する嫌悪感と、石油の供給と価格に対する不安で、世界の大多数の国がサッダム大統領を非難し、イラクへの武力制裁も辞さない構えをみせました。イラクは、それに対して、アメリカ合衆国や日本などの国々の国民で、クウェートに在住していた人々を人質にする、という作戦で対抗しました。また「アラブの正義」を唱えて、アラブ民族意識に訴えました。このような事態を、湾岸危機と呼びました。

やがて、合衆国軍を中心として多国籍軍が形成されて、エジプトやシリアなどのアラブ諸国の軍もそれに加わりました。「アラブの正義」は、一部の人々には支持されたものの、アラブ諸国の一部はイラク制裁にまわったのです。九一年初頭に、多国籍軍とイラク軍との間で湾岸戦争がはじまり、イラク軍がクウェートから撤退して、一応事はおさまりました。

残されたパレスチナ

パレスチナでは、イスラエルが、六七年の戦争以来、ヨルダン川西岸やガザ地区などを軍事占領下においたままでした。イスラエルは、民主主義の国家ですが、軍事占領下のパレスチナ人にはなんらの政治的権利を与えていないのです。国連は、繰りかえし、解決を呼びかけていますが、イスラエルはそれを無視しつづけていました。そして、アメリカ合衆国は、イスラエル政府に膨大な援助を与えていました。クウェートに侵攻したサッダム大統領は、イスラエルの軍事占領を黙認していながら、イラクのクウェート併合を非難するのは二枚舌である、と主張し、国連のイラクへの非難決議を無視したのです。

パレスチナで軍事占領下におかれているパレスチナ人と、パレスチナを追われて難民となっているパレスチナ人を代表する政治組織として、パレスチナ解放機構（PLO）が、六四年に結成されていました。そしてPLOは、七四年には、国連にオブザーバーとして参加するようになっていました。しかし、イスラエルは、PLOをテロ組織であると断定して、政治的な対話をいっさい拒否し、ときには激しく軍事攻撃を加えてきました。軍事占領下のパレスチナ人は、八七年ごろから、インティファーダとよばれる非暴力の抗議行動をおこない、PLOも、イスラエルとの対決ではなく、交渉を呼びかけてきました。しかし、イスラエルは、その交渉に応じません。

イスラエルが、PLOの存在を認めて、交渉に踏み切ったのは、九三年のことでした。PLOが、ヨルダン川西岸やガザ地区に自治政府を樹立することが、やがて合意されました。しかし、西岸地区などのイスラエル人の入植地の処理と東エルサレムの帰属をめぐって、交渉は進展していません。そして、二〇〇〇年には、パレスチナ人に対する武力行使がはじまってしまい、パレスチナ問題の解決は、二十一世紀に持ちこされてしまいました。

空爆で破壊されたバグダードの市街地（1991 年 3 月、イラク）

99 ソ連邦の崩壊

ソ連時代のムスリム社会

ソ連とは、いくつもの共和国が連邦をつくっている、という建て前をとっている国家でした。第89話でお話ししたように、中央アジアでは、五つの「民族」別共和国が成立し、それらがソ連邦を構成する共和国となりました。カフカス地方では三つの共和国が成立しましたが、そのうちのアゼルバイジャン共和国はムスリムが多数派の「国」でした。また、ソ連邦を構成した共和国のなかの最大の「国」であったロシアには、カザンやバシキール、あるいはチェチェンのような、ムスリムが多数住む「自治共和国」がありました。それらの共和国は、建て前の上では「国家」なのでしたが、ソ連中央の強い統制下にありました。

一九三〇年代、ソ連では、「粛清」がおこなわれました。反共産主義者をとらえてシベリアに流刑したり、処刑したりするのが「粛清」です。かつて、ムスリムの教育改革を試みたジャディードたちは、大部分が粛清されてしまいました。また、共産主義のもとでは「宗教は悪魔」とされ、伝統的なウラマーたちも活動の場を奪われてしまいました。中央アジアやアゼルバイジャンでは、神秘主義教団の活動が活発でしたが、教団も潰されました。ムスリムの義務であるメッカ巡礼も、実質的にできない状態になりました。ソ連という枠組みのなかで、イスラームは表面的には消えてしまいそうになったのです。

ソ連はまた、農業の集団化を行いました。遊牧民の存在は否定されて定住化政策が採られ、個人の農耕地や家畜の所有が禁止されて、集団農場がつくられました。たしかにこの政策により、貧富の差はなくなり、女性もまた一人前の農業労働者と位置づけられて、その地位は向上しました。その反面、中央アジアは、綿花や金属などの工業用の原材料の供給地と位置づけられて、高度な産業の成長が阻まれました。またカザフスタン北部の農耕地帯や、ウズベキスタンの首都タシュケントには、多数のロシア人が移住してきました。そして、第二次世界大戦が近づくと、朝鮮・満州との国境地帯にいた朝鮮人や、ロシア東部にいたドイツ人などが、タシュケント郊外などに強制移住させられてきました。「民族別」共和国の民族構成は、ますます複雑化していったのです。そして、第二次世界大戦後は、カザフスタンの草原は原水爆の実験場となり、放射能汚染がすすみました。

ムスリムが多数派の共和国の独立

第二次世界大戦後、七〇年代までは、ソ連は、アメリカ合衆国を中核とする自由主義圏に対して、政治的、軍事的、経済的に張りあってきました。しかし、八〇年代にはいると、ソ連の経済面での立ち後れが目立ってきました。八六年から、ペレストロイカ（建て直し）とグラスノスチ（情報公開）を標語として、改革がはじまりました。

ムスリムが多数派である中央アジアやアゼルバイジャンでは、中央のこの動きに応じて、怒濤《どとう》のように歴史の見直しがはじまりました。かつて、ロシアの植民地支配に抵抗した「民族の英雄」や、ロシア革命の際にトルキスタン自治政府を樹立しようとした人々、また「粛清」されたジャディードたちは、ソ連時代は見すてられていました。このような人々を、歴史のなかに正当に位置づけようとする動きがはじまったのです。それは、とりもなおさず、共産党に対する批判の動きでした。そしてまた、イスラームというものの再評価につながる動きでした。

一方で、ソ連共産党によって押しつけられた「民族」とその居住区をめぐって、アゼルバイジャンとアルメニアの間で、また、タジキスタンやウズベキスタンなどで、流血の民族紛争も勃発しました。そのような情勢のなか、九一年に、それまでなんの実体もなかったロシア共和国がソ連邦から離脱すると宣言し、紆余曲折の末に、ソ連邦を構成していた各共和国はみな独立して、ソ連邦は瓦解してしまいました。ムスリムが多数派である中央アジアの五つの共和国も、アゼルバイジャンも、名実ともに独立国家となりました。

これらの共和国は、ソ連時代は、政治的にも、経済的にも、ソ連の一部であって、自立できる基盤はありません。また、国境も、二〇年代に人為的につくられたもので、複雑で出入りが多く、また、飛び地があったりして、一人前の独立国家としては不便なものです。

しかし、なんの準備もないままに独立してしまった各共和国は、とりあえずは、それぞれの共和国の枠内で、国家建設に励んでいます。国家建設にあたって、社会主義計画経済から自由主義経済への転換が大きな問題となっています。集団農場は解体されて、農耕地や家畜の私有化が進んでいます。そして、経済面とならんで、イスラームが大きな問題です。各共和国内で、モスクやコーラン学校などがつぎつぎと建設されて、イスラーム諸国もそれを援助しています。一方で、隣国のアフガニスタンでは、八九年のソ連軍撤退後、イスラーム運動の組織が内戦を勝ちぬきつつあります。その流れが、独立直後のタジキスタンで、イスラーム運動と国家の対決という不幸な事態を招きました。またそれが飛び火して、カフカス北部のチェチェンで、イスラーム運動の過激派がロシア軍と対決しています。イスラーム運動を押さえつけるのではなく、取りこむ余裕が、旧ソ連の、ムスリムが多数派の共和国に求められています。

100 明日のイスラーム世界と日本

ムスリムとしての自覚

筆者がはじめてイスラーム世界を訪れたのは、一九七〇年代でした。そのころのイスラーム世界の都市では、モスクで礼拝する人は老人が多く、若者の姿はまばらでした。断食月がきても、大衆食堂は、おおっぴらではありませんが、昼間から営業していました。ムスリムの多くは、生まれながらのムスリムです。日本人の多くが葬式や法事などでは仏教の儀礼をそれなりに実践しても、日常的には仏教徒としての自覚をもっているわけではありません。それと同様に、生まれながらのムスリムには、特別なときにムスリムとしての義務を果たしても、日常的にはあまり戒律にこだわらない人が多かったのです。しかし、八〇年代からは年をおうごとに、モスクで礼拝する若者の姿は増え、断食を実行する人が多くなりました。そして服装も、ムスリムであることを強調するようになりました。自分がムスリムであることをきちんと自覚するようになったと言えましょう。

このような事態は、イスラーム世界以外の、例えば西欧や北米で少数者として暮らしているムスリムの間にもみられます。日本にも多数ではありませんが、ムスリムが暮らしています。彼らのためのモスクは全国で三ヵ所ほどありましたが、八〇年代以後、全国各地にぞくぞくとモスクが設立されるようになりました。ムスリムのための特別の食材を提供する店も増えました。全世界のムスリムの多くが、自分は他の宗教の信者ではなく、イスラームの信者なのだと自覚していったのです。

イスラームは、個人の救済のための宗教だけではありません。社会のあり方や政治のあり方に理念を提起する宗教でもあるのです。自覚したムスリムは、97話でお話ししたように、イスラーム運動を展開していきました。どのような社会運動も、また政治運動も、その一部に、過激派を生みだします。イスラーム運動もまた、過激派を生みだしていました。その過激な行動が、地球規模で世界を揺るがしています。

ムスリムの歴史意識

本書は、筆者の歴史理解に基づいた本です。人によって歴史理解は異なると「はじめに」でも述べました。ムスリムもまた歴史を意識して暮らしています。その意識のありようは、当然のことながら、人によって異なりますが、俯瞰《ふかん》することはできます。

近代の西欧の知識人は、自分たちの西欧が、科学や技術、思想や芸術で最高のものを創っていったと考えました。そのような西欧ができていく過程が歴史であるとしました。したがって歴史学の対象はヨーロッパだけで、他の地域は歴史学では扱うことはなかったのです。このような知のありようは、現在では多少変わってきていますが、それはごく近年のことです。明治時代の日本人は、そのような西欧の歴史観をそのまま受け入れました。最高のものは西欧が創ったものです。それを学ばねばならないのです。ただし、日本や中国にもそれなりの歴史はあったのだと、付け加えはしました。

ムスリムの知識人の多くも、西欧モデルの近代教育を受けた人々です。西欧諸国が――第二次世界大戦後はアメリカ合衆国も加わって欧米が――先進国だと認識します。そして、欧米にあこがれて、留学や移住を夢み、実行する人も少なくはありません。一方で、学校教育でイスラームの歴史を学んだ人々でもあります。西欧が最高のものを創ったとする意識と、輝かしいイスラーム世界の歴史を尊ぶ意識をどう調和させるのかが、一人ひとりのムスリムに問われているのです。そしてムスリムとして自覚した人々の中には、西欧の科学や技術を学ぶことの必要があっても、イスラームに基づく文明こそが最高のものだとする考えが強くなってきています。

西欧の人々の考えの根底には、キリスト教があります。人間の原罪を背負って一度は処刑されることになるイエス・キリストが生まれたことによって、人間は原罪から解放された。したがってイエス生誕以前と以後では世界が異なるのだ。そして、イエス生誕から何年が経ったと、年を数えます。明治時代の日本人は、キリスト教の信仰とは無縁なままに、西暦と称してこの暦を全面的に受け入れ、従来の暦を棄《す》てていきました。ムスリムの歴史意識では、14話で述べたように、ムハンマドがメディナでムスリム中心の社会を創った時に、世界はあらたな段階に達したのだとします。それから何年経ったかが、暦なのです。そして、月の運行に基づく大陰暦を採用しています。現代のムスリムは、西暦をキリスト教の暦と認識してそれを参照していますが、自分たちの暦に基づく生活をおくっているのです。ムスリムの歴史意識の根底は、決して西欧化してはいないのです。

ムスリムであれば誰でも、イスラームの原点であるムハンマドを敬愛し、ムハンマドの時代のイスラーム社会を理想の社会とみなします。しかし、ムハンマドの死後、18話でも述べた後継者の時代の評価は、立場によって異なります。スンナ派は、その時代をイスラーム世界の基礎を築いた時代と評価します。しかし、シーア派は、アリーという人物が指導すべきであったのに、他の人物がその指導権を奪ってしまった時代とみなします。それ以後も、神に選ばれたイマームの支配が貫徹していなかったとしています。スンナ派とシーア派は、イスラーム世界の歴史の初期をめぐって、まったく異なる理解をしていることになります。この歴史理解の差が、二つの宗派の違いの根本をなしています。ムスリムとしての自覚を深めた現在のムスリムは、同時に、自分はスンナ派のムスリムであるのか、あるいはシーア派のムスリムであるのかの差も、多くの場合、しっかりと認識します。その意識の差が、ときに、政治問題化します。歴史理解は、ムスリム社会の分裂をもたらすこともあるのです。

イスラームと近代国家

94話でお話ししたように、現在のイスラーム世界には、多くの国家があります。そのいずれもが、明確な国境をもち、国境の内側の住人を国民とし、国家の枠組みの中に取り込みます。このような国家を近代国家、あるいは国民国家とよびます。国家の運営を担う人々は、国家の枠組みを強くしようと努力します。しかし、それぞれの国家は多くの問題を抱えています。どの国でも、貧富の差があり、貧しい人々は不満を抱えています。どの国でも日本とは異なり、人口が増えつづけています。二〇歳以下の人口が全人口の五割を超える国が多数あります。その結果、学校では教室が足りず、若者の失業率は高いままです。若者の不満は高まっています。また、イスラーム世界全体として、政治の民主化を求める欧米諸国の圧力を受けつづけています。それと呼応して、政府に不満を表す国民も多数いることになります。国民のさまざまな不満は、97話でお話ししたように、イスラーム運動がその一部を吸収しています。国家の運営を担う人たちと、イスラーム運動の担い手の関係は、微妙です。ときには調和することもあり、ときには鋭く対立します。とくに、イスラーム運動の過激派は、国家の担い手を敵とみなす傾向があり、どの政府も、過激派を抑圧しようとします。

イスラームは、キリスト教と同じように、国家を超える存在です。カトリックの場合は、ローマ法王に象徴される権威が、欧米諸国の国家の枠を超えて尊重されています。イスラーム世界には、特定の個人に象徴される権威はないのですが、イスラーム法の担い手であるウラマー（イスラーム的知識人）は、イスラーム世界のどこででも、ある程度の権威をもっています。そのウラマーたちは、国家の枠を超えて、政治や社会の問題を議論しているのです。個々の国家は、このようなイスラームの国家を超える動きを規制することはなかなかできません。逆に、サウジアラビアではスンナ派の、イランではシーア派の、国家を超える影響力を利用して、世界規模でイスラーム運動を支援しています。私たちは、国家の動きを中心に、世界の政治を理解しがちですが、現在の世の中はそう単純ではないわけです。

七世紀にアラビアに成立したイスラーム世界は、その後、地理的に拡大し、民衆化していきました。しかし、十九世紀から二十世紀の前半にかけて、イスラーム世界の大半は欧米諸国の植民地になってしまいました。二十世紀の後半には、イスラーム地域にあった植民地はいくつもの独立国家となり、民族主義を旗印に、国家建設・経済開発をすすめてきました。この間、イスラームは、革新の動きはいくつもありましたが、おおむね、沈静し、社会や政治の表面に浮かび上がる機会は少なかったのです。しかし、イスラーム世界の国家建設や経済発展は、一部では成功しましたが、なかなか順調には展開しません。イスラームが、人々の不満を吸収しはじめるようになったのが、一九八〇年代からです。ムスリムたちはムスリムとしての自覚を深め、各種のイスラーム運動が、社会運動として、また政治運動として活性化してきました。運動は、その一部に過激派の暴力的行動という鬼子を生み出しながらも、これからもつづくと思われます。二十一世紀の半ばになるころには、世界人口は一〇〇億人ほどになり、そのうち三〇億人がムスリムだと推定されます。これからの世界も、二十世紀と同様に、イスラームは、イスラーム世界の国家と、そして日本を含むその他の国家と、ときに調和し、ときに緊張をはらみながら、活発に動いていくと、筆者は考えています。

おわりに

本書の旧版は、『イスラーム歴史物語』と題して、二〇〇一年に出版されました。発行は今世紀の初頭ですが、内容は前世紀、二十世紀の末までです。いわば前世紀の遺物です。二十一世紀に入って十数年を経た今日、文庫本として改めて出版するに際して、遺物は遺物として尊重しようと考えました。したがって、多少の手直しはありますが、内容を変えることはしていません。ただし、100話は唯一の例外で、全面的に書き改めました。

前世紀でも、イスラーム世界の動きは、しばしば日本の報道で大きく取り上げられました。革命、戦争、テロ、石油危機などの話題です。今世紀は、アメリカ合衆国のニューヨークとワシントンで、イスラーム過激派によってハイジャックされた飛行機がビルに突っ込むという、大きなテロ事件からはじまりました。それ以後、過激派の暴力行為が、イスラーム世界の内部だけではなく、外部にも向かうことが多くなり、西欧諸国などでも大きな脅威になっています。また、イラク、シリア、イエメン、リビアで、内戦と外国の干渉により、国家が破綻してしまいました。スーダンでは、国家という枠組みでは、イスラーム世界に組み込まれていた非イスラーム世界の南部が分離しましたが、内戦による混乱がつづいています。これからも、報道の種は尽きないと思われます。これらの事件を分析するのは、もはや本書の課題ではありません。ただし、二十一世紀のイスラーム世界の動きは、本書が扱ってきたそれまでの長い歴史の延長線上にあることは間違いありません。本書が文庫本として出版される意味はあるのだと信じます。

一九六五年、筆者は卒業論文でイスラーム世界の歴史の一端を扱いました。その後、大学の教師などを経て、今日にいたっています。その間、七三年のオイル・ショックを契機に、日本の大学レベルでのイスラーム世界研究は活性化しました。アラビア語、ペルシア語、トルコ語、マレー・インドネシア語など、イスラーム世界の言語を教える講座が増え、優秀な学生がそこに集中しました。イスラーム世界の歴史や思想を教える講座、地域研究という新しい枠組みでイスラーム世界を扱う講座などが、つぎつぎと開設されていきました。しかし、前世紀の末ごろから、それらの講座で学ぶ学生が減りはじめ、今世紀に入って、いくつもの講座が閉ざされてしまいます。若者の間で、アジア、アフリカ、ラテン・アメリカなど、非先進国とみなされている地域に関して、何かを学ぼうとする意欲が急速に薄れた結果の一端であったわけです。あるいは、欧米諸国も含めて、外国に学ぼうとする意欲の減少があるのかもしれません。しかし、世界に関する、またその大きな部分であるイスラーム世界に関する知識は、現代世界に生きる人にとって必要なのは間違いないことです。本書がそのために役立てばと、願います。

後藤　明

本書は、二〇〇一年十一月に刊行された『ビジュアル版　イスラーム歴史物語』（講談社刊）に加筆・修正し文庫化したものです。

イスラーム世界史《せかいし》

後藤《ごとう》 明《あきら》

平成29年 9月25日 初版発行
令和4年 4月10日 4版発行

発行者●青柳昌行

発行●株式会社KADOKAWA
〒102-8177 東京都千代田区富士見2-13-3
電話 0570-002-301(ナビダイヤル)

角川文庫 20555

印刷所●株式会社KADOKAWA
製本所●株式会社KADOKAWA

表紙画●和田三造

ISBN978-4-04-400264-0 C0122

◆◇◇